HORST HILLE · BRIEFGESICHTER

HILDIBRAND.

HORST HILLE

BRIEFGESICHTER

Ein kulturhistorisch-philatelistischer Streifzug

R. v. Decker's Verlag, G. Schenck
Heidelberg 1985

1. Auflage 1985

R. v. Decker's Verlag, G. Schenck GmbH, Heidelberg

Printed in GDR
ISBN 3-7685-0485-9

INHALT

Die einzelnen Briefarten sind in alphabetischer Reihenfolge im Register verzeichnet.

... gehören zu den allergewöhnlichsten Gebrauchsgegenständen zivilisierter Menschen. Sie werden tagtäglich zu Millionen und aber Millionen in der ganzen Welt gebraucht und verbraucht, um nach erfülltem Zweck zumeist im Papierkorb zu enden. Nur in Zeiten der Not hat man sie höher geschätzt. Da wurden sie nach dem ersten Gebrauch oft sorgfältig aufgeschnitten, gewendet und noch einmal benutzt. Doch dann mündete auch ihr »Doppelleben« im Zivilisationsmüll, und nur bei sparsamen Behörden führte man sie noch einer »stofferhaltenden Verwertung« zu.

Doch eine ziemlich große Gruppe von Menschen ist solchem Briefumschlagsschicksal nicht zugetan: die Philatelisten, obgleich sie auch nicht um jeden beliebigen Briefumschlag besorgt sind. Viele Freunde der Briefmarke und anderer postalischer Belege haben ein tiefsinniges Wort zu ihrer Maxime gemacht: »Die Briefmarke flüstert, ein Brief aber redet!« Ein Briefumschlag trägt zumeist außer dem Postwertzeichen (das man zu Sammelzwecken ablösen kann) noch Stempel, vielleicht einen postalischen Klebezettel, z.B. »Eilboten«, oder eine bildliche Darstellung sowie Anschrift und Absenderangabe. Und falls eines oder mehrere dieser Attribute eine gewisse Bedeutung besitzen, dann erlangt jener Briefumschlag kulturelle Aussagekraft; er kann und sollte zur Gestaltung philatelistischer Dokumentationen genutzt werden. So mancher Philatelist, der bisher als Brief*marken*sammler sein Hobby betrieb, sollte weitgehend auch zum *Brief*sammler werden, zumal heute in philatelistischen Objekten, die ausgestellt und von einer Jury bewertet werden sollen, Briefe enthalten sein müssen – von einigen Marken-Spezialsammlungen abgesehen. Wesentliche Bewertungskriterien sind dem Vorhandensein, der Vielfalt, der Attraktivität von Briefen gewidmet, so daß sich gute Kenntnisse über Briefumschläge (diese meinen wir hier immer, wenn wir von Briefen sprechen) auf die Gestaltungsergebnisse schöpferischer Philatelisten nur günstig auswirken können.

Bereits ein kurzer Blick in dieses Buch zeigt, daß es eine recht umfangreiche Palette der verschiedenartigsten Briefe gibt. Dabei haben wir keinesfalls sämtliche denkbaren Arten schon erfaßt. Und kaum ein Mensch wird jemals mit allen von ihnen in Berührung kommen – die meisten wohl nur mit dem Sortiment, das wir in den Abschnitten »Die Alltäglich-Heutigen« und »Die Modernen« behandeln. Auch da gibt es sicher Lücken, die durch einige andere Arten aus den weiteren Abschnitten geschlossen werden. Auf einige Arten würde ohnehin jeder nur zu gern verzichten – vornehmlich auf die »Tragischen«.

Nun wird mancher einwenden, daß er außerdem noch einen Gesellen- oder einen Meisterbrief, auch einen Kraftfahrzeugbrief besitze. Ein anderer zeigt uns Pfandbriefe, ein dritter nennt den Freibrief und weist – er ist Drucker – voll Stolz auf seinen Gautschbrief. Auch habe er vor einer Stunde einen Frachtbrief (Vorläufer ist der Fuhrmannsbrief) bekommen, und es sei nun sein verbrieftes Recht, eine Expreßgutsendung in Empfang zu nehmen.

Hier wird ein Briefbegriff verwendet, dem das bekannte Wort »mit Brief und Siegel« zugrunde liegt, denn das Wort »Brief« erfuhr nach dem Mittelalter einen Bedeutungswandel. Es wurde seinerzeit für rechtserhebliche Urkunden benutzt, wovon die genannten Bezeichnungen, wie Meisterbrief, Kraftfahrzeugbrief usw., noch heute künden. Aus der Historie ist auch der Lehensbrief als Besitzurkunde bekannt; mit ihm wurde ein Fürstendiener – vielleicht mit einem Gut – belehnt und somit belohnt. Zwischenstellungen zwischen Urkunde und Nachricht nehmen der Hirtenbrief oder der Offene Brief ein.

Die Geschichte des Briefes als Mittel des Nachrichtenaustausches ist uralt: In grauen Vorzeiten wurden die Schriftzeichen in Tontafeln oder in Wachsplatten geritzt. Boten mußten diese Nachrichtenträger dann zu ihren Empfängern bringen.

Kulturgeschichtlich hochinteressant sind die Quipus der Inkas (um 1400) – gefärbte Knotenschnüre, die nach neueren Ansichten wohl mehr als Gedächtnisstützen dienten, wenn ein Bote eine Nachricht mündlich überbrachte. Solch ein »Knotenbrief« war mithin schon weitgehend verschlüsselt.

Geradezu bestimmt zur geheimen Nachrichtenüberbringung waren die Rollbriefe (Skytale) der Spartaner (um 500 v.u.Z.). Dabei mußten Bänder wendelförmig um einen leicht konisch geformten Stab gewickelt werden. Die Schrift war nun in Längsrichtung auf das Band zu schreiben. Abgewickelt enthielt das Band alsdann scheinbar zusammenhanglose Schriftzeichen, und erst derjenige, der einen Stab gleicher Abmessung besaß und das Band wieder richtig aufwickelte, konnte die Nachricht lesen. In der Sklavenhaltergesellschaft gab es noch eine andere originelle Geheimhaltungsmethode für schriftliche Nachrichten: Man rasierte einem Sklaven die Haare ab, schrieb auf dessen Kopfhaut die Mitteilung, wartete, bis die Haare wieder gewachsen waren, und schickte den Boten erst dann auf den Weg. Beim Empfänger wurde sein Kopf wieder rasiert ...

Spätere Zeiten begnügten sich dann mit dem Papier, wobei der Briefbogen zumeist nur einseitig beschrieben und zusammengefaltet wurde. Beide Enden steckte man ineinander und verschloß sie mit Siegeln oder Oblaten. Auch ein anderes Blatt Papier konnte auf diese Weise zur »Verpackung« genutzt werden. Die freie Außenfläche bot Raum für die Adresse. 1820 kam der Papierwarenhändler Brewer, ansässig im britischen Badeort Brighton, als erster auf die Idee, fertige Briefumschläge in verschiedenen Größen zu verkaufen – für die schreiblustige Damenwelt unter den Badegästen eine kleine Sensation. Die maschinelle Fertigung von Briefumschlägen mit Gummierung begannen 1844 ebenfalls Engländer: die Herren E. Hill und W. de la Rue. Auch die Firma Dobbs & Co. in London widmete sich damals bereits der Umschlagherstellung.

Die Siegel (von Sigillum, lat., Bildchen, abgeleitet), anfangs zum Verschließen der einzelnen Bogen bzw. der Umschläge genutzt, waren zumeist aus Wachs, mitunter sogar aus Gold, oder aus Siegellack (auch spanisches Wachs genannt, obgleich es Mitte des 16. Jahrhunderts aus China nach Europa kam). Regierende Fürsten z. B. siegelten ihre Briefschaften mit rotem Wachs, die Freien deutschen Reichsstädte verwendeten weißes und der Patriarch von Jerusalem schwarzes Wachs. Auch der einfache Bürger, sofern er des (Briefe-) Schreibens kundig war, benutzte farbiges Wachs und später Siegellack; hier war das schwarze Wachs dem Trauerbrief vorbehalten. Gedruckte Verfügungen von Herrschern oder Behörden enthalten am Schluß oft die Buchstaben »L.S.« (Loco sigilli: anstelle des Siegels).

Auch Weizensiegel gab es, wobei angefeuchteter Weizenbrei, der eine erhebliche Klebkraft besitzt, zwischen die zu verklebenden Briefränder gebracht und bisweilen noch mit einem Prägestempel versehen wurde. Zum Verschluß von Geschäftsbriefen dienten angefeuchtete kleine Weizenoblaten, gebackene, mitunter auch gefärbte Weizenbreischeiben, von etwa 1 cm Durchmesser. Alle diese Weizenbrei-Varianten können als Vorläufer der Gummierung angesehen werden.

Zur individuellen Prägung der diversen Siegel benutzte man Typare (Petschiere, Petschafte), auch in Form von Siegelringen. Welche Wertschätzung dem Siegel zugemessen war, da es den Absender kennzeichnete bzw. eine amtliche Beurkundung darstellte, bezeugt der Titel des Lordsiegelbewahrers in Großbritannien.

Das Briefeschreiben wurde in jüngerer Zeit durch eine ganze Palette anderer Kommunikationsmittel teilweise ersetzt oder ergänzt. Etwa ab 1850 – für einzelne Privilegierte schon früher – hat man manches, was zuvor einen eiligen Brief erforderte, mit einem Telegramm schneller übermittelt. Dann kam 40 Jahre später der Fernsprecher hinzu, der seither noch ausgeprägter so manchen Brief durch unmittelbaren fernmündlichen Kontakt entbehrlich machte. Immer weiter ging die technische Entwicklung. Der nächste große Schritt war nach 1945 das Telexsystem mit seinen Fernschreibverbindungen unmittelbar zwischen verschiedenen Institutionen, die sich – wie beim Fernsprecher – selbst über automatische Vermittlungsstellen anwählen können. Als Ergänzung zum Telexverkehr verbreiteten sich in den 60er und 70er Jahren unseres Jahrhunderts stärker die schon vorher bekannten Verfahren zur Übermittlung von Bildern. Damit können Geschriebenes, Gedrucktes, Zeichnungen und z. T. selbst Halbtonbilder übertragen werden, was die Übersendung entsprechender Unterlagen per Post überflüssig macht. Weitere Kommunikationsmöglichkeiten schuf das Fernsehen, und zwar außerhalb der Unterhaltungssendungen. Hier ist es gelungen, in Lücken des Übertragungsfrequenzbandes andere Nachrichtenkanäle einzuschachteln, die z. B. unter Namen wie Videotext oder Teletext bekannt und individuell abfragbar sind.

Bleibt für uns die Frage, ob alle modernen Verfahren in der Lage sind, den geschriebenen Brief völlig zu verdrängen. Einige Neuerungen werden nur für bestimmte Bereiche in Wirtschaft und Staat möglich, ökonomisch und daher sinnvoll sein. Im individuellen Kontakt leben Brief und Postkarte zweifellos weiter. Dennoch wird jedermann mit modernen Kommunikationsmitteln immer enger in Berührung kommen; die im letzten Abschnitt, »Die Modernen«, vorgestellten Briefumschlagarten verweisen auf einige Entwicklungstendenzen.

Unser Kreis schließt sich: Briefhüllen mannigfaltigster Art spiegeln Alltag und Geschichte wider. Sie machen gesellschaftliches und technisches Geschehen in einiger Tiefe sichtbar, obwohl hier nur – welch Paradoxon – die »Oberfläche« und nicht die Briefinhalte berücksichtigt werden. Mehr noch: Einige Briefarten wurden von der Historie geprägt und stehen für ein ganzes Stück Geschichte, deutsche und Weltgeschichte. Wenn der Autor hier längere historische Exkurse ausspart und das Umfeld nur mit einigen wichtigen Anhaltspunkten skizziert, dann deshalb, weil unser Buch, ein kulturhistorisch-philatelistischer Streifzug, nicht alle mit der jeweiligen Briefart verbundene Details ausführlich schildern kann. Für intensivere allgemein-historische Auskünfte sei dem Leser das einschlägige Geschichtswerk empfohlen. Was allerdings die Philatelie anbelangt, so hoffen Autor und Verlag, daß der interessierte Leser die gewünschten Auskünfte erhält. Wie es andererseits den Philatelisten zu danken ist, daß der Autor vielfältig und interessant über das gemeinsame Hobby berichten kann.

Schwierige Frage
»Was ist ein Brief?«
»Ein Stück Papier,
das man zerreißt, zerknittert,
aber auch als Schatz bewahrt,
vergilbt schon und verwittert.«
(Hölty)

1

DIE ALLTÄGLICH-HEUTIGEN

DER BEDARFSBRIEF

Wir beginnen mit diesem Begriff unsere Reihe von Briefarten, weil fast alle privaten, geschäftlichen oder amtlichen Briefschaften dem konkreten Bedarf dienen, Nachrichten schriftlich auszutauschen. Doch wir schränken jene Universalität etwas ein, denn es gibt noch eine Gruppe von Briefen – in der Gesamtmenge machen sie allerdings kaum ein paar Promille aus –, die für philatelistische Zwecke entstanden sind und somit nicht zu den Bedarfsbriefen zählen. Der Hauptzweck solcher Sammlerbriefe ist nicht der Austausch irgendwelcher Nachrichten; ihr »Inhalt« – zumeist nur ein leeres Blatt Papier oder dünner Karton – soll den Umschlag versteifen, damit er auf dem Beförderungsweg nicht knittert und für Sammler unbrauchbar wird. Über diese Gruppe wollen wir uns im Abschnitt »Die Philatelistischen« verständigen.

Alle anderen Briefe aber dienen dem privaten Gedankenaustausch, sind Mitteilungen, Rechnungen, Anpreisungen oder andere Darlegungen in geschäftlichen Angelegenheiten, enthalten amtliche Verlautbarungen bzw. sind an eine Behörde gerichtet. Sie spiegeln somit einen ziemlich wichtigen Teilbereich des menschlichen Lebens wider. Wesentlich ist der Inhalt, aber auch das äußere Bild, der Briefumschlag, die Art der Beförderung (z.B. Eingeschrieben oder per Eilboten) sowie Anschrift und Absender geben oft interessante Aufschlüsse. Dazu kommen noch andere Dinge, die nichts mit dem Briefinhalt zu tun haben: die Briefmarke mit ihrer bildlichen Darstellung sowie der Stempel. Das ist nicht bewußt zusammengestellt, sondern entsteht weitgehend zufällig, und alles zusammen ergab sich »aus Bedarf«.

Alltagspost von 1863 aus Bayern.
Die Marke ist mit einem sogenannten offenen Mühlradstempel (Nummer 325: München) entwertet, daneben der Orts- bzw. Datumsstempel.
Diese »zweigleisige« Abstempelung war seinerzeit in vielen Staaten üblich.

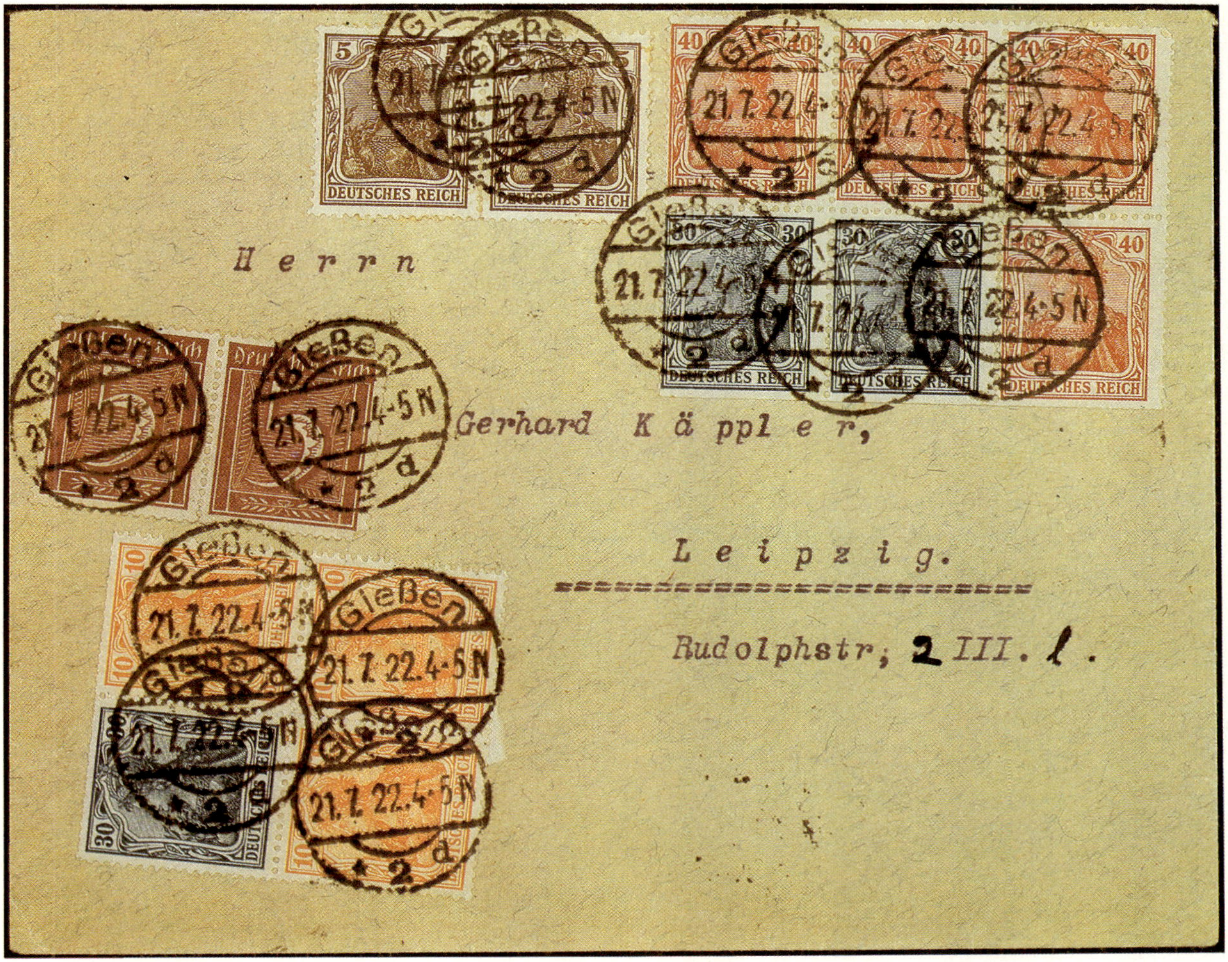

Bedarfsmäßig verwendete Markenheftchenblätter (bzw. -teile), oben rechts (6 Marken) und unten links (4 Marken). Der Portosatz (300 Pfennig) war für Inlands-Fernbriefe vom 1. Juli bis zum 1. Oktober 1922 gültig – beinahe schon ein Sammlerbrief.

Philatelisten, die in ihren Sammlungen nicht die Briefmarken allein beachten, sondern in Form sogenannter thematischer Objekte richtiggehende Dokumentationen gestalten, bemühen sich, auch themengerechte Briefumschläge heranzuziehen. Da beim Bewerten eines philatelistischen Exponats unter anderem die Seltenheit des gezeigten Sammelgutes eine entscheidende Rolle spielt, bevorzugen sie hierbei Bedarfsbriefe. Jeder Bedarfsbrief existiert in seiner Form ja nur einmal, während die für Sammler gefertigten Briefe oft in größeren Auflagen kommerziell hergestellt und vertrieben werden. Besitzen letztere somit häufig Souvenircharakter, so muß man Bedarfsbriefen weitgehend Dokumentarcharakter zubilligen – sie entstanden, unbeeinflußt von philatelistischen Belangen, im täglichen Leben.

Der Bedarfsbrief hat viele Gesichter. Die häufigsten nannten wir schon. Der wohl schönste ist der Liebesbrief, einer der unerwünschtesten dagegen der »blaue Brief«, die böse Nachricht über mangelhafte Leistungen eines Schülers oder gar über die Kündigung des Arbeitsplatzes. Auch der Brandbrief ist ein Bedarfsbrief. Dieser Begriff hat viele Wandlungen durchgemacht. Heute verwendet man diese Bezeichnung z. B. für den Notruf eines Studenten an seinen Vater, ihm doch Geld zu schicken, brandeilig bitte, denn er habe ... Im ursprünglichen Sinne waren Brandbriefe durch eine angesengte Briefecke gekennzeichnete Eilbriefe. Später nannte man so die Bittbriefe einer durch Großfeuer stark geschädigten Ortschaft an andere Städte, um Mittel für den Wiederaufbau zu erhalten. Schließlich kamen Brandbriefe auch als Drohbriefe ins Gespräch, wenn ein häßlicher Anonymus jemandem ankündigte, seine Behausung in Brand zu setzen, wenn dieser nicht ... Bedarfsbriefe sind Bewerbungsbriefe um Einstellung in einer Firma oder Behörde. Gut ist es, wenn man dann einen Empfehlungsbrief vorzeigen kann, der den Bewerber für eben diese Stelle als besonders geeignet schildert und eine Anstellung empfiehlt.

Lassen wir es mit diesen wenigen Beispielen bewenden. Der Begriff ist geklärt und abgegrenzt. Die folgenden Seiten werden zahlreiche weitere Beispiele vorstellen.

DER AUSLANDSBRIEF

*Dänischer Inlandsbrief,
der zusätzlich eine »Julmarke« (Spendenmarke für die Tuberkulosehilfe) trägt,
wie sie in einigen Ländern um die Weihnachtszeit an den Postschaltern mit angeboten wird.*

Auslandsbrief von Schweden nach Deutschland.
Die Marke der Dauerserie ist mit einem Maschinenstempel entwertet.

Das ist (natürlich) ein Brief, der aus dem Ausland kommt oder ins Ausland gerichtet ist. Sein Gegensatz: der Inlandsbrief.

Vergleicht man die Postleistungen, so gehört der Briefbeförderungsdienst mit zu den unrentabelsten. Man nehme nur einen extremen Fall: Da wird für das Hinbringen eines gewöhnlichen Briefes von vielleicht 40 g Gewicht über die Riesenentfernung von Lissabon bis Wladiwostok heute nicht mehr verlangt als für eine gleichartige Postsendung von Lissabon nach Madrid. Das kostet die Post weit mehr, als das Porto ausmacht. Hier bringt's nur die Menge der vielen anderen Sendungen ein.

Die Inlandsgebühren sind in Ortsverkehr und Fernverkehr unterteilt. Schon die Nachbargemeinde gehört zum Fernverkehr. In manchen Staatengruppierungen gibt es Vereinbarungen, Briefe der ersten Gewichtsstufe (bis zu 20 g) und Postkarten auch innerhalb der diesen Gruppierungen angehörenden Staaten zum Inlandstarif zu befördern. Die Bestimmungen sind z. T. noch unterschiedlich, doch strebt der Weltpostverein danach, sie immer stärker einander anzugleichen, um auch diese Probleme einer Automatisierung zugänglich zu machen und die Postangestellten aller Länder von den so vielgestaltigen Gebührenberechnungen zu entlasten. Dies ist besonders für Luftpostsendungen noch weitgehend ungelöst. Doch bei gewöhnlichen Sendungen gibt es schon gewaltige Fortschritte, wenn man mit den alten Zeiten vergleicht. Damals hat man alle Postgebühren nach Gewicht (wie noch heute) *und* nach Entfernungen (das ist fast weggefallen, es gibt – außer bei Luftpost – nur noch Inlands- und Auslandsverkehr) ausrechnen müssen. Dies war so schwierig und fehlerträchtig, daß Heinrich von Stephan mit seinen Ideen vom Weltpostverein, in dem solche Vertracktheiten beseitigt werden müßten, Erfolg hatte (1874 gegründet). Und zuvor schon, 1840, fand Sir Rowland Hill mit seinem Penny-Porto, d. h. mit vereinheitlichten Inlandsgebühren, in England Gehör.

DER EINSCHREIBBRIEF

Frankierter (s. Vermerk unten links) Einschreibbrief, der oben mit Rötelstift das Chargé-Gitter zeigt

Von allen Zusatzleistungen, die die Post ihren Kunden bietet, ist wohl »Einschreiben«, neben Luftpost- und Eilbotenbeförderung, die am häufigsten verlangte. »Einschreiben« – das drückt den Wunsch nach besonderer Sicherheit einer Postsendung aus.

In alten Zeiten wurden praktisch alle Sendungen in eine Liste »eingeschrieben«, die man die »Charte« nannte. Erst als der umfangreicher werdende Briefverkehr die Einzeleintragung nicht mehr zuließ, mußte ein Nachweis auf Ausnahmefälle beschränkt werden. Wer also einen Brief »der besonderen Sorgfalt der Post empfahl«, hatte meist eine erhöhte Gebühr zu zahlen und die Buchstaben »NB« (notabene: Merke wohl!) auf den Brief zu schreiben. Da diese

Buchstaben häufig und in zunehmendem Maße immer flüchtiger »hingehauen« wurden, entstand aus ihnen eine Art Gitter, das die Fachleute Chargé-Striche nennen. »Chargé« (aus dem Franz.) bedeutet »belastet, beschwert, eingeschrieben« – Bezeichnungen, die die Besonderheit des Briefinhalts ausdrücken sollen. In der Tat ist gerade der Ausdruck »Chargé« lange Zeit hindurch auch für »Wertsendung« verwendet worden, wie andererseits eine scharfe Trennung zwischen »Einschreiben« und »Chargé« unmöglich ist. In der Schweiz beispielsweise benutzt man noch heute »Chargé« für »Einschreiben«. Außerdem kam mehr und mehr der Ausdruck »recommandirt«, auch »recommendirt« (Der besonderen Aufmerksamkeit der Post empfohlen) auf. Von »recommander« (franz., einschreiben, empfehlen, befürworten) stammt das heute in die Einschreibnummernzettel gedruckte »R« (in Spanisch sprechenden Ländern ein »C« für »certificado«, was das gleiche bedeutet).

Schaut man sich alte Einschreibbriefe an, dann entdeckt man sowohl die Chargé-Striche (meist mit Rötelstift geschrieben, um diesen Vermerk deutlicher hervortreten zu lassen) als auch ein handgeschriebenes, später aufgestempeltes Chargé oder Recommandirt, auch Recommendata und andere Varianten – für einen Sammler ein entdeckungsträchtiges Feld. Amtlich eingeführt wurde das Einschreibverfahren nach 1600 und erstmals erwähnt in einer gedruckten Postordnung vom 24. September 1677 aus Sachsen. Nach einer weiteren sächsischen Postordnung vom 24. Januar 1712 waren Wertbriefe und Wertpakete mit »NB« zu kennzeichnen, während eingeschriebene (recommandierte) Briefe ein »rr« erhalten sollten. Wenig später kamen dann die entsprechenden Stempel auf (in Frankreich gab es ab 1792 Chargé-Stempel) und rund 90 Jahre später die noch heute üblichen aufklebbaren Einschreibnummernzettel, und zwar zuerst Ende 1870 in Elsaß-Lothringen, weil nach dem Deutsch-Französischen Krieg zwei deutsche Ober-

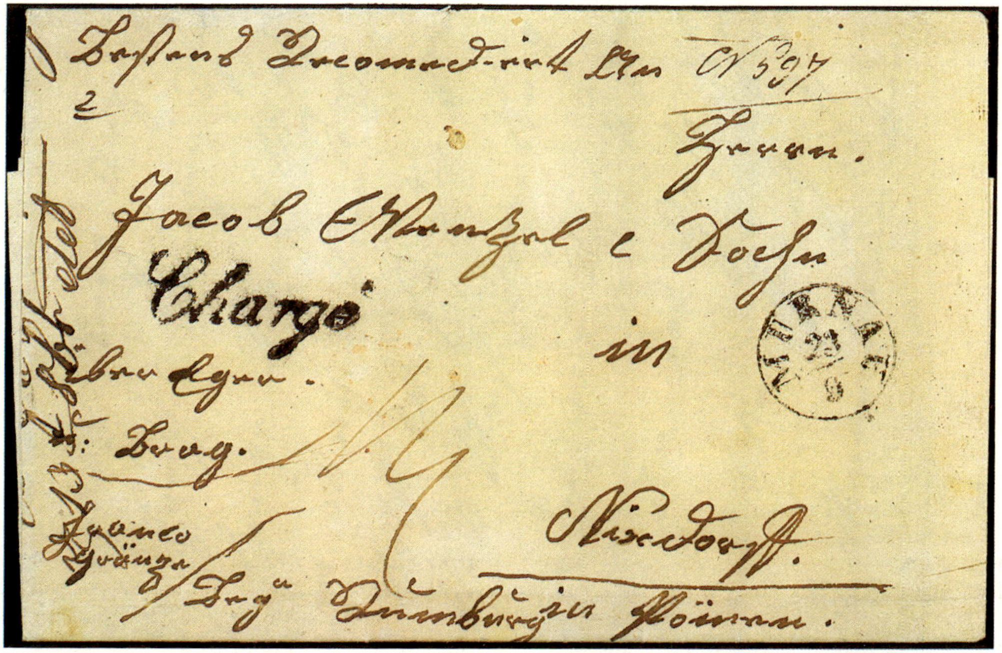

Einschreibbrief mit mehreren interessanten Vermerken;
oben: Bestens recomendiert (empfohlen);
links: Über Eger (Cheb) – Brag (Prag), Gränze (Grenze) bei Rumburg (Rumburk)

Österreichische Ganzsache mit Zusatzfrankatur
(die 10-Kreuzer-Marke ist aufgeklebt, der Wertstempel zu 5 Kreuzer eingedruckt).
Sie erhielt, da ohne Einschreibnummernzettel und nur durch den Stempel »RECOM.«
gekennzeichnet, auf deutschem Boden den Zettel »Vom Ausland ...« aufgeklebt.

postdirektionen, in Straßburg und in Metz, eingerichtet wurden. Für die ihnen unterstellten Ämter hätte man nun eine Menge der damals üblichen Zackenrandstempel mit der Inschrift »Recommandirt« beschaffen müssen. Da aber die Zettel ohnehin bereits in Erwägung gezogen waren, hat man sie kurzerhand hier eingeführt und die Kosten für die vielen Stempel gespart.

Die Geschichte und Entwicklung dieser Zettel, die dann ab 1. Februar 1875 in allen deutschen Ländern verwendet wurden, ist für Spezialisten eine wundersame Sache. Wie sich aus den einfachen ersten Zetteln, die nur den Text »Eingeschrieben« zeigten, später den Ortsnamen und die Einschreibnummer, schließlich die Zettel mit einem »R«, und zwar zuerst ab 1. Januar 1883 an der rechten und dann ab 1890 an der linken Seite (wie heute noch), entwickelten, kann für den Sammler schon fesselnd sein. Die Formen und Farben der Zettel sind in den Ländern unserer Erde recht unterschiedlich, man könnte hier 100 verschiedene Einschreibbriefe zeigen, um den faszinierenden Farben- und Formenreichtum allein dieser schlichten, winzigen Druckerzeugnisse zu verdeutlichen. Eine philatelistische Ausstellung bietet die Gelegenheit, sich jene Belege in den verschiedensten Exponaten einmal genauer zu betrachten. Möglicherweise ist sogar ein Objekt dabei, das sich speziell der Entwicklung des Einschreibwesens widmet.

In Deutschland erschienen sie zuerst ohne, ab 1895 mit Zähnung und ab 1910 in Rollen, insgesamt in zwölf verschiedenen Gruppen; denn ab 1875 vergaben die verschiedenen Oberpostdirektionen ihre Aufträge örtlich, so daß die Ergebnisse unterschiedlich ausfielen.

Um diesen Einschreibumschlag aus der damaligen britischen Kronkolonie Barbados recht haltbar zu gestalten, wurde er innen vollständig mit Leinen beklebt.

Eine besondere Art trägt den Text »Vom Ausland über Bahnpost (Nr.)«. Diese wurden am Grenzeingangspostamt bzw. in der entsprechenden Bahnpost auf ankommende Einschreibsendungen geklebt, anfänglich auf alle derartige Briefe, später nur noch auf jene, die keinen ausländischen R-Zettel trugen. Auch kam es vor, daß Briefe direkt am Bahnpostwagen aufgeliefert wurden; sie erhielten dann gleichfalls diese Zettel.

Einschreibbriefe zu sammeln kann zu einer genüßlichen Sache werden. Was gibt es da doch alles für Dinge, die von der Regel abweichen und daher immer die besondere Freude des Kenners auslösen:

- Ein R-Zettel z.B. enthält Druckfehler (Leipizg oder Leipzip statt Leipzig)
- Ein R-Zettel ist von einem anderen Postamt verwendet als seine Ortsangabe ausweist (es gibt auch fremde Amtsnummern in einem größeren Ort; hier hat bei Zettelmangel ein Nachbaramt ausgeholfen)
- Ein Amt verwendete Blanko-Zettel, weil die eigenen ausgegangen waren, und stempelte seinen Ortsnamen ein.

Hinzu kommen noch die Belege, die eine Zusatzbezeichnung tragen, z.B. Messehaus X, Ausstellungsplatz, Parteitag der ... partei, Flugplatz, Postscheckamt oder eine andere der vielen postalischen Amtsbezeichnungen, auch abgekürzt, z.B. »TA« (Telegrafenamt). Ihre Anzahl ist nicht gering.

Eine weitere Gruppe enthält aufgestempelte Texte. Sie wurden in einigen Ländern ausschließlich, sonst in Notzeiten verwendet, wenn keine regulären vorrätig waren. Zum Beispiel nach dem zweiten Weltkrieg in den Wochen und Monaten der Wiederingangsetzung des Postverkehrs fertigte eine örtliche Firma einen Stempel, der einem R-Zettel ähnelte und in den man die Nummer, gegebenenfalls auch den Ortsnamen, handschriftlich einsetzte.

Kommen wir noch zu einer Erscheinung, die man gern dem ganz Modernen zurechnen möchte: der Selbstbedienung bei Einlieferung einer Einschreibsendung. In ganz großem Maßstab wurde sie 1967 in der DDR eingeführt. Doch bereits 1887 in Washington, 1906 in Budapest, 1909 in Paris und in Berlin (Postamt C 2) gab es in gleichem Sinne wirkende Automaten: hölzerne Kästen mit einer Öffnung, in die man einen richtig freigemachten Einschreibbrief einlegen konnte. Nach dem Schließen der Tür verriegelte eine Kurbel den Türverschluß, und der Automat gab eine Einlieferungsbescheinigung aus, auf der ein roter Stempel mit Nummer abgedruckt war (der gleiche Stempel,

In Selbstbedienung aufgelieferter Einschreibbrief aus dem Jahre 1926 (Postamt Leipzig 1). Bei diesem Satzbrief stimmt das Porto: Ortsbriefgebühr (1. Oktober 1925 bis 31. Juli 1927) 5 Pfennig, Einschreibgebühr (ab 1. Juni 1924) 30 Pfennig.

Mexikanischer Einschreibbrief
mit Einschreibnummernzettel, der ein »C« (Certificado) zeigt

den auch der eingelegte Brief erhielt). Solche Automaten waren z.T. noch bis 1931 in Gebrauch. Sie wurden allerdings nicht sehr häufig benutzt, so daß ihre Belege heute von Sammlern sehr gesucht sind.

Eine Besonderheit der Einschreibsendungen sind die vor allem in Großbritannien üblichen Einschreibumschläge: relativ feste Taschen mit einer seitlichen Klappe, die – äußerlich gut gekennzeichnet – den für Absender und Empfänger wertvollen Inhalt aufnehmen. In manchen Ländern gibt oder gab es auch spezielle Postwertzeichen für Einschreibsendungen, die Einschreibmarken (registered-stamps).

DER EILBRIEF

Der Eilbrief, der Brief mit Eilzustellung, wird am Bestimmungsort meist durch besonderen Boten, den Expreß- oder Eilboten, zugestellt. Doch lassen es die postalischen Bestimmungen auch zu, daß solche Sendungen mit der normalen Post ausgetragen werden, wenn deren Zustellung gerade zum Zeitpunkt des Eingangs der Eilsendung beginnt. Unterwegs werden Eilsendungen gelegentlich bevorzugt befördert. Besteht im Bahnpostwagen Platzmangel, dann genießen Eilsendungen (Pakete) natürlich Vorrang. Aber viele laufen, wenn nur eine Verkehrsrelation besteht, auch nicht rascher als andere Briefe und Pakete. Nur die Zustellung geschieht – mit obiger Einschränkung – beschleunigt.

Die Vorstellung von der stets besonderen Beförderung von Eilsendungen rührt aus alten Zeiten her. Da wurden Briefe sowieso nur in geringem Maße und meist auch nur von privilegierten Persönlichkeiten

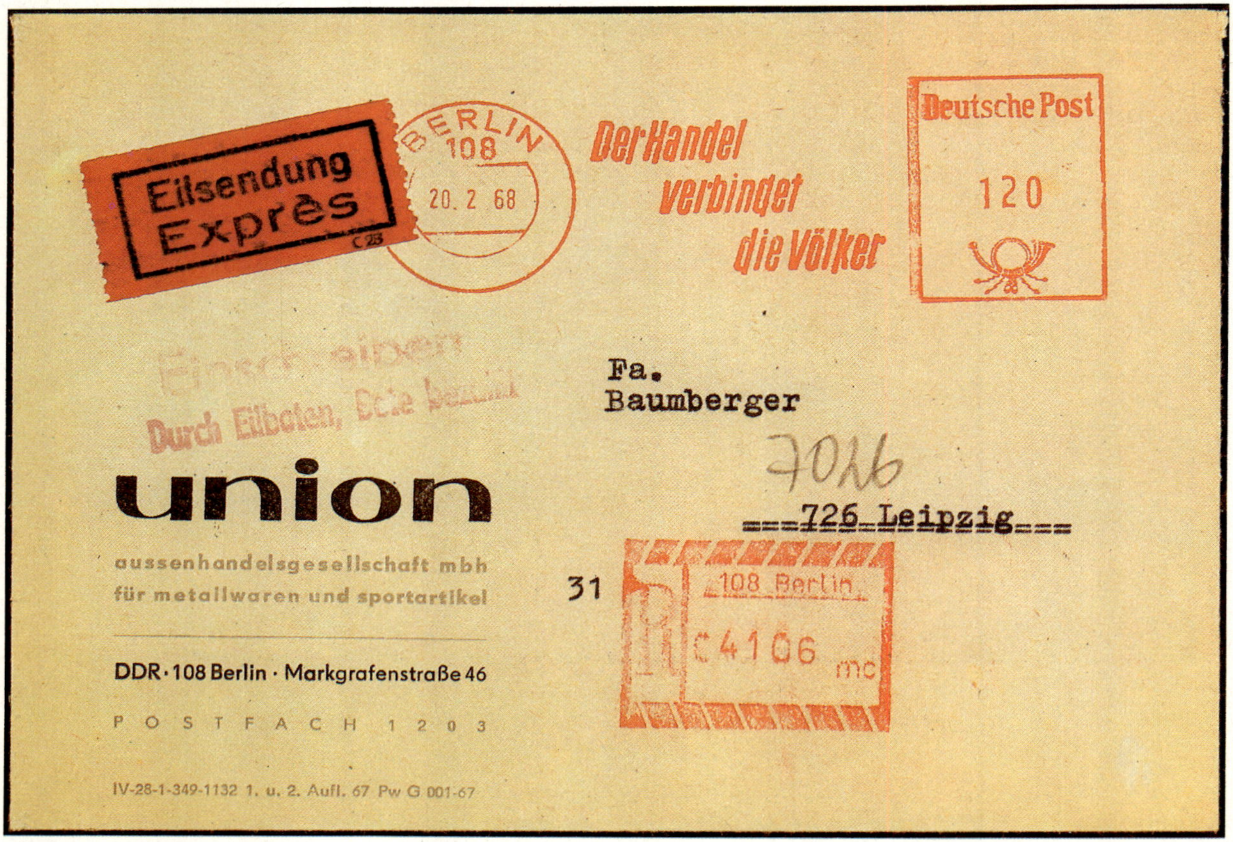

Statt eines Einschreibnummernzettels wurde hier (versuchsweise) ein R-Stempel verwendet. Das war nur in der Zeit von September 1967 bis 31. Juli 1968 in Berlin (Postämter 102 und 108 sowie PSchA [Postscheckamt] und ZAW [Zentralamt für Werbung]) möglich.

oder Behörden mit »expressen Boten« befördert. Dann allerdings war »Eile« auf der ganzen Strecke und nicht nur am Bestimmungsort geboten. Um den Läufer ständig an seine Pflicht zu erinnern, schrieb man »Cito!« (lat., schnell) auf den Brief. Und wenn es der hohe Herr mit seiner Nachricht ganz eilig hatte – solche Briefe sind überliefert –, dann schrieb er »Cito! Cito! Cito!« oder gar »Citissimo!«. Auf englischen Eilbriefen findet man Vermerke wie »Post haste« (eilige Post) oder drohend »For life, for the life« (um dein Leben). Um die Boten vor jeglichem längerem Aufenthalt zu warnen, malten manche Feudalherren sogar einen Galgen auf den Brief (»Galgenbrief«). Daß dies ernst gemeint war: Erst am 13. Dezember 1832 wurde in England die Todesstrafe wegen eines solchen Vergehens zum letzten Mal vollstreckt. In Schweden und Finnland kennzeichnete man von etwa 1760 bis 1865 die damaligen Eilbriefe, indem man eine Feder in den Siegelverschluß einschmolz. Derartige Federbriefe sind heute sehr gesucht.

Die regelrechte Eilzustellung begann in Preußen 1842, in Bayern 1847. Für Einschreibbriefe gab es sie schon längere Zeit vorher. Lang, ausführlich, kompliziert und des öfteren wechselnd sind die Bestimmungen, die nach und nach für diesen Sonderdienst galten, besonders auch hinsichtlich der Zustellbereiche (Orts- und Landzustellbereich) sowie der unterschiedlichen Gebühren. Ab 1. März 1882 wurde in Deutschland zugelassen, die Eilbotengebühr für beide Bereiche vorauszubezahlen, und zwar in Form von aufgeklebten Briefmarken. Vorher hatten meist die Empfänger die Eilbotengebühr entrichtet; war sie vorausbezahlt, so wurde »Bothe entlohnt« o. ä. auf dem Brief vermerkt.

Probleme und entsprechende Bestimmungen erwuchsen aus der Höhe des realen Wertes der mit Eilboten zuzustellenden Wertsendungen. Hier bestand ja – besonders im Landzustellbereich – immer die Gefahr einer Beraubung. Man sieht auch aus all diesen Dingen wieder: Die Post hat es nicht leicht, allen Eventualitäten gerecht zu werden und dennoch die Gebühren möglichst niedrig zu halten.

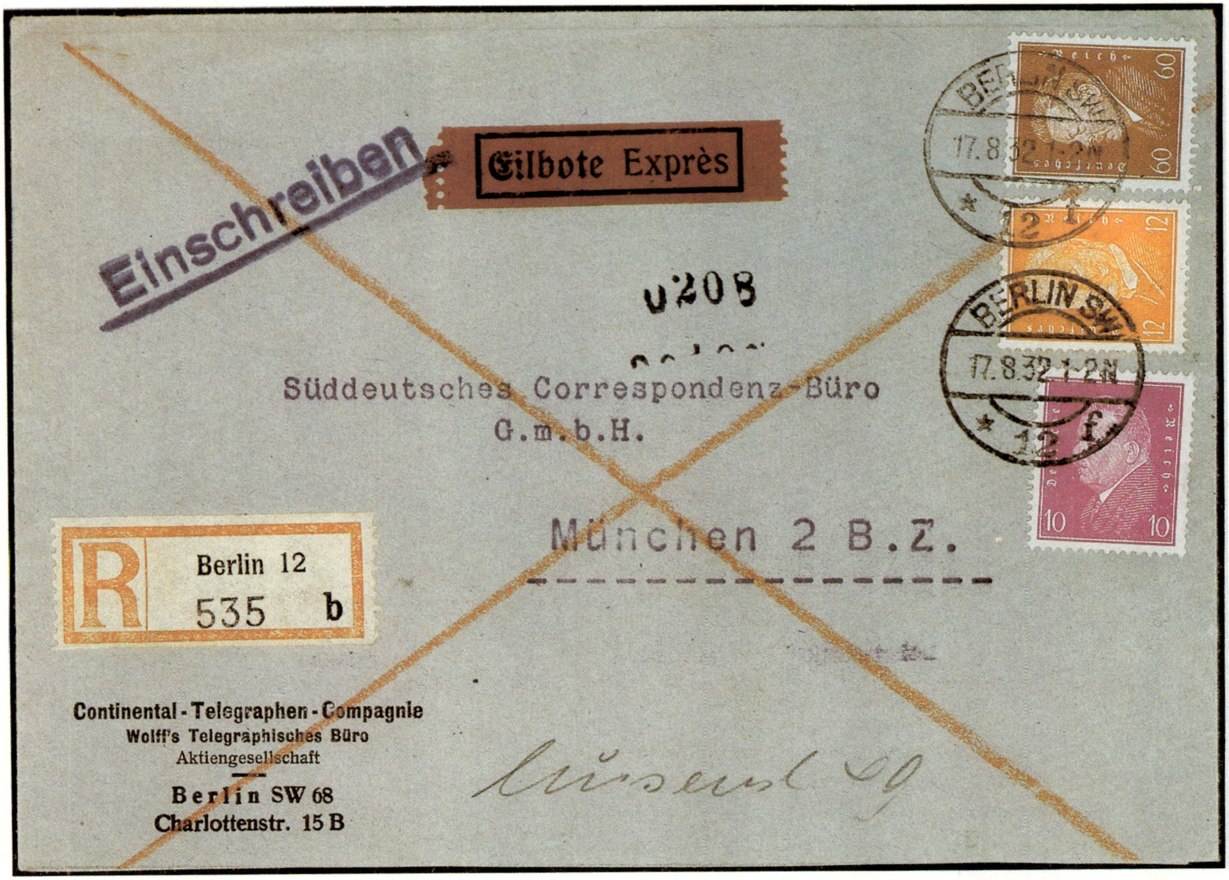

Da die mit Adrema aufgedruckte Anschrift keine Straßenangabe zeigt, hat sie der Botenmeister der Eilbriefzustellung unten vermerkt. Der Brief ist mit 82 Pfennig freigemacht, zusammengesetzt aus den Gebühren für einen Fernbrief (12 Pfennig), Einschreiben (40 Pfennig) und Eilzustellung (30 Pfennig).

Die Kennzeichnung der Eilsendungen hat sich im Laufe der Jahre mehrmals gewandelt. Den genannten Cito-Vermerken, die auch in deutscher Sprache (»schnellstens zu befördern«, »durch expressen Boten zu bestellen«) vorkamen, schloß sich die rote Durchkreuzung des Umschlages an. Dies wurde ab 1891 gefordert und ist, z.B. in der DDR, erst ab 1. September 1957 weggefallen. Dagegen haben sich die 1911 eingeführten Klebezettel »Eilsendung«, »Exprès« o.ä. bis heute gehalten und werden sicher auch weiter in Benutzung bleiben.

Unser Bildbeispiel ging vom damals sehr bekannten Wolffschen Telegraphenbüro aus, einer einst wichtigen Stelle für die Übermittlung von Nachrichten von und nach anderen Ländern, besonders für Zeitungsredaktionen und staatliche Behörden. Wie die Eilbriefe noch heute, so trägt auch dieser einen rückseitigen Ankunftsstempel, in diesem Falle einen aus München mit der Zusatzbezeichnung »TA« (Telegrafenamt). In größeren Orten sind Telegramm- und Eilbriefzustellung zumeist vereinigt. Die Boten tragen Telegramme und Eilbriefe zusammen aus, wozu der Botenmeister optimierte Touren (kürzeste Strecke) für jeden Zustellgang zusammenstellt. Alle diese Sendungen werden in einem Zustellbuch vermerkt und erhalten eine laufende Nummer. Wir erkennen diese aufgestempelt auf dem Brief (0208). Im Zustellbuch werden Erhalt und Uhrzeit quittiert, so daß eine Kontrolle über die Dauer möglich ist, ohne auf den Brief einen Galgen malen zu müssen. Wird der Empfänger nicht angetroffen, ist er nach Auskunft von Nachbarn nur kurzzeitig abwesend, wird die Eilsendung in den (Haus-)Briefkasten gelegt und (in der DDR) an die Wohnungstür der Hinweiszettel »Eilbrief im Hausbriefkasten« geklebt.

Eilbriefe sind heute bei Philatelisten wegen des Ankunftsstempels besonders geschätzt. Damit läßt sich beweisen, daß der Brief tatsächlich mit der Post befördert und nicht nur aus Gefälligkeit gestempelt wurde.

DIE DRUCKSACHE

Die Drucksache ist eine »schlechte Sache« – »schlecht« im damaligen Sprachgebrauch für »schlicht«, »einfach«. So wird sie jedenfalls in der preußischen Postordnung aus dem Jahre 1766 bezeichnet. Allerdings machte die Bevölkerung von dieser Sendungsart damals nur sehr geringen Gebrauch. Das änderte sich mit der Französischen Revolution 1789. Da wurden, vor allem in Frankreich, aber auch in anderen Ländern, in die die Revolution ausstrahlte, große Mengen an Druckschriften mit fortschrittlichem Gedankengut, Flugblätter, Zeitungen, auch Bücher, verbreitet. Für sie lag die Beförderungsgebühr wesentlich niedriger als für Briefe und Pakete gleichen Gewichts und für gleiche Entfernungen; man hat sie im wesentlichen nach der Seitenzahl berechnet. Um der Post Kontrollmöglichkeiten zu geben, wurden sogenannte Kreuzbandsendungen gefertigt, die alsbald auch die Privatleute für geschäftliche Zwecke immer mehr nutzten. In Preußen waren inzwischen ebenfalls die »schlechten Sachen« durch Kreuzbandsendungen abgelöst worden (1821). 1867, zur Zeit des Norddeutschen Postbezirks, erhielten sie den Namen »Drucksachen«. Der Weltpostverein hat diese Bezeichnung dann übernommen (franz. Imprimé).

Für die Postverwaltungen aller Länder sind Drucksachen indessen, wenn man ihre niedrigen Gebühren betrachtet, bis heute tatsächlich »schlechte Sachen« (schlecht im Sinne von unrentabel) geblieben. Außerdem erweisen sich Drucksachen gelegentlich als Brieffallen, da sich in die offenen Umschläge andere Postsendungen, z.B. Postkarten, einschieben können und somit meist verlorengehen.

Postfreundlicher sind da schon die Neujahrs- und Feriengrußkarten. Sie wiegen nur wenige Gramm und lassen sich hinsichtlich der Zulassungsbestimmungen leicht überprüfen: Bis zu 5 Wörter (in der DDR) dürfen die Mitteilungen umfassen. Handelt es sich um gedruckte Texte auf Karten, darf man insgesamt bis fünf Wörter oder Zahlen, sofern sie mit der gedruckten Mitteilung zusammenhängen, ändern oder nachtragen. Natürlich kann man auch Druckfehler berichtigen oder Streichungen bzw. Unterstreichungen vornehmen. Läßt ein Land (z.B. die BRD) sogenannte Briefdrucksachen zu (Mittelding zwischen Brief und Drucksache), dann erhöht sich die Wortzahl auf zehn oder beliebig viele Zahlen.

In der DDR z.B. gibt es Wirtschaftsdrucksachen. Die Vervielfältigung des Textes kann im Druckver-

Eine Drucksache aus der Zeit der Währungsreform mit Zehnfachfrankatur (60 Pfennig der alten Währung entsprachen 6 Pfennig der neuen)

fahren oder auch über Schablonen, Matrizen, Metallblätter bzw. durch Belichtung oder Wärmekopien geschehen. Mitunter weichen die Bestimmungen für den Auslandsverkehr von denen im innerstaatlichen Verkehr der verschiedenen Länder etwas ab. Mit Schreibmaschine oder handschriftlich gefertigte Vervielfältigungen gelten nirgends als Drucksachen.

Man kann Drucksachen z. T. auch als Einschreiben versenden. Im zwischenstaatlichen Verkehr gibt es unter bestimmten Voraussetzungen außerdem Drucksachen zu (noch weiter) ermäßigter Gebühr (franz. taxe réduit).

DIE POSTWURFDRUCKSACHE

Eines Tages wollte eine Pharmaziefabrik möglichst schnell alle Ärzte mit einem neuen medizinischen Mittel bekanntmachen. Sie ging daher zur Post und lieferte einen Riesenberg Werbedrucksachen mit der Aufschrift »An alle Ärzte« auf. Und die brave Post hat gegen Entrichtung einer Pauschalgebühr jedem Arzthaushalt eine – wie sie damals hieß – Postwurfsendung in den Briefkastenschlitz gesteckt. Dazu mußte man vorher eine Liste mit den Anschriften aller im Postamtsbereich ansässigen »Medizinmän-

Postwurfdrucksache »An den Herrn oder die Frau des Hauses«.
Marke und Stempel sind aufgedruckte Phantasieprodukte.

ner« aufstellen und ständig auf dem laufenden halten. Es gab solche Verteillisten auch für »alle Lehrer«, »alle Lebensmittelhändler« usw. – insgesamt etwa 30 verschiedene Verteilgruppen. Schon das Erarbeiten der Listen bedeutete für die Post eine Heidenarbeit. Die Verteillisten waren danach noch auf die einzelnen Zustellbereiche aufzugliedern, da ein Briefträger nun wirklich nicht alle einschlägigen Berufe und Beschäftigtengruppen seines Bereiches kennen kann. Viele Postverwaltungen haben jetzt im Zuge der Rationalisierung ihres Dienstbetriebes die Anzahl der Gruppen radikal verringert, meist auf eine einzige: »alle Haushalte«.

Postwurfdrucksachen oder Wurfsendungen, wie sie heute heißen, besaßen aber noch eine kleine Besonderheit, die allerdings wohl nur Briefmarkensammlern auffallen wird: Die aufgedruckte Marke war kein richtiges Postwertzeichen und wurde daher auch nicht gestempelt. Vielmehr handelt es sich um eine »Geistermarke«, wie die Sammler sagen, weil es sie eigentlich (sprich: amtlich) gar nicht gibt; sie entsprang der Phantasie eines Grafikers. Das schließt aber nicht aus, daß auch richtige Briefmarkenmuster schon als Geistermarken dienen mußten, dann allerdings in anderer Farbe. Die meisten Geistermarken jedoch sind für diesen Werbezweck entstanden.

Ein Brief errötet nicht. (Marcus Tullius Cicero)

Er ist ein Kind jener Jahre, da das – schon 1748 von Benjamin Franklin geprägte – Wort »Time is money« verstärkt Devise ökonomischen Denkens wurde. Mit seiner Hilfe wurde im geschäftlichen Briefverkehr die Adresse auf dem Umschlag entbehrlich. Ein Briefumschlag erhielt auf der Vorderseite eine größere durchsichtige Fläche, die die auf dem Briefbogen stehende Anschrift sichtbar macht, selbstverständlich in Übereinstimmung mit dem Platz des Fensters. Das Fenster soll 90 mm breit und 50 mm hoch sein und 20 mm vom linken bzw. 15 mm vom unteren Rand des Briefes entfernt sein. Es bestand entweder aus einem geölten Teil des Umschlags, der durch den Fettgehalt des Papiers durchsichtig wurde, oder aus einer in der angegebenen Größe ausgestanzten Fläche, in die ein Stück Pergamin oder Zellophan eingeklebt wurde.

Solche Fensterbriefumschläge hat man in Deutschland ab 1. Februar 1908 zugelassen, ab Januar 1910 auch im Auslandsverkehr. Bei Einschreibsendungen durften nur Briefumschläge verwendet werden, bei denen das Fenster einen festen Bestandteil des Umschlags bildete, also im Prinzip nur die teilweise geölten. Bei

Fensterbrief mit durchscheinender Werbung.
Geworben wird auch mit dem Absenderfreistempel.

eingeklebten Fensterabdeckungen war Vorschrift, daß das Pergamin oder Zellophan gut haftete und keine Falten zeigte; auch durfte das Material bei Lampenlicht nicht spiegeln – fürwahr strenge, aber verständliche Vorschriften, die freilich offenbar nicht immer eingehalten wurden. Natürlich mußte auf dem Umschlag auch genügend Platz für die Freimachung mit Postwertzeichen oder Freistempeln bleiben, ebenso für eventuelle Klebezettel bei Einschreiben, Eilboten oder Luftpost usw.

Werbebeflissene Firmen dachten sich noch eine hübsche zusätzliche Sache aus: Sie ließen den Briefumschlag vor dem Falten und Zusammenkleben innen mit einer Werbung bedrucken, die den Briefempfänger nach Herausnehmen des Inhalts recht wirksam ansprach.

DER FREIGESTEMPELTE BRIEF

Vom äußeren Erscheinungsbild her gehören freigestempelte Briefe, die statt einer mehr oder weniger bunten Briefmarke einen (meist) eintönig-roten Freistempel tragen, zu den »häßlichen Entlein«, und zwar sowohl für die Empfänger als auch für die Sammler. Entsprechend gestaltet sich ihr Schicksal: Da sie – verglichen mit Marken – oft reizlos erscheinen, landen sie im Papierkorb.

Bei den Freistempeln, die eine lange und keineswegs uninteressante Geschichte haben, muß man zwischen Post- und Absenderfreistempeln unterscheiden. Letztere sind erst Mitte der zwanziger Jahre unseres Jahrhunderts entstanden; die Postfreistempel dagegen blicken auf ein weit längeres Dasein zurück. (Eine Art – die Partiestempel – behandeln wir bei den Massendrucksachen.) Zunächst sei noch der Begriff

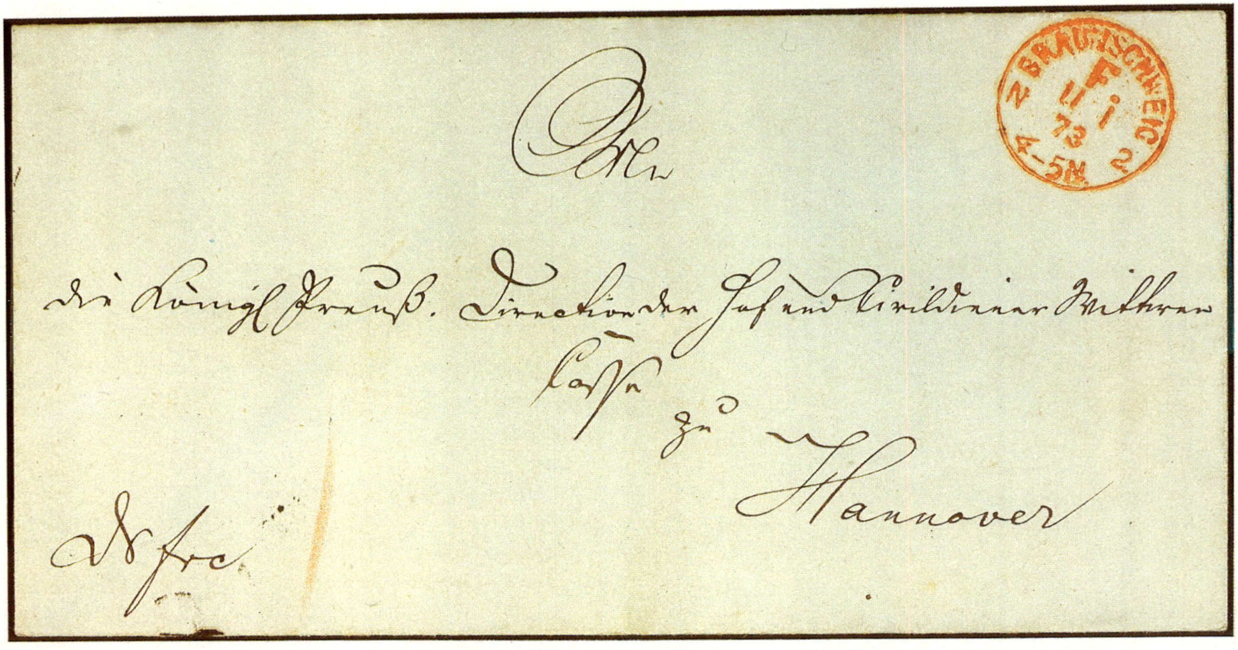

Die in Preußen und im Norddeutschen Postbezirk benutzten F-Stempel – hier ein Beleg aus Braunschweig – sind auch nach der Gründung des Deutschen Reiches (1871) noch mehrere Jahre verwendet worden.

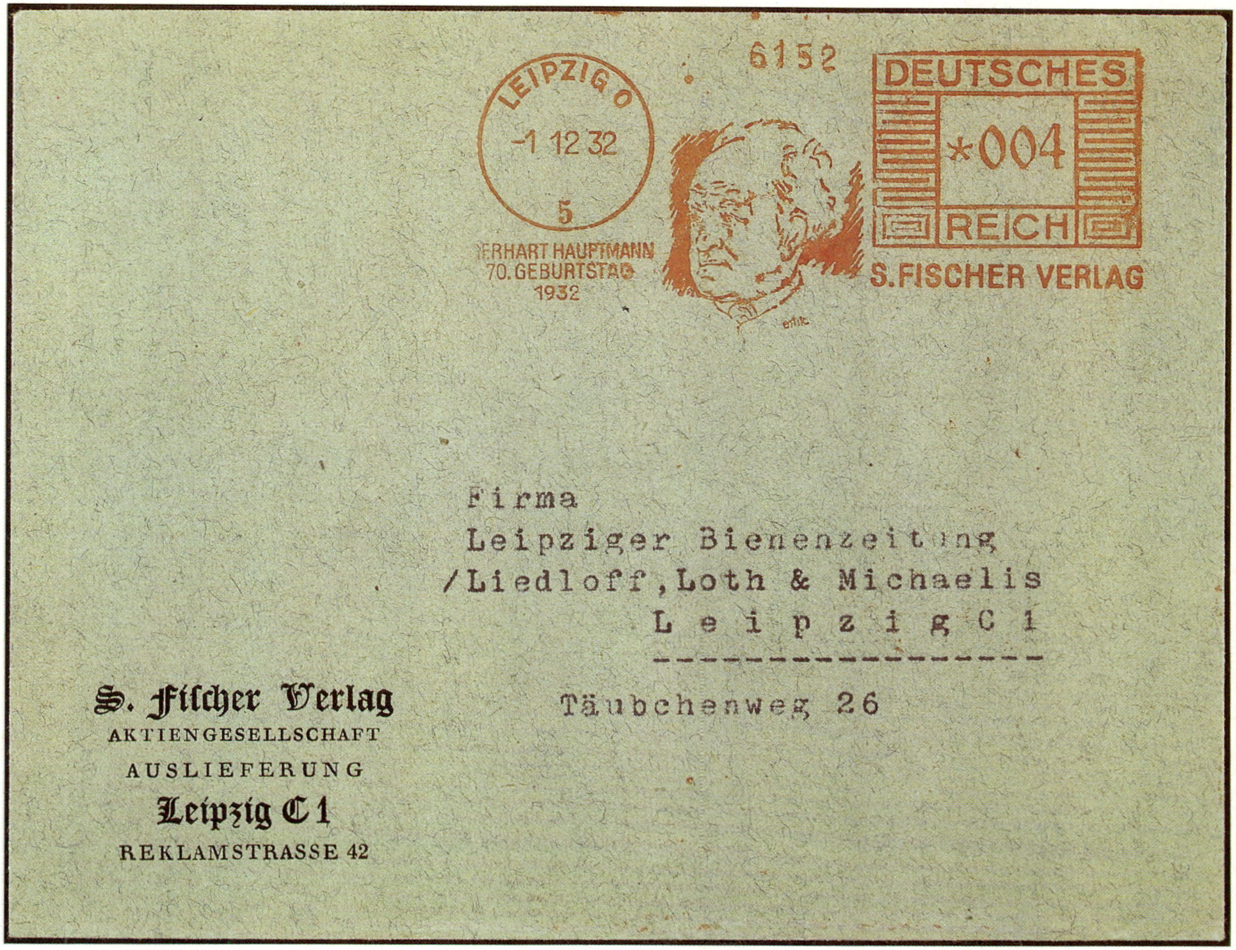

Absenderfreistempel des S. Fischer Verlages Leipzig mit dem Porträt Gerhart Hauptmanns im Stempelbild

»Barfreimachung« erläutert: Er wurde bedeutsam, als man 1840 in England bzw. einige Jahre später (in Bayern als erstem deutschem Staat 1849) die Briefmarken einführte. Nach wie vor konnte man aber auf sie verzichten und die Sendungen am Postschalter gegen Barbezahlung des Portos einliefern. Es blieb dem Postmann überlassen, ob er für das eingenommene Geld eine Marke aufklebte oder einen Verrechnungsvermerk bzw. -stempel auf der Sendung anbrachte. Letzteres Verfahren wurde angewandt, wenn sich die Sendung für das Anbringen von Marken nicht eignete bzw. damals die Sendung nicht als Briefpost galt, sondern (z. B. bei Wertbriefen oder Paketen) mit der Fahrpost befördert werden mußte.

Alle diese Einzelheiten sind recht diffizil, und wenn sich ein forschender Philatelist ihrer annimmt, kann er sich erbauliche Stunden bereiten. Er wird dann unter anderem auf die F-Stempel Preußens (1864) und des Norddeutschen Postbezirks stoßen – Stempel, die für bar freigemachte Sendungen verwendet wur-

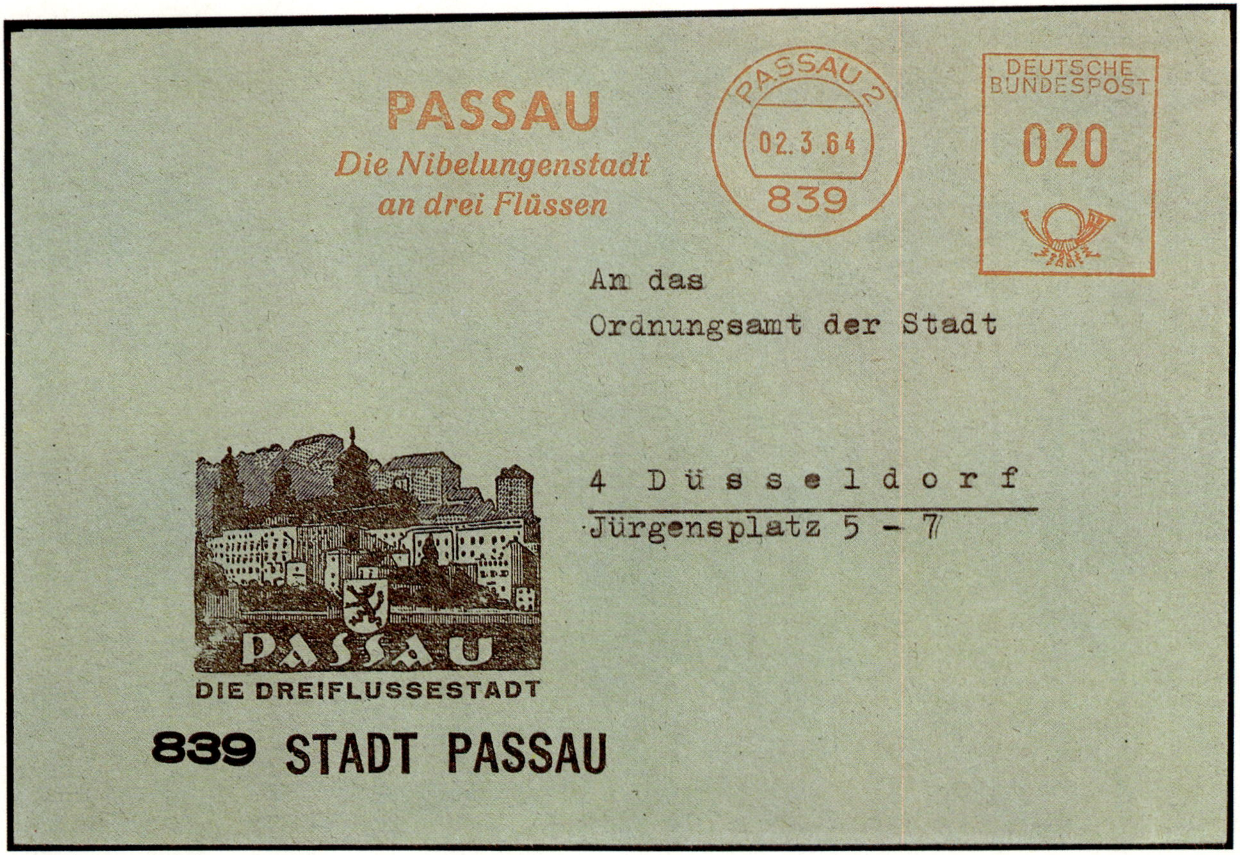

Mitunter sind oft unbeabsichtigt mehrere Briefarten gekoppelt, was ihrer Attraktivität durchaus zuträglich sein kann – hier ein Schmuckumschlag mit Absenderfreistempel von der Stadtverwaltung Passau.

den (F: franko, frei). Es gibt sie von rund 150 Postämtern. Alsdann folgten ab 1889 die Württembergischen Frankostempel, ebenfalls Handstempel, die bis in die Inflationszeit 1921 bis 1923 und auch noch später vorkommen.

Um die Jahrhundertwende traten dann die Maschinenstempel auf den Plan, zuerst 1897 in den USA. Zeitgleich wirkte in Bayern Joseph Baumann, der einen Presseartikel unter der Überschrift »Die Abschaffung der Briefmarke durch den Francostempel« veröffentlichte und entsprechende Vorschläge unterbreitete. Sie wurden abgelehnt. Baumann versetzte man wenig später (er war Bezirksingenieur der bayrischen Post) als »nicht mehr ganz normal« vorzeitig in den Ruhestand. Zwar war sein Vorschlag als Patent vom 23. Januar 1902, Nr. 127 510, beim kaiserlichen Patentamt unter der Bezeichnung »Registrierender Stempelapparat zur Erzeugung einer Briefmarke oder eines ein anderes greifbares Wertzeichen ersetzenden Zeichens« angenommen, doch wurde er von der Reichspost ignoriert.

In anderen Ländern waren einige Erfinder erfolgreicher, so z. B. 1900 in Norwegen Chr. A. Kahrs und 1903 Karl Uchermann, 1902 in den USA Arthur H. Pitney und Eugen A. Rummler und nicht zuletzt ein Neuseeländer namens Ernest Moss, der 1904 in Christchurch (Neuseeland) eine Freimachungsmaschine konstruierte.

1910 brachte Bayern eine Maschine heraus, die sicher Baumanns Idee aufnahm, aber mit dessen konstruktiven Vorschlägen nicht übereinstimmte.

Die Langstempelmaschine der Firma Sylbe & Pondorf, Gößnitz, druckte die Stempel endlos über die ganze Briefseite oder -länge (im Gegensatz zur Halbstempelmaschine, die nur die halbe Sendungsbreite stempelte, was vor allem für Postkarten wichtig ist, damit deren linke Seite mit dem handschriftlichen Text lesbar blieb). Die bayrischen Exemplare enthielten abwechselnd einen Tages- (Datum mit Ortsangabe) und einen Gebührenstempel, z.B. »5 Pf. FRANCO BEZAHLT«.

Die weitere Entwicklung vollzog sich sehr rasch, wobei dann auch die in Deutschland von 1920 bis 1922 verwendeten Reichstypen (in drei Etappen) recht formenreich auftraten. Hierbei gibt es große Seltenheiten mit weniger häufig verwendeten Gebührenstufen, die sämtlich ihre eigene Musterung im Stempelbild erhielten.

Alle diese und die späteren, allerdings eintönigeren, sind Postfreistempel, werden also von der Post für aufgelieferte Massensendungen benutzt. Und das noch heute! Dabei tauchten in der Zeit der Inflation Stempel mit astronomischen Wertangaben auf. Dennoch: Postfreistempel gelten unter Sammlern als wenig attraktiv, obwohl sie bei näherer Betrachtung recht liebenswert sind.

Die sogenannten Absenderfreistempel hingegen wirken schon auffallender. Die Stempelmaschinen befinden sich beim privaten Absender, meist einer Firma oder Behörde. Durch Kauf von Wertkarten bzw. durch Einstellung eines verplombten Zählwerkes erhalten diese Maschinen eine wertmäßige Vorgabe, bis zu deren Höhe verschiedenste Sendungen mit unterschiedlichen Werten freigemacht – freigestempelt – werden können.

Während die Postfreistempel aus zwei Teilen bestehen (Wertangabe und Datum), sind Absenderfreistempel dreiteilig: Wert-, Datums- und Reklameteil, der den Absender repräsentiert (mitunter nur in Form eines Textes, wirksamer jedoch sind bildliche Darstellungen). Die Bilder treten in solcher Vielfalt auf, daß sich ganze Themenkreise ergeben. Philatelisten nutzen Absenderfreistempel in zunehmendem Maße bei der Gestaltung von bestimmten Themen zum Füllen von Aussagelücken, die sich durch Briefmarken nicht schließen lassen. Gleichzeitig lockern sie dabei die strenge Form der Nur-Briefmarken-Sammlung auf.

Bekannte Firmen von Absenderfreistemplern sind Postalia, Francotyp, Pitney-Bowes, Hasler u.a. Von Herrn Bowes (USA) stammte übrigens der Vorschlag, in die Absenderfreistempel auch den Datumsstempel mit aufzunehmen, so daß die Post diese Sendungen nicht mehr zu entwerten brauchte (1920). Weitere Konstruktionen sind unter den Namen Komusina (Erich Komusin) und L. Furtwängler bekannt. Vom letztgenannten Typ, der im Prinzip wie eine Offsetdruckmaschine arbeitete (über ein Gummituch wurden die Drucke auf den Umschlag übertragen, wobei sie aber nur sehr schwach ausfielen), soll es nur 32 Stück gegeben haben (1923). Ihre Abschläge werden ihrer Form wegen auch als »Klaviertastenstempel«, sonst aber als Freistempel A bezeichnet. Als Freistempel B gelten die der damaligen Bafra-Werke Berlin (1923, nur ein Maschinentyp bekannt). Freistempel C stammen von Apparaten der Anker-Werke Bielefeld, Freistempel D sind die schon genannten von Komusin, von dem es später (1927 und 1929) weitere Modelle gab. Anker und Bafra schlossen sich 1923 zu Francotyp zusammen. Das »häßliche Entlein« hat also durchaus seine Reize – man muß nur genauer hinschauen. Spezialisten finden in diesem Sammelgebiet, vor allem durch neue Stempeltypen, ein reiches Betätigungsfeld.

Nichtankunft

Nichtgeschriebene Briefe sind meistens die gleichen, die ihren Adressaten
auch nicht erreichen.
Dieser tiefe Zusammenhang wird selten bedacht.
Und so kommt's, daß man den Briefträger verantwortlich macht.

Gelber Postscheckbrief
aus jener kurzen Zeitspanne, als derartige Briefe gebührenpflichtig waren

Österreich war das erste Land, das (bereits 1884) den Postscheckdienst einrichtete. Ihm folgten bald England, in dem es seit 1861 den Postsparkassendienst gab (aus dem sich der Giroverkehr und schließlich der Postscheckverkehr entwickelte), und die Vereinigten Staaten von Amerika sowie weitere Länder. Als Begründer gilt Dr. Georg Theodor Coch, dessen Denkmal vor dem Postsparkassenamt in Wien aufgestellt ist. In Deutschland war ein derartiger Vorschlag zunächst der Ablehnung durch den Reichstag verfallen, und erst am 1. Januar 1909 nahm ein solcher Dienst hier den Betrieb auf. Dazu entstanden insgesamt 13 Postscheckämter, denen sich später weitere hinzugesellten.

Ursprünglich war vorgesehen, die Guthaben der Postscheckkonten zu verzinsen und die Gut- und Lastschriften gebührenpflichtig zu machen. Auch das verfiel der Ablehnung. So gab es nicht wenige, die dem neugebildeten Dienstzweig der damaligen Reichspost nur geringe Chancen einräumten. Heute wissen wir es besser: Für kleinere Betriebe und Einzelhändler, für Handwerker und Bürger ist ein

Postscheckkonto ideal. Die Schecks und die Kontenauszüge werden in deutschen Landen in gelben Postscheckbriefen übersandt, die die Post gebührenfrei befördert.

Postscheckumschläge wurden früher zumeist nicht im üblichen C6-Format (114 mm × 162 mm), sondern im etwas größeren B6-Format (125 mm × 176 mm) gefertigt, damit sie sich maschinell öffnen lassen, ohne daß die inliegenden Belege von der Schneidemaschine mit erfaßt werden. Ihre Stempelung – soweit das noch vorgesehen ist – vollzieht sich wegen der Formatgleichheit besonders leicht mit einer Maschine. Heute werden in der DDR Postscheckumschläge nicht mehr gestempelt.

Von der Gebührenfreiheit dieser Briefe sprachen wir bereits. Doch hat es auch Zeiten gegeben (in der damaligen Sowjetischen Besatzungszone vom 15. Januar 1947 bis zum 31. Juli 1949), da man diese Briefe mit Marken zu 10 Pfennig freimachen mußte. Weil in diese Zeit gerade die Währungsreform fiel, kann es auf Briefen jener Tage – auch auf Postscheckbriefen – die sogenannten und sehr gesuchten Zehnfachfrankaturen geben. Für eine gewisse Zeit galten ja die alten Postwertzeichen zu einem Zehntel ihres Nennwertes weiter.

Benutzt ein Postscheckkunde nicht die gelben Postscheckumschläge, muß er Nachgebühr zahlen, falls er die Sendung nicht frankierte.

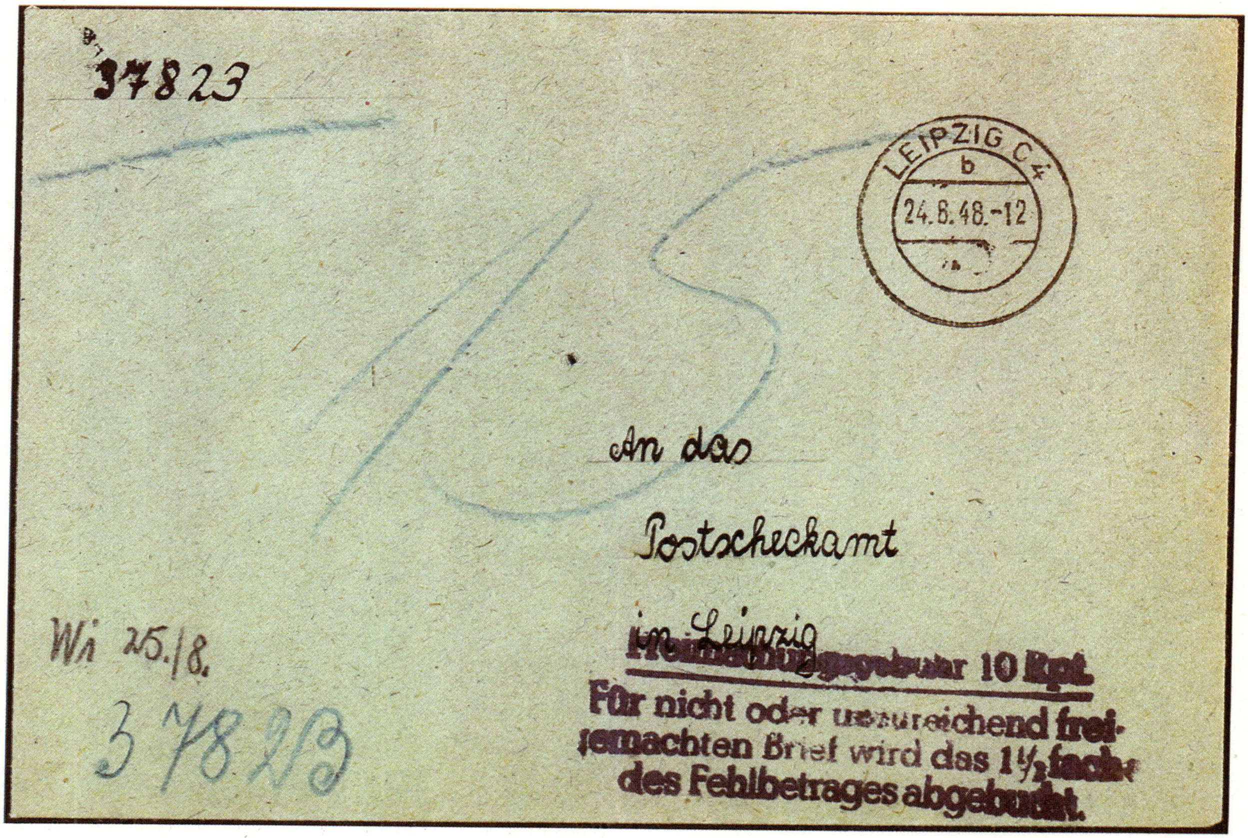

Da der Absender den Umschlag nicht frankierte, war Nachgebühr zu zahlen.

Telegrammumschlag eines Eisenbahntelegrafen (etwa 1860)

Seit die Telegrafie als modernes Schnellnachrichtenmittel um die Mitte des 19. Jahrhunderts größere Verbreitung fand, gibt es auch Telegrammumschläge für die Zustellung der erst handschriftlich und später maschinenschriftlich aufgenommenen Telegramme. Daß sie verschlossen zugestellt werden, erklärt sich aus dem Fernmeldegeheimnis. Ausnahmsweise konnte der Telegrammumschlag offen bleiben, wenn dies durch den entsprechenden (gebührenpflichtigen) Dienstvermerk »offen« extra verlangt wurde.

Der älteste bekannte Telegrammumschlag aus Sachsen stammt aus dem Jahre 1852. Damals zeigten die Umschläge auch noch den besonderen Zudruck »PD« (Privat-Depesche) oder »SD« (Staats-Depesche), denn erst seit dem 1. Oktober 1850 durften in Sachsen Privatleute Telegramme aufgeben.

Telegrammumschläge existieren in vielen Varianten, und ihre Formen sind keineswegs uninteressant. Die älteren Ausgaben aus der Frühzeit der Telegrafie (und auch der Briefmarken) trugen Aufschriften wie »Telegraphische Depesche«. Spätere Umschläge sind in Rotdruck bei normalen Telegrammen, in Schwarzdruck bei Brieftelegrammen gehalten. Letztere werden nicht durch besondere Boten, sondern erst mit der nächsten Briefpost ausgetragen.

Auch Eisenbahn- und Privattelegrafen gab und gibt es z. T. noch heute. Ihre Umschläge zeigen entsprechende Aufschriften. Ganz besonders selten sind die früheren roten Telegrammumschläge an Seine Majestät den Kaiser, König oder an andere Herrscher.

Die Zustelldienste der Telegrafenanstalten verschlossen die Telegramme z. T. mit Verschlußmarken in Form runder (gezackter) Siegelmarken oder rechteckiger Klebemarken.

Telegrammumschläge erhalten keine Postwertzeichen, obwohl es in manchen Ländern Telegrafenmarken gibt oder gab. Hier klebt der Schalterangestellte, der das Telegramm entgegennimmt, die Telegrammgebühr in diesen Wertzeichen auf das Aufgabeblatt, da die Zustellung im Telegrammumschlag ja erst am Bestimmungsort stattfindet. Wenn dennoch einmal ein alter Telegrammumschlag – eine »Telegraphische Depesche« – mit Postwertzeichen auftaucht, dann ging die Sendung sicherlich in einen Ort ohne Telegrafenstelle, war in der nächstgelegenen aufgenommen worden und ist dann, z. B. im alten Österreich, wie ein eingeschriebener Brief zum Empfänger gebracht worden. Die Zustellgebühr hatte der Absender im voraus zu entrichten, die Marken hin-

Sonder-Telegrammumschlag in Rot für Kaiser Wilhelm II., der sich zur Einweihung des Völkerschlachtdenkmals am 13. Oktober 1913 in Leipzig aufhielt

gegen klebte die letzte Telegrafenstelle auf und entwertete sie.

Bei allen Postverwaltungen der Welt sind heute Überlegungen im Gange, die Telegrammzustellung während der Nacht auszulassen, dringende Fälle natürlich ausgenommen.

Kuriose Anschrift:
An Frau von Tisch und Bett geschiedene Leumerin, wohnhaft in Poppzig

DER UNZUSTELLBARE BRIEF

Was tun, wenn auf einem Brief als Anschrift »Krause, Europa« steht?

Nun ist die Findigkeit der Post beinahe sprichwörtlich: In der dienstlichen Praxis ist ein besonders scharfsinniger Postmann beim Leitpostamt damit beauftragt, die »Faulen«, die auf übliche Weise nicht zustellbaren, in seine Obhut zu nehmen. Sein Handwerkszeug sind Adreß- und Telefonbücher, Straßen- und Postleitzahlenverzeichnisse, eigene Notizen über schon vorgekommene Namensähnlichkeiten usw. Ihm begegnen falsche Hausnummern und Straßen, verwechselte Stadtnamen (z.B. die Düsseldorfer Straße in Essen mit der Essener Straße in Düsseldorf) oder verdrehte Postleitzahlen, vielfach bei häufiger auftretenden Ortsnamen. Hier sei nur das berühmte Neustadt genannt, von dem es einige Dutzend gibt, die daher auch alle einen Zusatz tragen. Oder ein Empfänger hat seine Wohnung geändert, eine Frau ihren Namen bei der Heirat.

Im internationalen Verkehr verwendet die Post für einige besonders häufige Fälle Klebezettel, die jeweils in Französisch als der internationalen Postsprache und in der Landessprache die Gründe für Unzustellbarkeit aufführen:

- Abgereist, ohne Angabe der Adresse (parti, sans laisser d'adresse)
- Ungenügende Adresse (insuffisance d'adresse)
- Firma erloschen (raison sociale n'existe plus)
- Annahme verweigert (refusé)
- Nicht abgeholt (non réclamé)
- Unbekannt (inconnu)
- Verstorben (décédé).

Aus unzustellbaren Briefen kann ein Philatelist eine Sammlung gestalten, die gegebenenfalls auch auf tragische Ereignisse Bezug nimmt. Gründe für die Unzustellbarkeit mögen hier »Verstorben«, »Gefallen«, »Vermißt«, »Verschollen« oder anders lauten. So gesehen, bekommen schlichte Postsendungen sogar einen hohen menschlichen Stellenwert, werden zu Zeitdokumenten und müssen entsprechend kritisch ge- und bewertet werden.

Sicher gibt es noch weitere Gründe, warum der Briefträger trotz aller Mühe den Empfänger nicht ausfindig machen konnte. Dann muß die Post den Brief oder das Paket an den Absender zurückleiten, falls dieser auf der Sendung angegeben wurde. Fehlt solch ein Vermerk, dann bleibt nichts anderes übrig, als die Sendung einer dafür eingerichteten Stelle zu übergeben (Rückbriefstelle, Postanmeldestelle), die sie einsehen darf, ob sich vielleicht aus dem Inhalt weitere Angaben (Empfänger oder Absender) ableiten lassen. Derartige amtlich geöffnete Sendungen erhalten einen entsprechenden Hinweis aufgeschrieben oder -geklebt, z.B. den Text »Zur Ermittlung des Absenders amtlich geöffnet ... (Dienststelle)«. Kam bei diesen Recherchen nichts heraus, gilt der Brief als »unanbringlich«, wird sechs Monate aufbewahrt und dann vernichtet.

Unzustellbare Sendungen sind das Schreckgespenst aller Postler. So helfen sich die Zusteller gern selbst untereinander, wenn sie »Faule« haben, indem sie im Zustellersaal vor dem morgendlichen Antritt ihrer Wege entsprechende Anschriften ausrufen. »Krause, Europa« aber – das genügt bestimmt nicht. Doch einen Empfänger hat die Post ausfindig gemacht: »Ganz leise kräht der Hahn in Altenburg.« Es war eine Scherzanschrift: Der Brief ging an den Kanz-lei-se-kre-tär Hahn in Altenburg. Auch das ist verbürgt: »An das Postamt in A-Städt.« Vermerk auf dem Brief: »Zurück – Ohne Angabe der Straße nicht zu ermitteln.«

Erst als er geöffnet wurde (zu beachten sind die beiden Teile der blauen Verschlußmarke), konnte dieser unzustellbare Brief an seinen Absender zurückgegeben werden.

Der Absender hatte für diesen Brief nach dem Kreis Diedenhofen in Lothringen, das nach dem ersten Weltkrieg wieder zu Frankreich gehörte (Thionville), nur das Inlandsporto (60 Pfennig) aufgeklebt. So sollte der Empfänger Nachporto in Höhe von 50 Centimes entrichten (was in Frankreich durch Aufkleben von Portomarken nachgewiesen wird), doch er lehnte das ab. Da ging der Brief an den Absender zurück, der nunmehr eine Nachgebühr von 1,20 Mark zahlen mußte. Zu beachten: a) der T-Stempel (Taxe: Nachgebühr), handschriftlich mit »50 ctm.« ergänzt, b) der handschriftliche Vermerk »Refuse!« (Verweigert) in Rot, c) der Stempel »Retour à l'Envoyer« (Zurück an den Absender), d) der Gebührenvermerk 120 (Pfennig) in Blau. Auf der Rückseite trägt der Brief unter anderem den Stempel »Erfurt-PORTO«.

Diese Bezeichnung könnte man grundsätzlich jedem hier vorgestellten Brief geben, wenn seine Freimachung ganz fehlt oder zu gering bemessen ist. (Das gilt sogar schon für den Altbrief, der ja in den meisten Fällen ein unfrankierter [portierter] Brief war.) Der Briefzusteller erhebt Nachgebühr; der Volksmund sagt fälschlicherweise »Strafporto«. Die Nachgebühr beträgt im allgemeinen das Anderthalbfache oder auch das Doppelte der Fehlsumme und wird in großen blauen Ziffern auf den Brief geschrieben. In manchen Ländern gibt es für den gleichen Zweck Portomarken, die das zustellende Postamt aufklebt, mit deren Wert zunächst der Zusteller belastet wird und den er dann beim Empfänger wieder einzieht. Lehnt der Empfänger die Zahlung ab, so gilt das als Annahmeverweigerung; er darf den Brief nicht erhalten und auch nicht einsehen. Der Zusteller wurde dann von seinem Postamt wieder »entlastet«. Zur Kennzeichnung gibt es »Entlastet«-Stempel, oder die Briefe erhalten entsprechende Vermerke, z. B. »détaxe«.

Weil heutzutage die Briefzusteller meist nur noch geringe Kontakte zu ihren »Kunden« haben (Berufstätigkeit; Hochhäuser mit Hausbriefkästen im Erdgeschoß), wird eine mit Nachgebühr belegte Sendung gar nicht erst zur Zustellung mitgenommen, sondern eine Benachrichtigung in den Hausbriefkasten eingelegt, wonach der Empfänger die Sendung beim Postamt unter Zahlung der Nachgebühr abholen möge. Da aber auch dies schon eine rechte Belastung für den Massenbetrieb der Post ist, wird verstärkter Wert auf eine Gebührenkontrolle beim Einlieferungspostamt gelegt, damit der »Faule« (der unzureichend freigemachte Brief) möglichst sogleich mit dem Klebezettel »Zurück! – Unzureichende Freimachung« wieder im Hausbriefkasten des Absenders landen und ordnungsgemäß frankiert werden kann.

Nachgebührenbelastete Briefe bezeichnet man im übrigen auch als Taxbriefe, und viele – besonders die aus dem Ausland kommenden – erhalten einen T-Stempel (T: taxe à payer, Gebühr zu zahlen) mit dahinter vermerkten Betragsangaben.

DER DIENST(MARKEN)BRIEF

Warum Dienstmarken geschaffen wurden, dürfte mehrere Gründe haben. Zum ersten, daß die dem Publikum nicht zugänglichen Marken dem Brief den Stempel des Besonderen im Sinne von »staatlicher Autorität« verleihen. Zweitens können diese Briefmarken von keinem Privatmann, also auch von keinem Behördenangestellten, für private Korrespondenz benutzt werden. Mithin sind mißbräuchliche Verwendung – sprich Diebstahl – und Schädigung der Behörde auf diesem Gebiet ausgeschlossen.

Es gibt diese Markengattung und damit freigemachte Briefe seit 1866, und zwar kam sie im damaligen Britisch-Indien auf. Seither wurde sie – vom Äußeren her meist sehr schlicht mit Ziffernmotiven – in vielen Ländern eingeführt, und man kennt sie noch heute. Dabei lassen manche Länder die Dienstmarken für alle einschlägigen Behörden zu, andere wieder spezialisieren sie für bestimmte Bereiche, z. B. für Gerichte (Rußland 1909/11), die Eisenbahn (Bayern 1908/16, Belgien ab 1929), Wohlfahrtsämter (Niederlande 1913/19) usw. Besonders interessant sind auch die Dienstmarken der Weltorganisation des Völkerbundes (seit 1923 Schweiz) und der Vereinten Nationen (ab 1946 Schweiz). Für den Internationalen Gerichtshof Den Haag erschienen ab 1934 in den Niederlanden ebenfalls eigene Dienstmarken, desgleichen für internationale Abstimmungskommissionen in Schleswig (1920) und im damaligen Oberschlesien (1920/22). Auch Luftpost-Dienstmarken wurden schon verausgabt (Sowjetunion, RSFSR, 1922, Ekuador 1929, Italien 1933/34). Unter den deutschen Sammlern ist der Begriff »Dienstschlange« bekannt, ein schlangenförmiger Aufdruck »Dienstmarke« auf normalen Postwertzeichen Deutschlands in den Jahren 1923/25. Aufdrucke in britischen Gebieten sind beispielsweise »OFFICIAL«, »O.H.M.S.« (on His Majesty's Service) und andere Varianten mit ähnlicher Buchstabenfolge. Auch Lochungen mit entsprechenden Wortlauten haben schon gewöhnliche Marken zu Dienstmarken umfunktioniert; am bekanntesten wurden hier die E-Lochungen (E: Eisenbahn) für Bayerns Eisenbahndienstmarken.

Dienstmarken wurden nicht nur im Briefverkehr der Behörden untereinander verwendet, sondern auch auf dienstlicher Post an einzelne Bürger. Allerdings ist der Anteil solcher Sendungen am Gesamt-

Dienst(marken)brief vom 6. Januar 1923 (Ortsbrief in Halle).
Vom 15. Dezember 1922 bis zum 15. Januar 1923 waren für Ortsbriefe (bis zu 20 g), auch Drucksachen (ab 15. November; von 25 – 50 g) 10 Mark Porto zu zahlen.

aufkommen nur sehr gering. Wir finden sie vornehmlich bei portopflichtigen Dienstsachen.

Unser abgebildeter Brief gibt uns Gelegenheit zur Erläuterung verschiedener Frankierungsarten. Die *Einzelfrankatur* ist klar: Ein Brief trägt nur eine Marke. Erhält er mehrere Marken der gleichen Wertstufe und des gleichen Musters (wie unser Dienstmarkenbrief), handelt es sich um eine *Mehrfachfrankatur*. Kleben dagegen verschiedene Marken auf der Sendung oder wurden z. B. ein Absenderfreistempel und zugleich noch Marken als *Zusatzfrankatur* verwendet, sprechen wir von einer *Mischfrankatur*. Jeder Satzbrief z. B. trägt eine solche Mischfrankatur. Bei älteren Briefen aus der Anfangszeit der Marken kommen noch *Buntfrankaturen* vor. Gemeint ist hier die Verwendung von wenigstens drei Marken verschiedener Wertstufen: Jeder Wert war damals meist einfarbig. Kleben nun mehrere unterschiedliche Marken verschiedener Wertstufen auf einer Sendung, hebt man diese Buntheit heute durch jenen Sonderbegriff hervor, während die modernen bunten Frankaturen solch elitäre Bezeichnung nicht für sich in Anspruch nehmen dürfen. Echte Buntfrankaturen, sind bei Sammlern höchst begehrt.

Kuriose Anschrift:
An meine Schwester Berta, sie wohnt in Braunschweig am Kohlenmarkte, wo der Born vor der Tür leift. Eilig abzugeben

2
DIE ALLTÄGLICH-GESTRIGEN

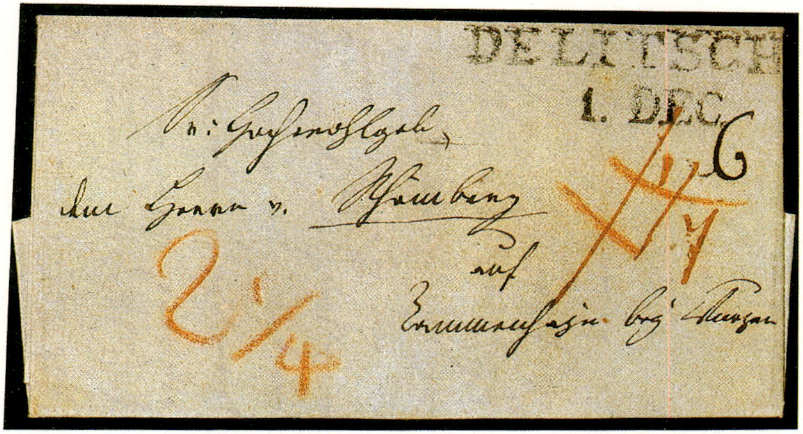

Portierter Altbrief aus Delitsch (Delitzsch),
geschrieben vom Vater Hermann Schulze-Delitzsch' (1808–1883;
Begründer des Genossenschaftswesens).
Die vom Empfänger zu zahlende Gebühr wurde mit Rötelstift vermerkt.

»Damit wird eben ein alter Brief gemeint sein«, dürften viele annehmen, wenn sie diesen Begriff lesen.

Doch nicht jeder alte Brief ist ein Altbrief – Tücke der Spezialterminologie einer peniblen Sammlerschaft. Die Philatelisten sprechen daher klarer vom »vorphilatelistischen Brief«, wenn sie Stücke meinen, die zwar alt sind, jedoch bereits einen Stempel, aber keinesfalls schon eine Briefmarke tragen, weil es diese damals noch nicht gab. Andere alte Briefe – ebenfalls ohne Marke, zudem noch ohne Stempel – sind meistens Botenbriefe. Folglich:

- Ein Botenbrief ist ein Brief ohne Marke und ohne postalischen Stempel – gleichgültig, ob aus älteren oder jüngeren Zeiten stammend –, der nicht von der Post befördert wurde
- Ein Altbrief oder vorphilatelistischer Brief ist vor Erscheinen der Marken von der Post befördert worden und trägt einen postalischen Stempel oder postalischen Vermerk.

Da der Begriff »Altbriefkunde« international kaum gebräuchlich ist (allenfalls in deutschsprachigen Ländern), benutzen wir besser den überall verständlichen Ausdruck »Vorphilatelie«, für den es auch in fremden Sprachen meist ein leicht zu deutendes entsprechendes Wort gibt. Abgekürzt sprechen wir von V-Briefen, einem selbständigen Sammelgebiet, das in den letzten 30 Jahren sehr in Mode gekommen ist. Einigen weitsichtigen »Sammelmenschen«, die schon frühzeitig für diese vergilbten alten Schriftstücke ein Faible, einen Blick besaßen, verdanken wir es, daß ein gut Teil nicht in die Papiermühle wanderte. Zu ihnen gehören der Franzose Arthur Maury (1844 bis 1907) und der Österreicher Anton Kumpff-Mikuli (1879–1969). Letzterer besaß z. B. eine Sammlung von 140 000 verschiedenen vorphilatelistischen Stempeln; ersterer bewahrte der Nachwelt vor allem französische V-Briefe. Von manchen Ländern blieben jedoch kaum solche Belege erhalten, obwohl man auch dort seinerzeit Briefwechsel pflegte. Aber es gab keinen, der ihn hütete.

Da Briefumschläge erst um 1830 allmählich in Gebrauch kamen, Briefmarken erst ab 1840 in England und z. B. 1849 in Bayern, 1850 in Sachsen üblich wurden, sind die meisten V-Briefe keine Umschlag-Briefe, sondern entsprechend gefaltete Briefbögen.

Somit ist uns auch recht häufig der Briefinhalt erhalten geblieben.

Die Anschriften zeigen große Mannigfaltigkeit; wir aber wollen hier vor allem die alten Stempel betrachten. Kurz vor Einführung der Briefmarken begegnen uns auf V-Briefen bereits Rundstempel vielerlei Art, Einkreiser, Zweikreiser usw., mit Datumsangaben (Tag, Monat, Jahr). Zuvor waren ein- und zweizeilige Stempel mit dem Ortsnamen üblich, z. T. auch in Schreibschrift oder mit dem Vorsatz »de« (von) – man nennt sie »adlige« Briefe. Mitunter findet man auch schon Tag und Monat angegeben, das Jahr indessen fehlt meist. Und eine exakte Zuordnung läßt sich dann nur – wenn vorhanden – aus dem Briefinhalt vornehmen. Mitunter blieb allerdings nur der unbeschriebene Teil erhalten; dann ist guter Rat teuer. Anhand von Stempel-Katalogen, die deren Verwendungszeitspanne ausweisen, muß man sich nun mit einer Etwa-Angabe begnügen. Eine weitere Besonderheit bilden die Rayonstempel. Sie wurden in Deutschland 1801 zwischen Frankreich und der Thurn-und-Taxisschen Post eingeführt, um Gebührenzonen (Rayons) kenntlich zu machen. Dann steht hinter dem Ortsnamen z. B. »R. 4« (4. Rayon). Eine andere Besonderheit sind die französischen Departementsstempel vom Anfang des 19. Jahrhunderts: Über dem Ortsnamen ist hier die Departementsnummer (Bezirksnummer) angegeben. Steht noch »P. P.« dabei, dann bedeutet dies, daß die Briefgebühr schon bezahlt wurde (port payé).

In der vorphilatelistischen Epoche war es üblich, daß die Beförderungsgebühr, das Porto, vom Empfänger entrichtet wurde. Dafür gab es überlieferte Gründe: Zum einen sei es beleidigend, wenn man dem Empfänger nicht zutraue, daß er eine solch geringfügige Summe bezahlen könne. Ein anderer Grund zielte auf die Post: Sie würde dem Bestellen des Briefes nicht mehr die nötige Sorgfalt widmen, wenn sie das Geld schon im voraus erhalten habe. Dieses Wort »Porto« für eine Gebühr, die der Empfänger zu zahlen hat, blieb im Volksmund bis heute im »Strafporto« erhalten, das allerdings – wie schon gesagt wurde – eine »Einziehungsgebühr« meint. Denn »Strafe« hätte ja eigentlich der Absender verdient, der seine Sendung nicht in der richtigen Gebührenstufe freimachte.

Vorphilatelistischer frankierter Brief.
Die Beförderungsgebühr wurde vorausbezahlt, ausgewiesen durch »PORT-PAYE« bzw. P. P.
Die 60 gibt die Departementsnummer von Paris an.
Unten rechts der blaue Ankunftsstempel vom 30. November 1823

Apropos, freimachen! Auch in der vorphilatelistischen Zeit gab es freigemachte Briefe, vor allem bei Sendungen von Behörden. Die vorausbezahlte Gebühr hieß »Franko«, und man spricht dann von frankierten – im Gegensatz zu portierten oder wegen der aufgeschriebenen Taxe (Gebühr) auch von taxierten – Briefen. Heute allerdings ist nur mehr »Porto« in Gebrauch, obwohl man exakt »Franko« sagen müßte. Ältere Menschen schreiben mitunter noch trotz aufgeklebter Marken gern ein »fr.« in die linke untere Ecke ihres Briefes, was »freigemacht« oder »franko« bedeutet.

Doch wieder zu den Stempeln: Wenn man in den Jahren zurückgeht, an den Anfang des 19. Jahrhunderts und weit ins 18. Jahrhundert hinein, findet man besonders viele formenreiche Exemplare, mitunter wahre Meisterwerke der Stempelschneidekunst. Wobei es – da die Stempel nicht zentral geliefert wurden wie heute – in jedem Ort andere Muster gab: Bilder und Symbole, Ziffern in mannigfaltigen Anordnungen u.v.a. Dazu kommen noch die Nebenstempel, die häufig zusätzlich auf einem Brief abgeschlagen wurden, z.B. für Schiffspost oder bei Seuchenbriefen. Meist beziehen sich Nebenstempel auf eine außergewöhnliche Postbehandlung (auch für Eilsendung, Einschreiben u.a.).

DER BOTENBRIEF

Wenn Frau P. ihre Nachbarin bittet, einen Brief zu Frau H. zu bringen, gilt diese Nachricht als Botenbrief (vgl. aber Boten*post*brief!). Wenn die Stadtverwaltung von O. Mitte Mai 1945 ihren Stadtboten beauftragte, eine Aufforderung zum Beginn des Wiederaufbaus des Ortes an alle Handwerksmeister auszutragen, dann waren dies Botenbriefe. Und es hat eine Zeit gegeben, da hatten fast alle brieflichen Mitteilungen, die irgendein Reisender, ein wandernder Handwerksbursche oder sonst jemand von einem Ort zum anderen »aus Güte« mitnahm, den Charakter von Botenbriefen. So geschehen in jener Epoche, da noch keine der Öffentlichkeit dienstbare staatliche Post existierte. Und wir können annehmen, daß die allermeisten vor 1750 beförderten Briefschaften als Botenbriefe bezeichnet werden müssen.

Schon um 550 v.u.Z. nutzten die Perser berittene Botendienste. Auch wandernde Mönche, sogenannte Klosterboten, betätigten sich als Überbringer brieflicher Nachrichten. Viele Universitäten unterhielten festangestellte Boten. Dies ist von Augsburg, Frankfurt (Main), Köln, Konstanz und Straßburg bekannt, ebenso von der Sorbonne, der damals einzigen Universität Frankreichs, 1253 von Robert de Sorbon in Paris gegründet. Auch die Hanse und Mitglieder des Rheinischen Städtebundes betrieben Botennetze. Ein allerdings nur ihm dienendes Botennetz unterhielt Frankreichs Ludwig XI. 1464 zum Verkehr mit seinen Gütern; die Boten hießen »maîtres coureurs royaux«. Schließlich kannte man noch die Küchenposten, ebenfalls keine öffentlichen Posten, sondern beauftragt, für die Könige und andere Feudalherren möglichst leckere Nahrungsmittel heranzuschaffen. Bei dieser Gelegenheit beförderten sie Briefe. Auch die Metzger waren im Mittelalter als Postüberbringer bekannt, wenn sie von Ort zu Ort zogen, um Vieh aufzukaufen oder zu schlachten. Da ihr Berufszeichen ein Horn war, in das sie bei Ankunft im Ort kräftig stießen, und da sie Post mitbrachten, wurde das Horn zum Symbol der Post. Alle diese von den genannten Institutionen beförderten Briefschaften sind Botenbriefe. Sobald jedoch Vermerke oder erste Stempel postalischer Provenienz erkennbar sind, wurden mit hoher Sicherheit bereits postamtliche Dienste in Anspruch genommen.

Botenbriefe tragen mitunter recht aufschlußreiche Vermerke – meist unten links. Wir erwähnten bereits den Zusatz »aus Güte«, ja aus Gefälligkeit hat jemand diesen Brief in den fernen Ort transportiert. Oder es ist zu lesen: »Bothe bezahlt«, »Durch Boten«, gelegentlich auch »Dem Bothen ist zu lohnen«. Meist aber fehlen irgendwelche diesbezüglichen Hinweise.

Gewöhnlich sind die Anschriften bemerkenswert. Nehmen wir nur die hier im Bild gezeigte, die ein höflicher Mensch 1805 an seine Gevatterin, seine Taufpatin, wählte und die da lautet: »Der Wohl-Erbaren, viel und tugendbelobten Jungfer Christina Friederike Bothin, des wohlehrengeachteten wohlbenahmten Mstr (Meister?) Johann Christian Bothens Sattlers-Nachbars und Richters der kleinen Gemeinde Biersteuer und Allmosen Einnehmers, wie auch der löbl. Cantorey-Mitglieds und Adjuvantens eheleibl.

Botenbrief nach Liebertwolkwitz (bei Leipzig)

älteste Jgfr. Tochter allhier, Meiner Vielgeehrten Jungfer Gevatterin in Liebertwolckwitz.« Ja, das war noch höflich! »Adjuvant« bezeichnet einen freiwilligen Chorsänger in einer protestantischen Kantorei. Und ehe(leib)lich war die Gevatterin auch – na bitte!

Der Anteil der Botenbriefe ging in dem Maße zurück, wie die staatlichen Posten immer mehr den Nachrichtentransport übernahmen. Dabei wurde diese Aufgabe, weil für das Staatssäckel recht lukrativ, alsbald zum Postregal erhoben, also zum alleinigen Recht, Briefe usw. zu befördern. Innerhalb der Städte blieb das in Deutschland bis zur Jahrhundertwende 1900 zwar noch ungeregelt (daher gab es um 1895 zahlreiche Privatbeförderungsanstalten in vielen Städten), doch dann wurde das Postregal oder -monopol auf den gesamten Nachrichtenverkehr ausgedehnt und ist heute in den meisten Staaten unserer Erde seit langem Praxis.

Detektiv

Seit Jahren suchte die französische Polizei einen Monsieur Jacques Soustelle, der sich als Chef einer Gangsterbande unbeliebt gemacht hatte. Als man die Suche bereits aufgeben wollte, kam eine Kriminalbeamtin auf die Idee, einen Brief an Soustelle zu schreiben und es der Post zu überlassen, den Empfänger ausfindig zu machen. Die Post brauchte drei Wochen, aber sie ermittelte den Empfänger. Jetzt sitzt er.

Unser beschriebener Taufbrief in völlig aufgeklapptem Zustand. Den Täufling muß man beinahe mit der Lupe suchen.

Das hübsche bunte Exemplar auf der Abbildung gehört zu den Botenbriefen. Natürlich hätte es auch als Bedarfsbrief mit der Post befördert werden können, dann allerdings – wie heute – unter Umschlag. Solche Briefe überbrachte man aber wohl meist selbst.

Unser Taufbrief stammt aus dem Jahre 1803, und er erinnert in seiner naiven Zeichenmanier ein wenig an den Struwwelpeter. Wir erkennen darauf allerlei fromme Handlungen, in der Mitte den Taufvorgang selbst, wobei ein Priester einen Winzling von Baby über das Taufbecken hält. Die Eltern und wohl ein Taufpate stehen daneben.

Später waren Taufbriefe, auch Patenbriefe genannt, modernen Glückwunschkartenbriefen ähnlich, besaßen aber sehr oft eine Tasche, in die der Gratulant eine Geldmünze als Taufgeschenk einlegte. Noch heute findet man in Nachlässen Taufbriefe, die das Geldstück enthalten. War es vielleicht sogar ein »Goldfuchs«, wie man die goldenen 20-Mark-Stücke aus der Zeit der Gründerjahre nannte, dann kann sich der jetzige Finder besonders freuen.

Unser Taufbrief wurde zusammengefaltet übergeben: Erst hat man die vier Ecken eingefaltet, dann die nunmehr die Ecken bildenden Teile, bis ein quadratischer Brief von 8 cm Seitenlänge übrigblieb. Offen bildet der Brief ein Quadrat von 16 cm Seitenlänge. In gefaltetem Zustand hat ihn der Absender damals sogar mit rotem Siegellack verschlossen. Daher können wir zu Recht vermuten, daß auch er eine Münze eingelegt hatte.

DER FÜRSTENBRIEF

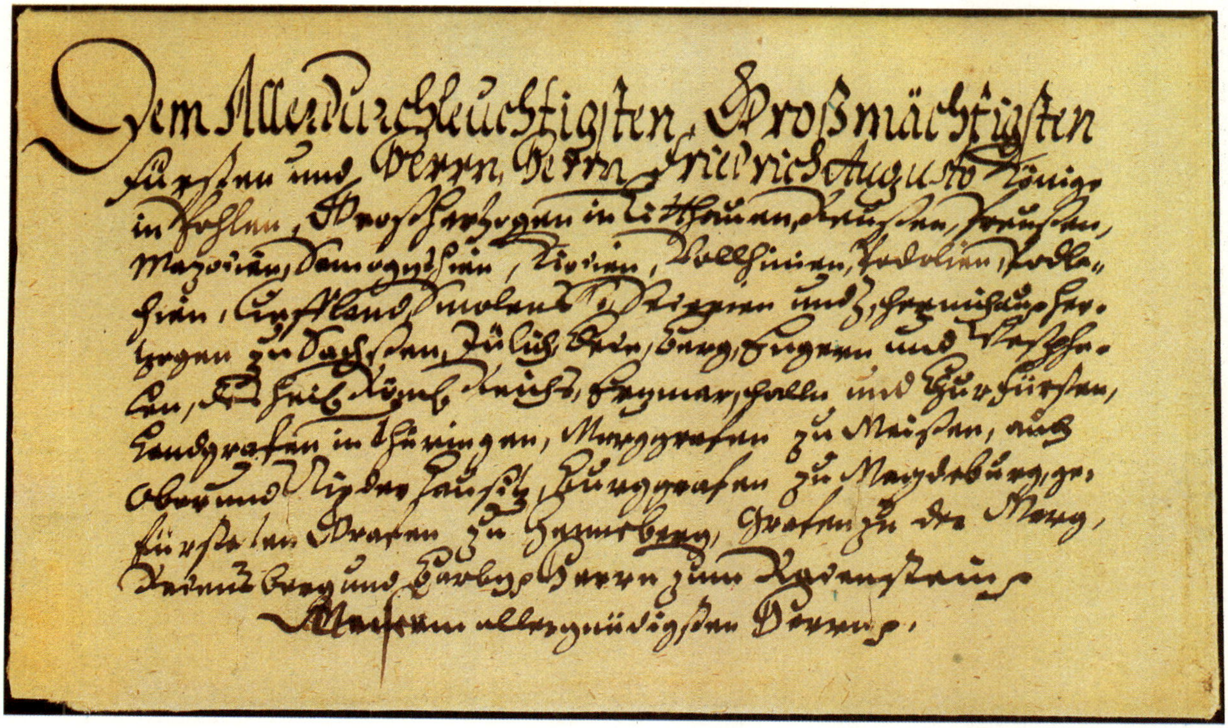

Dem Allerdurchleuchtigsten, Grossmächtigsten
Fürsten und Herrn, Herrn Friedrich Augusto König
in Pohlen, Großherzogen in Litthauen, Reußen, Preußen,
Mazovien, Samogitien, Kiovien, Volhinien, Podolien, Podla-
chien, Liefland, Smolensk, Severien und Czernichovien, Her-
zogen zu Sachsen, Jülich, Cleve, Berg, Engern und Westpha-
len, des Heil. Röm. Reichs Ertzmarschallen und Churfürsten,
Landgrafen in Thüringen, Marggrafen zu Meißen, auch
Ober und Nieder Lausitz, Burggrafen zu Magdeburg, ge-
fürsteten Grafen zu Henneberg, Grafen zu der Marck,
Ravensberg und Barby, Herrn zum Ravenstein,
Meinem allergnädigsten Herrn.

Ein Fürstenbrief
an August den Starken von Sachsen

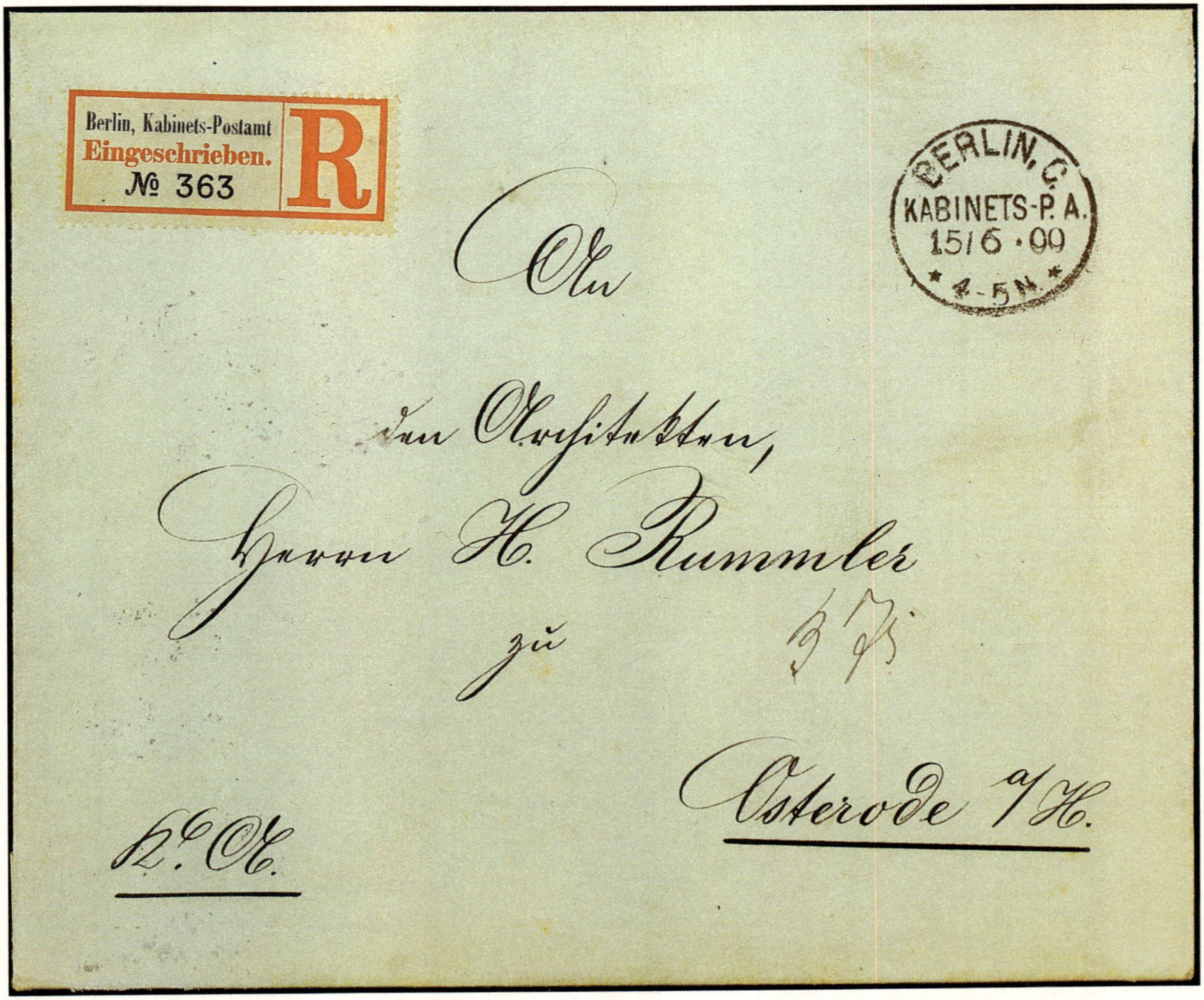

Der Brief, eine vom regierenden Hause oder einer Hof- und Staatsbehörde ausgehende Sendung, wurde über das Kabinettspostamt (s. Stempel sowie Einschreibnummernzettel) abgefertigt, ein Berliner Amt, das der Oberpostdirektion Berlin unmittelbar unterstellt war und von 1860 bis 1919 bestand.

Welch eine bombastische, nicht enden wollende Anschrift auf dem hier abgebildeten Brief: »Dem Allerdurchlauchtigsten Großmächtigsten Fürsten und Herrn Herrn (dieses Wort zweimal; zuerst als Titel: Fürsten und Herrn, dann als Anrede; H.H.) Friedrich Augusto König in Pohlen, Großherzogen in Lithauen, Reußen, Preußen, Mazovien« und so weiter und so weiter .. bis zum Schluß: »Unserem allergnädigsten Herrn.« Und in der Unterschrift im Briefinneren heißt es dann »allerunterthänigst, schuldigstgehorsam-

Eine Herzogliche Angelegenheit, die portofrei befördert wurde

ster ...«. Briefe wie dieser an August den Starken bilden heute beredte Zeugnisse jener Zeit, da die Herrscher unumschränkte Privilegien genossen.

Hier aber wollen wir den Fürstenbrief als Kategorie unserer Sammlung betrachten. Man kann auch modernere Zeugnisse durchaus so bezeichnen, sofern sie an gekrönte Häupter gerichtet sind bzw. von diesen ausgehen. Dabei muß nicht der Herrscher selbst Absender oder Empfänger sein, sondern eine entsprechende Dienststelle seines Hauses. Im übrigen schreiben regierende Fürsten an »Untertanen« ohnehin keine »Briefe«, sondern »sie erlassen Handschreiben«, wobei von ihrer Hand dann meist nur die Unterschrift stammt, während den Brieftext ein bediensteter Schreiber kalligraphisch gekonnt aufs Papier zauberte. Fürstenbriefe in der älteren wie z. T. auch in neuerer Form liefen portofrei. Es versteht sich, daß viele der Fürstenbriefe, besonders die älteren, auch mit Siegeln verschlossen waren, deren Text den Namen des Herrschers bzw. einer seiner zahlreichen Hofbehörden in meist abgekürzter Form enthielten.

Diese Briefart stellt eigentlich keine besondere Gattung dar, denn Schnörkelbriefe sind ebenfalls Altbriefe oder Fürstenbriefe. Wir grenzen sie ab, weil die Kunst des Schreibens und die wunderbaren Schriftzüge uns heute noch faszinieren. Was damals viele bedienstete Kanzlisten beherrschten, bleibt heute einigen wenigen Schriftkünstlern vorbehalten. Betrachtet man einmal mit Muße den Duktus, die Eigentümlichkeit des Schriftzuges, seinen Fluß, dann kommt man nicht umhin, besonders die geschwungenen Linien zu bestaunen – es sind jene Schnörkel, die dieser Briefgattung ihren Namen verliehen. Unser Brief geht aus von »Gottes Gnaden Moritz Wilhelm, Herzog zu Sachsen, Jülich, Cleve, Berg, Engern und Westphalen, Postulierter Administrator des Stifts Merseburg« und ist an den Rat der Stadt Dölitzsch (Delitzsch) gerichtet. Gleichzeitig ist er einer jener Briefe (Botenbriefe), für den dem Empfänger die Summe genannt wird, die er zu zahlen hat: 9 Groschen Canzley-Gebühren und 4 Groschen Botenlohn.

Heute weitgehend unverständlich ist die in der Titelangabe genannte Bezeichnung »Postulierter Administrator«: Der Fürst war zugleich ein Kirchenfunktionär, berechtigt, einen Kandidaten für ein höheres Kirchenamt auch dann zuzulassen, wenn dieser an sich aus innerkirchlichen (kanonischen) Gründen dafür nicht einsetzbar war.

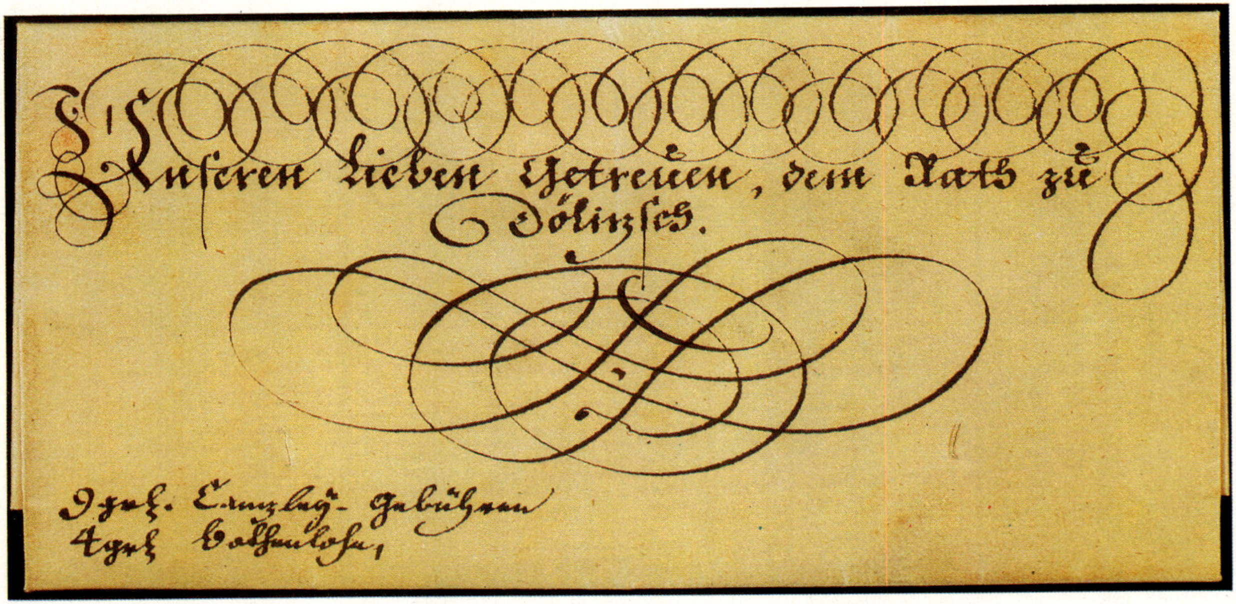

Schnörkelbrief mit besonders gelungenen, formschönen Linienzügen

Kuriose Anschrift:
An die dicke Madam, die 337 Pfund wiegt, lässt sich vor Geld sehen in Frankfurt

Gleich zwei Stempelabdrucke der Stadtpost von Leipzig zeigt dieser Beleg aus den sechziger Jahren des vorigen Jahrhunderts, der an seinen Absender, den »Rottmeister der Communalgarde Felsche«, wegen Verweigerung der Annahme zurückging.

Es gab eine Zeit, da war ein innerstädtischer Postverkehr kaum vonnöten, und auch die wenigen amtlichen Schriftstücke, die eine Zunft an ihre Berufskollegen oder die Gemeindeverwaltung an die Bürger richtete, konnte ein Bote rasch besorgen. Als sich jedoch zu Beginn des 19. Jahrhunderts im Zuge der Entwicklung die Städte erst langsam, dann immer rascher ausdehnten, bereitete es Schwierigkeiten und war zeitaufwendig, angekommene Briefe oder Pakete von der Post abzuholen. Eine regelmäßige Zustellung wurde daher vielerorts angestrebt. So gründeten z. B. die Berliner Gildeältesten und Kaufleute am 8. September 1800 eine »Berliner Fußbotenpost«, die immerhin schon 13 Boten beschäftigte. Im Sommer achtmal, im Winter sechsmal täglich absolvierten sie ihre Touren, stellten Briefe zu oder nahmen solche entgegen; ihr Kommen kündigten sie mit einer Glocke an. In anderen Städten (z. B. in Paris oder Wien) gab es ähnliche Einrichtungen. Die »Lärminstrumente« waren unterschiedlich. Bekannt ist die »Klapperpost«, bei der die Boten lauttönende Klappern mitführten, Hämmer bzw. Metallbügel an einem Griff, der rasch bewegt wurde.

In Berlin mußten die Absender von Briefen (die Gebühr zahlte ja damals noch der Empfänger) 6 Pfennig, die Empfänger 3 Pfennig entrichten (in Sachsen hieß letztere Gebühr der »Briefdreier«). Wegen ihrer Unregelmäßigkeit fand indessen diese Botenpost wenig Anklang, und in Berlin ging die genannte Institution bereits am 24. Oktober 1806, als die Franzosen Berlin besetzten, wieder ein. 1827 erhielt Berlin dann eine amtliche Stadtpost, veranlaßt vom damaligen Generalpostmeister von Nagler. Gleiches geschah in diesen Jahren auch in weiteren größeren Städten. In Läden oder anderen geeigneten Räumen wurden sogenannte Briefsammlungen eingerichtet, die mehrere Jahrzehnte bestanden, bis eine entsprechende Anzahl von Postämtern (damals Postexpeditionen genannt) in der Stadt, am Bahnhof ihren Betrieb aufnahm. Dazu gesellten sich mehr und mehr Briefkästen, die regelmäßig geleert wurden. Die innerhalb der Städte verbleibenden sowie angekommene und durch die Stadtpost zugestellte Sendungen bekamen besondere Stadtpoststempel (z. B. »Franco Stadtbrf.«) oder auch Stempel der Briefsammlungen (die numeriert waren).

Eine Reihe altdeutscher Staaten gab besondere Stadtpostumschläge heraus, so z. B. 1844 Braunschweig (mit Stempel »St.P.Fr.«: Stadtpost-Franco), 1853 Bremen, 1849 Hannover (mit Stempel oder Texteindruck »Bestellgeldfrei«), 1847 das Thurn-und-Taxissche Postgebiet mit Inschrift »Frankierter Stadt-Brief« sowie 1862 schließlich auch noch Württemberg.

Zu den Stadtposten zählt man auch die privaten Briefbeförderungsanstalten. Sie fielen aber nach 1900 weg. Als Rudiment der alten Stadtposten lassen sich – wenn man will – die z.T. heute noch bestehenden billigeren Postgebühren für Ortssendungen ansehen.

DER MULREADY-UMSCHLAG

Mulready-Umschlag zu 1 Penny mit formschönem Entwertungsstempel

Am 6. Mai 1840 erschienen nicht nur die ersten Briefmarken in England, sondern auch die oben genannten Umschläge. Sir Rowland Hill, der Reformator des britischen Postwesens, hatte zuerst nur die Herausgabe solcher Umschläge geplant, für die mit dem Kauf zugleich auch die Beförderungsgebühr bezahlt wurde. Durch seine Gestaltung war dieser Brief Wertzeichen, Briefumschlag (Faltbrief) und Briefpapier in einem. Während sich die Briefmarken rasch durchsetzten, blieb diesen Umschlägen ein wirklicher Erfolg versagt.

Für ihre Gestaltung hatte man den seinerzeit bekannten Maler William Mulready gewonnen. Sein Entwurf war von der britischen königlichen Kunst-

Karikaturbrief (comic letter) des britischen Malers John Leech vom Mai 1840 – ganz aktuell nach Erscheinen der Mulready-Umschläge: Zu Füßen der »aparten« Mutter Britannia steht der britische Löwe, an dessen ausgestrecktem Schweif ganze Briefbündel hängen.

akademie begutachtet und als recht gelungen beurteilt worden. Die breitangelegte Allegorie zeigt in ihrer Mitte die auf einem Felsen sitzende Britannia. Zu ihren Füßen lagernde Löwen drücken die Macht des britischen Weltreiches aus. Die weit ausgebreiteten Arme der Britannia weisen vier geflügelten Boten den Weg in alle Himmelsrichtungen – vornehmlich für die britische Handelsflotte, von der man im Hintergrund einige Schiffe erkennt. Die linke Seite zeigt Asien und Afrika, symbolisiert durch Chinesen und Araber sowie dort lebende Tiere (Elefanten und Kamele). Rechts hat Mulready einen Lappländer mit Rentierschlitten sowie Indianer, die Europäern die Hand reichen, dargestellt, ergänzt um andere Erdenbewohner mit Landesprodukten. Rechts und links vom Adreßfeld erkennt man Frauen mit Kindern, die soeben eingetroffenen Briefe lesend.

Diese inhaltsreiche und künstlerisch durchdachte Darstellung fand indessen beim britischen Publikum und auch bei der Presse keinen Anklang. Im Gegenteil: Man verspottete solche Symbolik. Zum Beispiel konnte man in einer Londoner Zeitung lesen: »Die Umschläge tragen eine ebenso phantastische wie groteske Gravierung. Im Vordergrund, in ihrer Mitte, sitzt die Britannia, welche ihre Arme, wie in einem Anfall äußerster Wut, nach vier beschwingten Kobolden ausstreckt, mit denen man wohl Postreiter, Briefboten oder Merkure darzustellen beabsichtigte, die aber, anstatt Gebrauch von ihren Schwingen zu machen und zu fliegen, so aussehen, als wenn sie dieselben zum Schwimmen ausstreckten – viel natürlicher wäre es dann aber gewesen, sie mit Flossen anstatt mit Flügeln auszustatten. ... Die Elephanten sind als Symbol der Leichtigkeit und Schnelligkeit, womit die Rowland Hill'sche Penny-Post durchgesetzt wurde, und vielleicht auch als das gewaltige Transportmittel anzusehen, um den jährlichen Gehalt von 1500 Pfund, den Hill dafür erhält, dass er mit den Händen in der Tasche im Postamt herumstolziert, wo er aber so wenig etwas zu suchen hat, wie ein Fisch außer dem Wasser – nach seiner Wohnung zu schaffen.«

Das waren vernichtende Worte! Zudem erschien eine Reihe von Karikaturen, comic letters genannt, die gleichfalls der Verspottung des Mulreadyschen Werkes dienten und von denen wir hier eine abbilden, deren genaue Betrachtung recht amüsant ist.

Angesichts der öffentlichen Meinung wurde im Januar 1841 ein neuer Umschlag kreiert. Er trägt einen eingeprägten Wertstempel mit dem Porträt der Königin. Die Mulready-Umschläge aber wurden in großen Mengen vernichtet, wozu man, um Diebstahl auszuschließen, eigens einen Ofen konstruierte.

Von den Mulready-Umschlägen gibt es – nicht unwichtig für Philatelisten – drei Formen. Die erste ist weiter nichts als ein gefalteter Briefbogen, der auf der einen Seite den Allegorie-Druck und die zugehörigen postalischen Erläuterungen zeigt. Man nennt diese Art Couverts (engl. covers). Praktisch sind es Faltbriefe.

Zweitens die sogenannten Umschläge (engl. envelopes): einfache Briefbogen, die man vor dem Falten aber um 45 Grad dreht. Die nun nach allen vier Seiten herausragenden »Spitzen« werden nach innen gefaltet – wie bei einem modernen Briefumschlag.

Schließlich war es, als dritte Art, noch möglich, daß jedermann sein privates Papier gegen Entrichtung der Portosätze von der britischen Post mit der Allegorie bedrucken lassen konnte, was den heutigen Privatganzsachen entspricht (allerdings wurde von dieser Möglichkeit offenbar kaum Gebrauch gemacht).

Alle Formen der Mulready-Umschläge sind heute zu kleinen Seltenheiten geworden. Etwas häufiger begegnen uns die zu 1 Penny (man erkennt die Wertstufe aus dem sehr kleinen Eindruck unten am Anschriftenfeld), wesentlich rarer sind die zu 2 Pence. Sie wurden jeweils mit einem Zuschlag von $^1/_4$ Penny verkauft – dem Preis fürs Papier.

DER ZIERBRIEF

Zierbrief aus der Zeit des Norddeutschen Postbezirks (gestempelt am 21. Januar 1870)

Zierbrief von heute:
1982 zum »Tag der Briefmarke« herausgegeben

Nur recht wenige Stücke blieben bis in unsere Tage erhalten. Bei diesen Briefumschlägen aus dem 19. Jahrhundert, die mit einer Zierkante versehen sind, gibt es schlichte Formen, die nur ein schmales Linien- oder Blütenornament aufweisen. Besonders begehrt aber sind jene mit einer ornamental sehr reich ausgestatteten Briefumrandung. Die Zierkante kann dabei aufgedruckt oder auch handgemalt sein.

Nun begegnen dem aufmerksamen Zeitgenossen, möglicherweise beim Ordnen eines Nachlasses, noch andere Zierbriefe mit geprägten ornamentalen Verzierungen, und auch das vielleicht vorhandene, meist farbige Briefpapier ist an den Rändern geprägt. Dann hat er einen sogenannten Valentinsumschlag mit Valentinspapier entdeckt. Bis zum ersten Weltkrieg etwa war es am Valentinstag, dem 14. Februar, üblich, daß sich vornehmlich junge Leute allerlei brieflichen Schabernack spielten und sich anonym (meist ahnte man aber, von wem das Brieflein kam) mehr oder weniger harmlose Neckereien oder auch Liebeserklärungen – echte oder vorgetäuschte – zuschickten. Diese aus England stammende hübsche Sitte war vor allem im westdeutschen und süddeutschen Raum verbreitet. Und wenn man einen derartigen Brief mit seiner bestechenden Filigranarbeit findet, hat man heute noch seine Freude daran und wird ihn sorgfältig bewahren.

Den Papierkenner wird vor allem das heute sehr seltene sogenannte Nelkenpapier faszinieren, ein Briefpapier, das in den Ecken Wasserzeichen mit Blumenmotiven trägt; auch ganze Girlandenumrandungen im Wasserzeichen kommen vor.

Französischer Miniaturbrief. Originalmaße: 85 mm × 63 mm

Ist der kleine Brief an Madame nicht niedlich? So etwas hat es tatsächlich einmal gegeben. Bei den Minibriefen spricht man auch von Damenformaten. Sie besitzen oft recht hübsch geformte Klappenschnitte: geschweifte oder runde, schaufelartig zugeschnittene, mitunter glatte Briefklappen. Inzwischen lehnen die Postverwaltungen wohl fast aller Länder die Beförderung derart kleinformatiger Sendungen ab. Denn diese Winzlinge – so hübsch sie anzuschauen sind – lassen sich im rauhen Postbetrieb nur schwer behandeln, maschinell schon gar nicht. Daher wurden (z.B. in der DDR) Mindestmaße vorgeschrieben, die sich alle etwa in der Größe um 14 cm Länge und 9 cm Höhe bewegen. Die (heutigen) Briefformate sind einem System in bezug auf Länge mal Breite angepaßt, das seinerzeit von dem bekannten Chemiker und Nobelpreisträger Wilhelm Ostwald (1853–1932) angeregt wurde, wobei sich die Seiten verhalten wie $1:\sqrt{2} = 1:1{,}414$. Briefsendungen in Rollenform müssen mindestens 10 cm lang und 2 cm dick sein. Der Vollständigkeit halber hier noch die Mindestmaße für Postkarten: 14,8 cm Länge, 10,5 cm Höhe. Die Mindestmaße für Pakete und Päckchen entsprechen denen der Briefe.

Es gibt Standards für Papierformate und auch für Umschläge, die ja etwas größer sein müssen, damit ein gefalteter Briefbogen hineinpaßt. Somit erschienen außer einer A-Reihe noch B- und C-Reihen, was wir schon beim Postscheckbrief andeuteten. B- und C-Formate nennt man auch von A-Größen abhängige Formate. Grundlage ist die 0-Größe, die für A-, B- und C-Reihen folgende Abmessungen besitzt (Angabe in mm):

A 0	841 × 1189	B 0	1000 × 1414	C 0	917 × 1297
. . . .		. . . .		. . . .	
A 4	210 × 297	B 4	250 × 353	C 4	229 × 324
A 5	148 × 210	B 5	176 × 250	C 5	162 × 229
A 6	105 × 148	B 6	125 × 176	C 6	114 × 162
usw.					

Die Postkarte wird im Format A 6 gefertigt, der Briefbogen meist im Format A 4. Außerdem sind noch Streifenformate zugelassen, die durch Teilen eines Papierbogens in drei, vier oder acht Teile in der Länge der Formate A, B oder C gewonnen werden. Solch breites Querformat wird häufig für Geschäftsumschläge, auch für repräsentative Schreiben verwendet, ist bei Philatelisten aber höchst unbeliebt, weil es sich nur schwer in Sammlungen unterbringen läßt. Trotz der Normierung der Briefformate, die zu den Standardbriefen führte, gibt es noch immer – wie man sieht – mannigfaltige Möglichkeiten, seinem individuellen Geschmack auch beim Briefformat nachzugeben. Doch die Miniformate sind völlig verschwunden.

DER MARKENLOSE BRIEF

Ein markenloser Brief ist logischerweise ein Brief ohne Briefmarke, der mit der Post befördert wurde. Aber nun folgt noch eine Besonderheit: Er kann nur dann den philatelistischen Terminus »markenloser Brief« für sich in Anspruch nehmen, wenn er zu einer Zeit versandt wurde, da es schon Briefmarken gab. Die anderen Briefe ohne Marken aus der davorliegenden Epoche nennt man dagegen »Altbriefe« bzw. »vorphilatelistische Briefe« oder »Botenbriefe«.

Markenlose Briefe gibt es eine ganze Menge, z.B. die bekannte »Postsache«. Wenn Ihnen ein Postamt etwas mitzuteilen hat, wird dieser Brief nicht freigemacht, denn die Post befördert ihre eigene Sendung selbstverständlich ohne Porto. Auch ein Feldpostbrief ist im allgemeinen ein markenloser Brief. Es gab aber in der ersten Zeit nach der Einführung

Obwohl es in Sachsen schon seit 1850 Marken gab,
lieferte die Firma Stichel, Leipzig, den Brief ohne Marke auf,
offenbar zusammen mit weiteren ähnlichen Sendungen.
Der senkrechte Strich (blau) ist eine Eins – Ausdruck des Portos von 1 Neugroschen,
dem Portosatz für einfache Briefe bis zu 1 Lot Gewicht (15 g)
auf Entfernungen über 5 Meilen innerhalb Sachsens (1 Postmeile: 7,5 km).

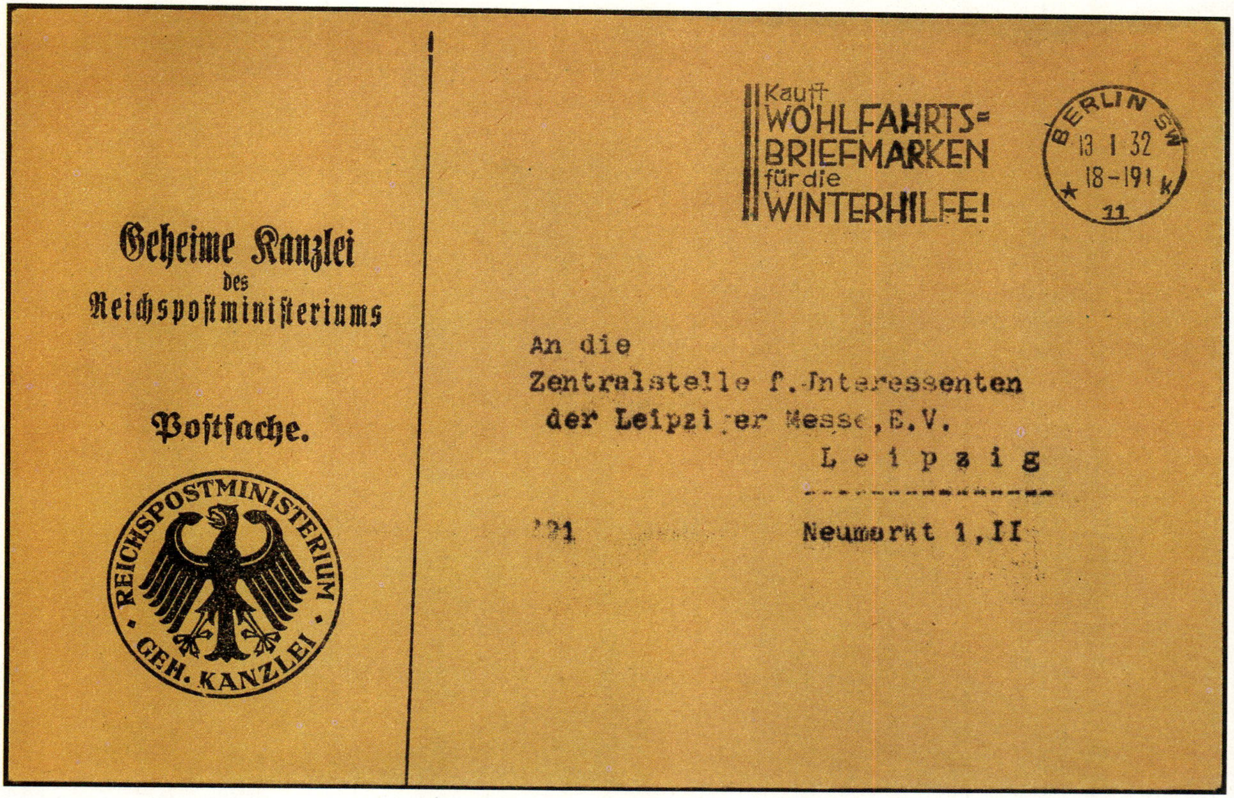

»Postsache« – also ein markenloser Brief.
Die Geheime Kanzlei wurde um 1716 in Preußen gegründet.
Sie hatte die Aufgabe, Reinschriften und Vervielfältigungen von Verfügungen, Gesetzen usw. anzufertigen.

der Briefmarken eine merkwürdige Erscheinung, die man Beharrungsvermögen oder auch stures Festhalten an althergebrachten Sitten nennen könnte. Die meisten Leute ignorierten die Marken und lieferten ihre Sendungen weiterhin ohne Vorausbezahlung auf der Post oder über einen Briefkasten auf; der Empfänger hatte das Porto zu bezahlen. Das war bei der Post natürlich nicht mehr erwünscht. In Frankreich z. B. gebrauchte man daher einen klugen ökonomischen Hebel: Da sich die am 1. Januar 1849 eingeführten Briefmarken nur schleppend durchsetzten, wurde mit Gesetz vom 1. Juli 1854 das Porto so festgelegt, daß es für nicht freigemachte Briefe um 50 % höher lag. Ein gewöhnlicher Brief erforderte nun mit Marke 20 Centimes, ohne Marke (Gebühr zahlt der Empfänger) 30 Centimes. Schauen wir in die Statistik:

Prozentsätze der frankierten und unfrankierten Sendungen

Jahr	frankiert	unfrankiert	
1847/48	10 %	90 %	Nur Barfrankatur (Barbezahlung) am Schalter möglich

Jahr	frankiert	unfrankiert	
1849	15 %	85 %	Erste Briefmarken erschienen
1850/51	20 %	80 %	Man will sich nicht …
1852	22 %	78 %	…ans Neue gewöhnen.
1854	49 %	51 %	Nun langt's: 50 % Portoerhöhung für unfrankierte Briefe!
1855	85 %	15 %	Na also!
1860	89 %	11 %	Ein paar Hartnäckige sind geblieben.

Ältere markenlose Briefe existieren noch in zahlreichen anderen Varianten, die unter ihren speziellen Bezeichnungen in diesem Buch auch behandelt werden. Doch als Sammelbegriff können die markenlosen Briefe unter anderem auch für Feldpostbriefe, für Portoablösungsbriefe oder für portofreie Briefe gelten.

Bei den modernen Briefarten gibt es wiederum einige markenlose, z.B. den EDV-Brief, der keine Briefmarke, sondern einen anderen Freimachungsvermerk trägt, gegebenenfalls auch die Massendrucksache. So erklärt sich das Paradoxon, daß Briefmarkensammler Objekte aufbauen, in denen keine einzige Briefmarke enthalten ist.

DER PORTOFREIE BRIEF

Wollten wir hier eine auch nur annähernd vollständige Geschichte der Portofreiheiten geben, so wäre dies eine schier unüberbietbare Schau des Bürokratismus, der Vorspiegelung falscher Tatbestände und des feudalen Obrigkeitsdünkels. Heute kennen wir Portofreiheit für Postsendungen nur noch bei postamtlichen Sendungen und für Feldposten, Kriegsgefangenenpost u.ä. Hinzu kommen die Blindensendungen (Cécogramme), die sowohl im Inlands- als auch im Auslandsverkehr gebührenfrei befördert werden; in die als selbstverständlich empfundene Hilfe für blinde Mitbürger sind sogar Zusatzleistungen wie Eilboten oder Nachnahme eingeschlossen. Alle anderen deutschen Portofreiheiten sind jedoch mit dem am 1. Mai 1920 in Kraft getretenen »Gesetz über die Aufhebung der Gebührenfreiheiten im Post- und Telegraphenverkehr« vom 29. April 1920 weggefallen.

Portofreiheiten entsprangen dem Willen damaliger Landesherren, daß ihre Postsachen ohne Gebührenentrichtung zu befördern seien. Dies war schon im Altertum so und hat sich auch später nicht geändert. Hierzu gab es entsprechende Edikte, z.B. aus den Jahren 1712 (18. Juni) und 1714 (15. Oktober) bzw. dem Patent von 1732 (20. Mai), um nur einige preußische anzuführen. In ihnen wurde außer den Mitgliedern des Königlichen Hauses auch den Staatsdienststellen und den Magistraten der Städte Portofreiheit zugestanden. Das betraf z.B. Angelegenheiten der militärischen Einquartierung, der Brot-, Fleisch- und Biertaxen und natürlich über aufgetretene Seuchen. Solche Briefschaften mußten zur Kennzeichnung den Vermerk »Herrschaftliche Sache« erhalten. Zu diesen Zeiten gab es auch bereits die ersten Fälle von Portohinterziehung, also des Mißbrauchs der Portofreiheit für private Zwecke. Daher hat man 1719 den Postämtern die Berechtigung gewährt, daß sie bei vermutetem Mißbrauch die Briefe »so subtil als möglich« von der Seite her aufschneiden durften. Fand sich der Verdacht bestätigt, dann konnte in Gegenwart des Postmeisters der Brief völlig geöffnet werden – sofern es sich um Sendungen unterer Bediensteter handelte. War der Absender dagegen von vornehmerem Stande, so mußte der Empfänger beim Öffnen des Briefes zugegen sein. Ein Absender, der Portohinterziehung überführt, wurde dem König gemeldet, der dem »Defraudanten« im Widerholungsfall die Amtsentsetzung androhte. Nichtsdestoweniger wurde das Portofreiheitswesen immer mehr ausgedehnt – und auch immer stärker mißbraucht. Natürlich liegen über die unberechtigte Nutzung dieses Vorzuges keine genauen Angaben vor, doch kennt man ziemlich exakte Zahlen, die die entstandenen Ausfälle nennen. So sind der preußischen Postkasse folgende Summen an Porto entgangen:

- 1760: 246 000 Taler
- 1801: 448 240 Taler
- 1819: 979 000 Taler
- 1823: 1 209 497 Taler
- 1850: 1 419 693 Taler
- 1853: 2 022 000 Taler
- 1868: 3 855 000 Taler.

»Portofreie Justiz Sache«
mit einem Stempel des Beamten, der diese Post absenden durfte

Die Bestimmungen über neugewährte Portofreiheiten waren bald nicht mehr überschaubar. Konnte man bei Justizbehörden der Berechtigung zur Portofreiheit sicher sein, so war das bei zahlreichen Vereinen und anderen Körperschaften mitunter mehr als zweifelhaft. Portofreiheiten bestanden z. B. in Preußen für 38 wissenschaftliche Vereinigungen, 30 künstlerische Vereine, 254 Institutionen der Landeskultur und des Gewerbes, 17 Vereine zur Beförderung der Pferde- und Viehzucht, 621 religiöse Vereine, 83 Mäßigkeits- und Sittenvereine, 95 Wohltätigkeitsvereine und -anstalten usw. Eine Übersicht aus dem Jahre 1847 (mit dem Nachtrag von 1849) enthielt auf 294 Seiten nicht weniger als 403 Paragraphen und Zusätze. Auf 197 Seiten widmeten sich 348 Paragraphen den Portofreiheiten des Königlichen Hauses und der Staatsdienstsachen sowie den portofreien Soldatenbriefen und den vertragsmäßigen Portofreiheiten. Für die Privatvereine fanden sich die Bestimmungen in weiteren 13 Paragraphen auf 86 Seiten. 1853 gab es fast 2000 Privatvereine, die Portofreiheit genossen. Die Gesamtportoausfälle machten für die Post bald rund ein Viertel ihrer Einnahmen aus – ein Zustand, der mit der Zunahme der Kosten nicht mehr haltbar war und in verschiedenen Etappen zum Abbau der Portofreiheiten führte, was länderweise unterschiedlich verlief, bis es dann endlich nach jahrzehntelangem parlamentarischem Gerangel zur endgültigen Aufhebung der Portofreiheiten kam. Dies war im übrigen ein Ergebnis der Tätigkeit der Weimarer Nationalversammlung 1919.

Bei den portofrei beförderten Briefen sind die Vermerke am linken unteren Briefrand bemerkenswert. Hier kommen die unterschiedlichsten Bezeichnungen vor: Armenunterstützungssache, Justizdienstsache, Sportelfreie Vormundschaftssache (Sporteln sind Gebühren für Amtshandlungen), E.B.S. (Eisenbahnsache), L.B.S. (Landbausache), U.S. (Untersuchungssache), Z.S. (Zeitungssache), Militaria und andere Vermerke, dabei oft die Buchstaben »e.o.« (ex offizio; von Amts wegen). Die Vermerke waren z. T. zu unterschreiben. Speziell mit der Abfertigung beauftragte Behördenangestellte führten mitunter einen Namensstempel, den sogenannten Beamtenstempel; auch gab es Namen-Klebezettel.

Eine moderne Spielart aus den Vereinigten Staaten

sei noch erwähnt. Hier ist es verbrieftes Recht, daß die Witwen amerikanischer Präsidenten Portofreiheit besitzen und dies mit ihrem Namenszug in der rechten oberen Ecke eines Briefes ausweisen. Als am 22. November 1963 der amerikanische Präsident John F. Kennedy einem Attentat zum Opfer fiel und seine Witwe Jacqueline eine große Anzahl Beileidsbriefe erhielt, bedankte sie sich brieflich bei allen, und jeder Brief trug anstelle der Marke ihren Namenszug. Durch ihre spätere Ehe mit dem griechischen Reeder-Milliardär Onassis hat sie freilich dieses lukrative Vorrecht eingebüßt.

DER POSTVORSCHUSSBRIEF

Stellen Sie sich bitte folgendes vor: Ein Brief wird am Postschalter abgegeben mit dem Verlangen, man wolle darauf einen Vorschuß von – sagen wir – 50 Mark kassieren. Die Reaktion dürfte eindeutig sein, scheint es sich doch bei dem Postkunden um einen offensichtlich mit einem gewissen Paragraphen behafteten Mitbürger zu handeln.

Und doch hat es solch einen postalischen Arbeitsablauf einmal gegeben: den Postvorschußbrief, auch Verlagsbrief genannt. Etwas Licht kommt in die Angelegenheit, wenn wir den Nachfolger des Postvorschusses nennen: die Postnachnahme. Gegen Ende des 18. Jahrhunderts hatte sich eine postalische Sitte eingebürgert, die es einem Postmann erlaubte, einem Postkunden auf einen eingelieferten Brief hin einen Geldbetrag vorzuschießen oder zu verlegen (daher Verlagsbrief). Natürlich leistete er diesen Dienst nur dann, wenn er den Auflieferer gut kannte oder wenn es sich um eine Behörde handelte, deren Beamten er trauen konnte. Denn – und das ist ungewöhnlich –

Der Vermerk »Drei Taler, 1 Neugroschen, 9 Pfennig durch Postvorschuß erhalten – Dreßler« ist unten links deutlich zu erkennen.

diesen finanziellen Pump leistete er auf eigene Rechnung! Für den Postvorschuß durften keine postalischen Gelder verwendet werden. Dafür konnte der Postler einen Zuschlag fordern, die Prokuragebühr, und für sich behalten – es war ja sein privates Risiko. Auf dem Brief wurden unten links die entsprechenden Vermerke angebracht sowie der Stempel »Auslagen«.

Kam der Brief im Bestimmungsort an, erhielt ihn der Empfänger nur gegen Zahlung des auf ihm lastenden Betrages (einschließlich Prokuragebühr und Porto) ausgehändigt. Der Post oblag es sodann, Vorschußbetrag und Prokuragebühr mit einer Postanweisung an das Aufgabepostamt zurückzusenden. Bei einer anderen Methode, anfänglich in Preußen angewandt, wurden die vom Empfänger eingezogenen Gelder einmal monatlich an die zuständige Oberpostkasse abgeführt, die sie dann den einzelnen Postämtern bzw. deren Beamten vergütete. Dazu waren natürlich genaue schriftliche Unterlagen zu führen. Mußte der Ausgleich über eine fremde Oberpostkasse vollzogen werden, weil Einlieferungs- und Empfangspostamt nicht im gleichen Bezirk lagen, lief alles noch den Umweg über die Generalpostkasse in Berlin, so daß das 1874 eingeführte Verfahren mit Postanweisungen eine große Erleichterung bedeutete. Denn nicht von ungefähr bezeichnete der Generalpostmeister und spätere Staatssekretär im Reichspostamt, Heinrich von Stephan, 1871 die Postvorschußsendungen, deren Handhabung wir hier noch sehr vereinfacht dargestellt haben, als eine »schlimme Gesellschaft, die keinerlei Förderung verdient«. Die Fortsetzung des Verfahrens lesen Sie im Abschnitt »Der Nachnahmebrief«.

DER PAKETBEGLEITBRIEF

Nachdem ungefähr in der Mitte des 17. Jahrhunderts immer mehr Fahrposten (Postkutschen mit Postbeförderung) eingerichtet worden waren, kamen auch immer mehr Pakete zum Versand, was vorher meist andere Fuhrgelegenheiten besorgt hatten. Den Paketsendungen war ein Schriftstück beizufügen, der Paketbegleitbrief; heute benutzt man eine Paketkarte. Ein Paketbegleitbrief, meist ein richtiger Brief oder wenigstens ein Blatt Papier, trug die Adresse des Empfängers sowie die kennzeichnende Signatur des Paketes und konnte beispielsweise lauten: »Hierbei 1 Paquet sign. HB. – 10 – An den Gemeindevorstand in Großwallstadt.« Den Paketbegleitbrief oder Paketadreßbrief erhielt der Empfänger zugestellt, damit er beim Postamt die Sendung abholen konnte. Teilweise wurden die Paketbegleitbriefe von den Paketen getrennt befördert, wie das heute mit den Paketkarten geschieht. Der Empfang des Paketes war in einem Buch zu quittieren, und auch eine Kennzeichnung des Paketbegleitbriefes mit dem Stempel »Ausgeliefert« war mitunter üblich. Die spätere Paketzustellung bezeichnete man postalisch als Faktagefahrten, die Paketzustellgebühr als Faktagegebühr.

Ob die Paketbegleitbriefe über die Paketbeförderungsgebühr hinaus mit Porto belegt wurden, unterlag, wie vieles in den alten Zeiten, den unterschiedlichsten Länderbestimmungen. Die Kompliziertheit solcher Taxierungsfragen sei am Beispiel einer im Großherzoglich-Badischen Regierungsblatt vom 16. April 1854 veröffentlichten Verfügung dargestellt:

»Der zu einer Fahrpostsendung gehörende Adreßbrief, gleichviel ob versiegelt oder nicht, bleibt alsdann portofrei, wenn derselbe das Gewicht von 1 Loth nicht überschreitet, aber nicht mit einer eigenen Wertdeclaration versehen ist. Übersteigt das Gewicht eines ohne eigene Wertdeclaration beigegebenen Adreßbriefes 1 Loth, so ist er bis zum Gewicht von 4 Loth mit der tarifmäßigen Briefportotaxe, im Falle eines höheren Gewichts aber mit der Fahrposttaxe zu belegen. Enthält der Adreßbrief eine eigene Wertangabe, so ist er gleich anderen Fahrpoststücken der Fahrposttaxe unterworfen.« No comment!

Ab Mitte des 19. Jahrhunderts bekamen im – wie es amtlich hieß – »Wechselverkehr bei Fahrpostsendungen« die Pakete Nummernzettel aufgeklebt, wie sie heute noch üblich sind, allerdings mit einer Besonderheit: Sie erhielten (zumindest bei Sendungen innerhalb des Deutsch-Österreichischen Postvereinsgebietes) ab 26. Februar 1857 Taxquadratzahlen (z. B. Taxquadrat Weimar als Absendeort: 430). Anhand der Taxquadratnummern-Differenz zwischen Absende- und Bestimmungsort waren die Gebühren leicht fest-

Auf diesem Paketbegleitbrief ist oben zu lesen, wie die zugehörige Rolle gekennzeichnet ist. Man beachte auch den Klebezettel unten links: »Post-Exp. 27« (Postexpedition 27), was heute Postamt 27 bedeuten würde.

stellbar, denn jedes Taxquadrat umfaßte einen festgelegten geographischen Bereich. Die Taxquadrateinteilung wurde ab 1. Januar 1868 neu gestaltet.

Die Paketbegleitbriefe wurden ab 1. Januar 1874 durch eine Paketbegleitadresse (später Paketkarte) aus gelbem Steifpapier ersetzt.

Noch einen besonders für Philatelisten bedeutsamen (und schmerzlichen) Umstand gibt es zu registrieren: Während der Paketbegleitbrief in den Besitz des Paketempfängers – gegebenenfalls eines Sammlers – überging, bleibt die Paketbegleitadresse (Paketkarte) Eigentum der Post. Da sie oft Postwertzeichen mit hohen Nennwerten trägt, fertigen die Postverwaltungen aus Paketkartenabschnitten die sogenannte Kiloware (Packungen mit je einem oder mehreren Kilogramm solcher Abschnitte), die gewinnbringend in den Briefmarkenhandel gebracht bzw. auch versteigert oder exportiert wird.

Kuriose Anschrift:
An den Herrn Fähnrich von Stuckernheim zu Frankfurt Main.
Wenn er den Brief nicht annehmen will, er muß ihn nehmen, sagen Sie nur,
er kommt von mir

3

DIE SPEZIELLEN

In jenen Zeiten, als die staatlichen Posten, soweit sie schon für die Allgemeinheit bestanden, weitgehend nur Boten zu Fuß oder zu Pferd für die Postbeförderung einsetzten, nahmen sie nur selten wertvollere Gegenstände, wie Gold, Schmuck oder Geld bzw. Wertpapiere, zur Beförderung an – die Gefahr einer Beraubung war zu groß. Mitte des 17. Jahrhunderts kamen dann mehr und mehr fahrende Posten auf, so daß man von nun an zwischen Briefpostsendungen (durch die genannten Boten) und Fahrpostsendungen (durch Postkutschen) unterschied. Diese Fahrposten beförderten alles, was Handelswert besaß, also auch Wertbriefe.

Briefe mit Geld und Geldeswert waren, wenn man sie der Post anvertrauen wollte, geöffnet aufzuliefern. Der Inhalt wurde gezählt, und erst danach verschloß man den Brief und siegelte ihn mit den Siegeln der Post und des Auflieferers. Später fiel die offene Ein-

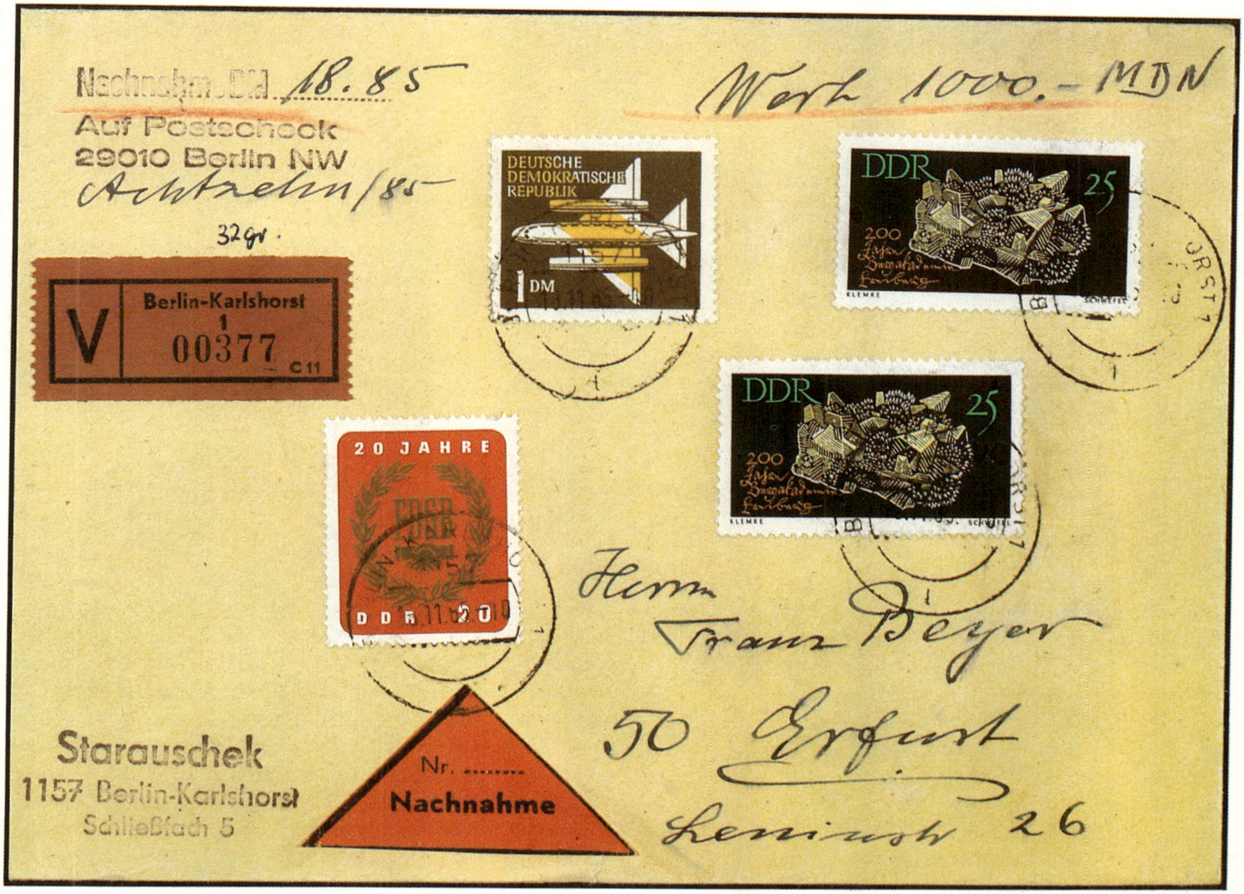

Wertbrief mit einem V-Klebezettel (franz. valeur: Wert), außerdem eine Nachnahmesendung (dreieckiger Nachnahmeklebezettel). Die Siegel befinden sich auf der Rückseite.

lieferung fort, und nun genügte es, den Wert nach Belieben anzugeben. Zu bezahlen waren eine Beförderungs- und eine Versicherungsgebühr, in Preußen Assekuranzgebühr, in Bayern Garantietaxe und in Württemberg Wertporto genannt. Dies galt ab 1848, in Württemberg ab 1851.

Interessant ist ferner die Tatsache, daß trotz des bestehenden Postanweisungsdienstes (ab 1848 in Preußen) die Anzahl der Briefe mit Geldinhalt zunächst kaum zurückging. Dies lag z. T. an den vielen unterschiedlichen Münzsystemen in den deutschen Landen. Wie sich die Relationen änderten, zeigt folgende Tabelle:

Jahr	Wertsendungen (Mark in Mill.)	Postanweisungen (Mark in Mill.)	
1850	4,445	0,08	1848 Postanweisungen eingeführt
1860	8,326	1,444	
1875	11,779	23,776	ab 1.1.1875 Münzeinheit
1880	9,542	42,502	
1900	12,100	134,534	
1910	12,179	225,073	1909 Einführung des Postscheckdienstes

Legt man die Gesamtsumme der ortsveränderten Beträge zugrunde, dann gingen also die postalisch beförderten Wertsendungen ab 1875 gegenüber dem unbaren Zahlungsverkehr schnell zurück – eine Tatsache, die sich bis heute nicht verändert hat.

Während des ersten Weltkrieges nahmen insbesondere der Wertpaketverkehr, aber auch die Anzahl der Wertbriefe sehr stark zu, so daß die Post zur Arbeitsverringerung auch unversiegelte Wertsendungen bis zu 100 Mark zuließ.

Wertsendungen bilden für die Schalterkräfte der Post noch immer eine kleine Besonderheit, da einige zusätzliche Bestimmungen einzuhalten sind. Zunächst die drei Gebührenbestandteile:

- die Beförderungsgebühr (wie für einen Brief ohne Wertangabe)
- die Wertangabegebühr (gestaffelt)
- die Behandlungsgebühr.

Die Siegel müssen alles ausreichend sichern, damit niemand dem Sendungsinhalt ohne deren Verletzung beikommen kann. Die Wertangabe und das Gewicht werden auf dem Brief vermerkt und (in Deutschland seit 1925) ein roter Zettel mit Nummer und dem Buchstaben »V« (franz. valeur: Wert) aufgeklebt. Als Quittung gibt es einen Einlieferungsschein mit Stempel und Unterschrift. Wenn die Sendung verlorengehen sollte, erhält man Ersatz bis zur Höhe des angegebenen Betrages – sofern man nachweisen kann, daß der Brief wirklich diesen Wert besaß.

DER NACHNAHMEBRIEF

Mit Hilfe eines Nachnahmebriefes oder einer Nachnahmesendung kann vom Empfänger ein Betrag eingezogen werden. Das geschieht zumeist bei kleineren Warenlieferungen, die gegen Entrichtung des Betrages ausgehändigt werden.

Dieses bekannte Verfahren hat seinen Vorgänger im Postvorschuß, bei dem der Betrag auf eigene Rechnung und Verantwortung vom Postbeamten sogleich bei der Aufgabe der Sendung ausgezahlt wurde, allerdings nur an vertrauenswürdig erscheinende Personen oder Behörden. Um der erheblichen Unzulänglichkeiten Herr zu werden, hatte das preußische Reglement vom 27. Mai 1856 festgelegt, daß eine Zahlung an die Absender grundsätzlich erst nach der Zahlung des Betrages durch den Empfänger vonstatten gehen darf. Alle Zahlungen waren außerdem über die Postkasse zu leisten. Somit konnte jeder Postkunde das Verfahren nutzen. Den ursprünglichen Postvorschuß gab es nur noch an besonders vertrauenswürdige Personen und Behörden gegen Hinterlegung einer Sicherheit (Kaution). Mit alledem war das Vorschußverfahren noch unübersichtlicher und komplizierter geworden, auch bestand de facto schon weitgehend das spätere Nachnahmeverfahren, dessen Prinzip wir oben schilderten, so daß am 1. Oktober 1878 das Postvorschußverfahren endgültig zu den Akten gelegt wurde. Seither gibt es nur die Nachnahme, die sich bis in unsere Tage bewährt hat. Ob sie allerdings im EDV-Zeitalter bestehen bleiben wird, sei dahingestellt.

Aufgeklappter Nachnahmebrief.
Trotz gewährter Frist (Zahlungsaufschub) wurde er nicht eingelöst (»Verweigert«).

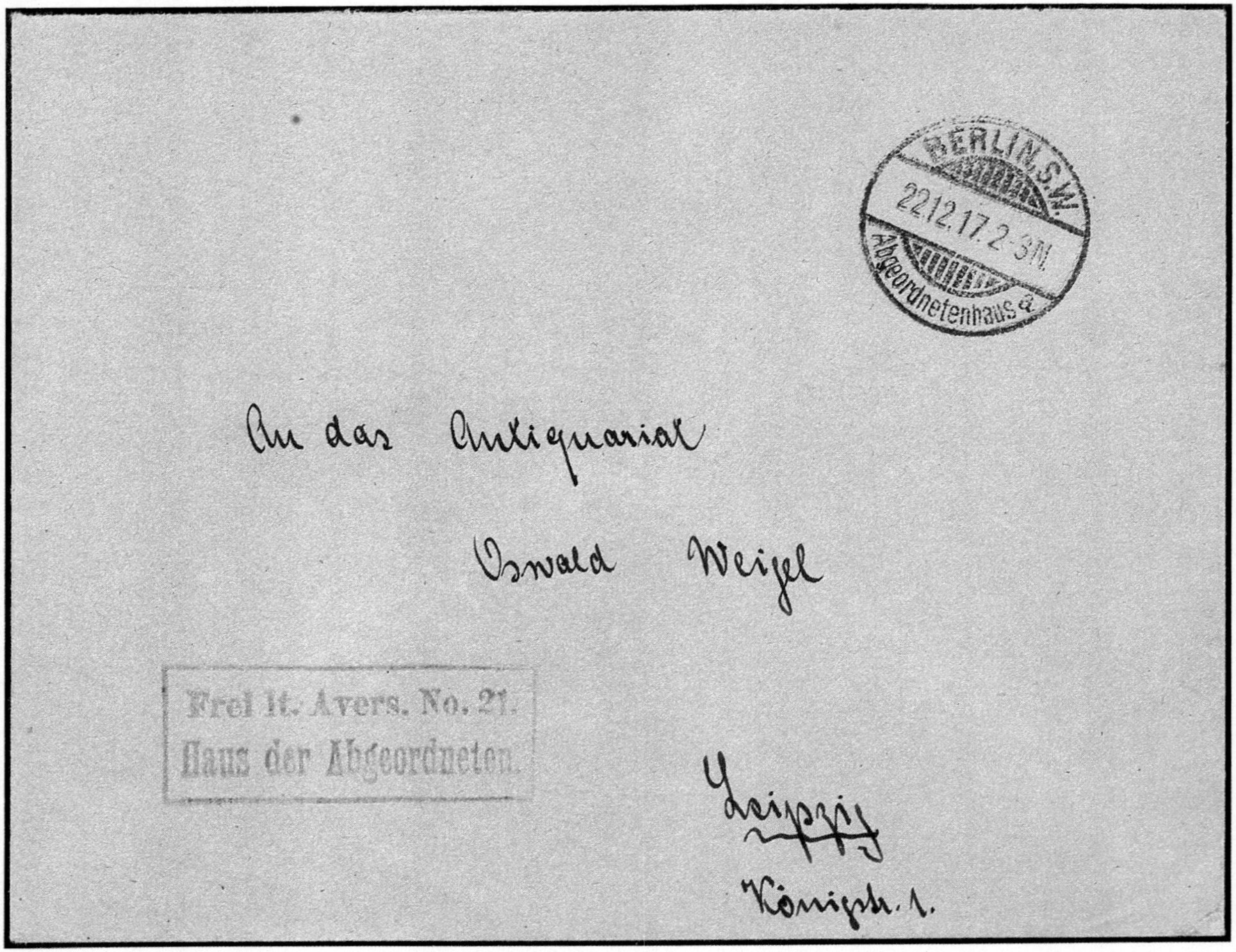

Portoablösungsbrief des preußischen Abgeordnetenhauses
(aus dem Tagesstempel wie aus dem Frei-laut-Avers-Stempel unten links zu ersehen)

In den Jahren von 1869 bis 1870 wurden bei der Norddeutschen Bundespost zahlreiche bis dahin gewährte Portofreiheiten beseitigt, und den Betroffenen wurde vorgeschlagen, künftig die Postgebühren pauschal zu entrichten. Indem man ihre Korrespondenz während eines Testzeitraums zählte, ermittelte man eine Abfindungssumme, was von Zeit zu Zeit wiederholt wurde, um keine allzu starken Abweichungen von dem tatsächlich bei Freimachung jedes einzelnen Briefes usw. benötigten Porto eintreten zu lassen. 1903 geschah dies in Preußen durch aufzuklebende Zählmarken (mit der Nr. 21) und 1905 in Baden (mit der Nr.16), die beide die Inschrift »Frei durch Ablösung« trugen. Zwischen 1870 und 1919 kam es zu insgesamt 34 sogenannten Ablösungs- oder Aversionalverträgen. Jeder erhielt eine Nummer, die dann auf die pauschal freigemachten Briefe geschrieben, gedruckt oder durch Klebezettel genannt werden mußte. Ihr Text lautete: »Frei lt. Avers« oder »Frei lt. Ablösung« plus Nummer des Vertrages. Drei weitere Verträge kamen ohne Nummer zustande (preußisches Kriegsministerium 1917, Demobilmachungsamt 1918, Eisenbahnbehörden 1874). Die Letztgenannten benutzten einen Zettel mit dem Text »Frei laut Entschädigungs-Konto«. In Österreich nannte man die Ablösungssumme »Jahresgebühr«. Das Ende dieser Ablösungsverträge kam mit den Dienstmarken im Jahre 1920.

Ab 1923 gab es wieder neue Verträge über die Portoablösung, und zwar mit Reichsbehörden. Der Vermerk lautete nun »Frei durch Ablösung Reich«. Auch vier Einzelverträge kamen noch zustande. Nach 1945 (in Bayern 1952) sind jedoch sämtliche Verträge erloschen. Alle Portoablösungsbriefe tragen logischerweise keine Postwertzeichen; sie sind markenlose Briefe.

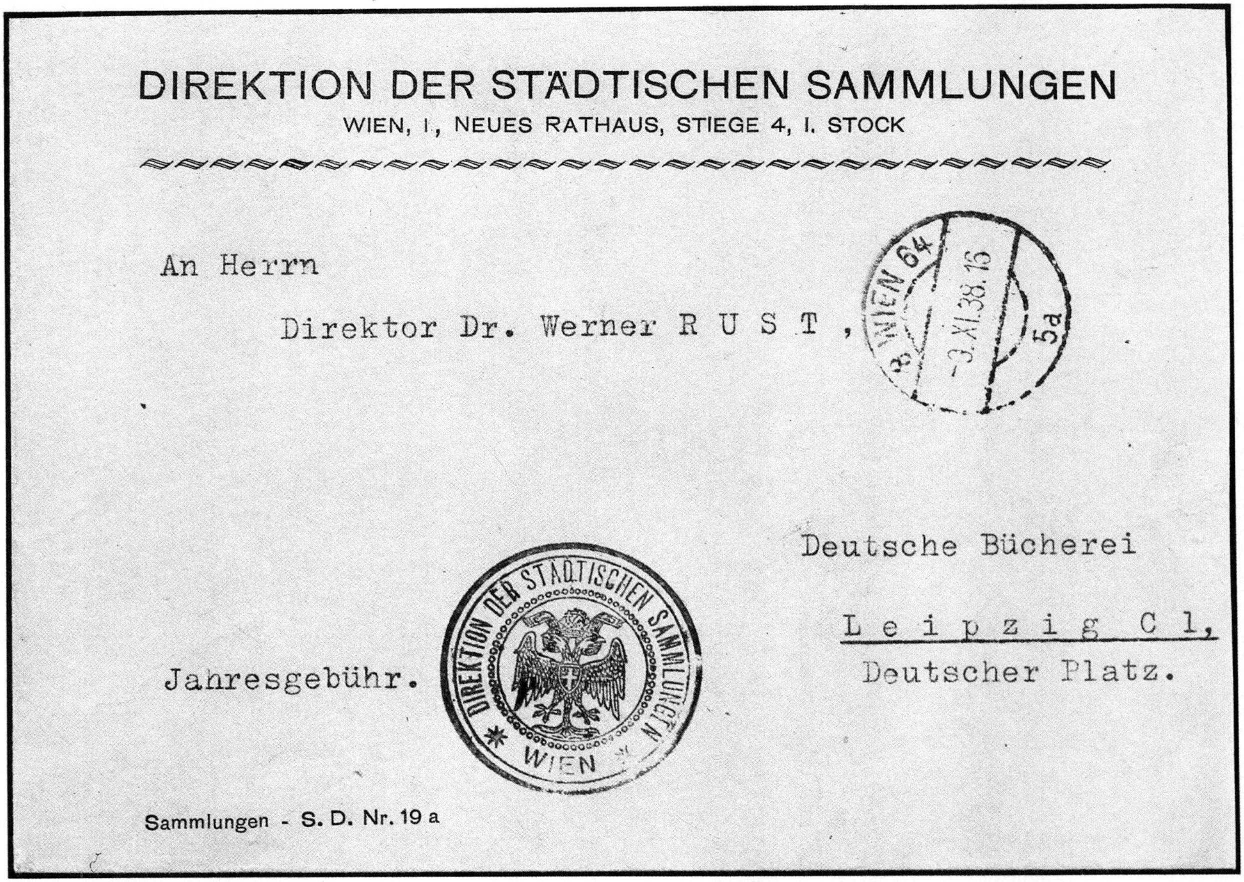

Portoablösungsbrief von der Direktion der Städtischen Sammlungen Wien. Die Gebühren für Postsendungen wurden jährlich entrichtet (Vermerk »Jahresgebühr« unten links).

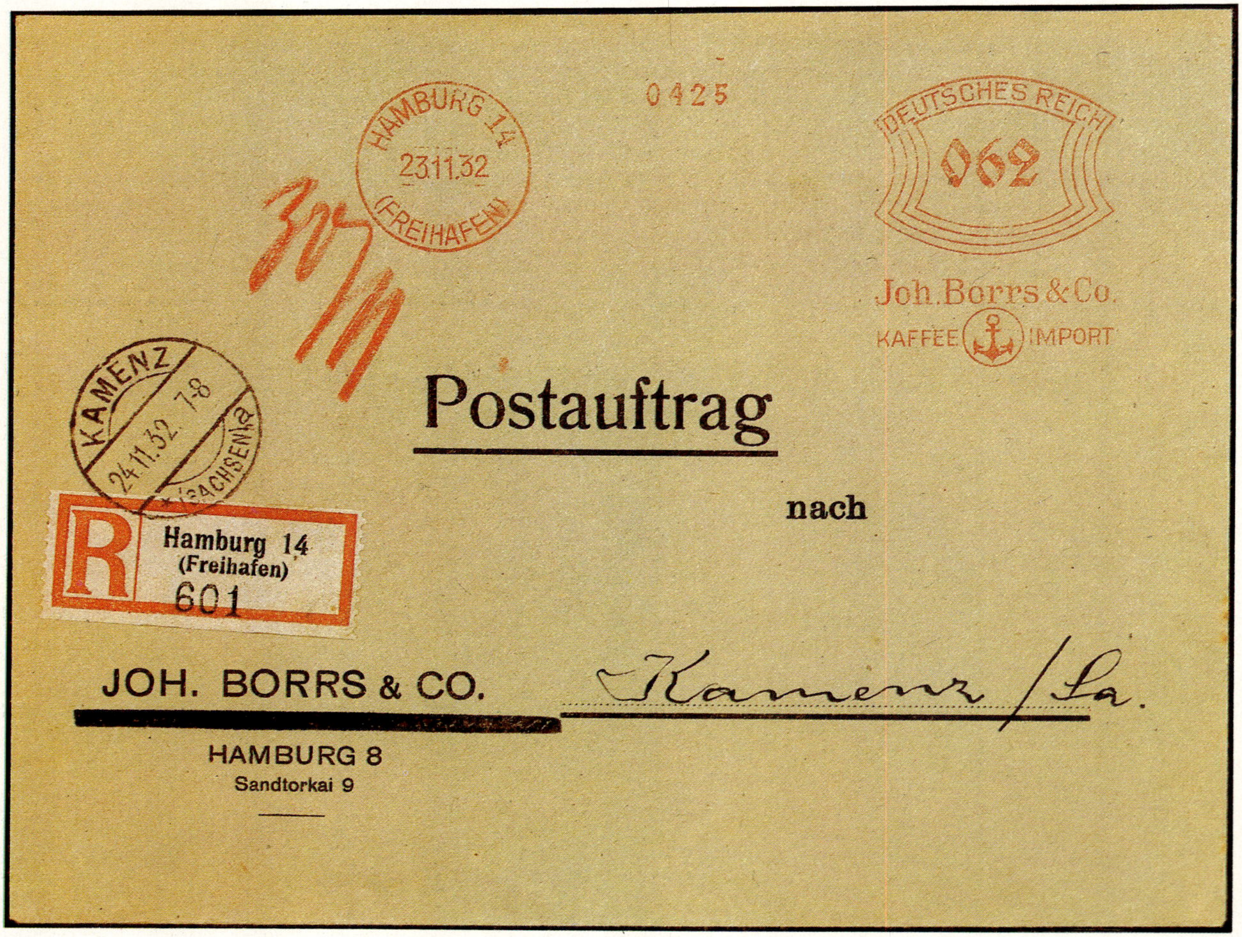

Absender dieses Postauftrages ist ein Handelshaus im Hamburger Freihafen (Zollausschlußgebiet). Die Stempelinschrift sowie der Einschreibnummernzettel zeigen den Zusatz »Freihafen«.

Mit Postaufträgen wurden früher
- Barbeträge von Dritten bankmäßig eingezogen
- Annahmeerklärungen auf Wechsel eingeholt
- Wechsel vorgezeigt, um die Zahlung zu erlangen bzw. um Wechselprotest zu erheben (Postprotestaufträge).

Diese Dienstleistungen waren der Post übertragen, weil sie ohnehin durch das Postvorschußverfahren oft Geld einzuziehen hatte und durch ihr weitverzweigtes Netz bis in die letzten Ausläufer menschlicher Siedlungen gelangte, was den Banken und anderen Geldinstituten nicht möglich war. So konnte man mit Postauftrag z.B. eine Rechnung kassieren lassen, und zwar gleich beim Überbringen der Ware, hier besonders von Zeitschriften, Büchern, Musikalien oder Bildern ab 250 g (letzteres fiel, 1882 eingeführt, ab 1896 wieder fort).

Dagegen behielten alle Aufträge im Wechselgeschäft auf Betreiben der Handelswelt, der Banken usw. ihre Gültigkeit. Der Begriff »Postmandat« (ab 1871), dann »Postauftrag« (ab 1875) war in großer Schrift auf den Umschlag zu schreiben oder zu drucken. Für den zwischenstaatlichen Verkehr lautete er »Valeurs à recouvrer«, da Postaufträge auch international üblich wurden (ab 1875 von Deutschland zu einigen wenigen Ländern, ab 1885, nach dem Weltpostkongreß zu Lissabon, zwischen allen Staaten des Weltpostgebietes). In manchen Ländern, so in der DDR, ist dieser Dienstzweig inzwischen abgeschafft worden.

DIE FERNSPRECHRECHNUNG

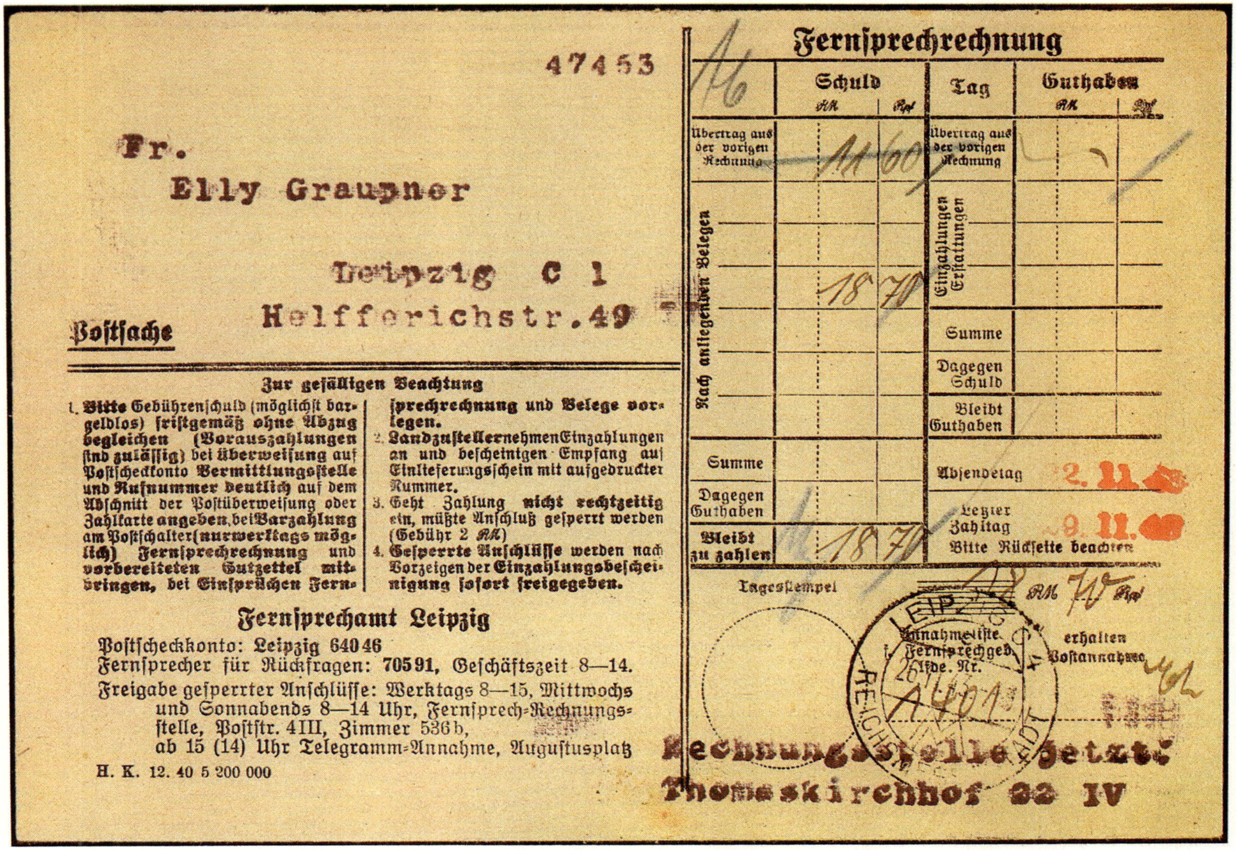

47453

Fr.
Elly Graupner
Leipzig C 1
Helfferichstr. 49

Postsache

Zur gefälligen Beachtung

1. Bitte Gebührenschuld (möglichst bargeldlos) fristgemäß ohne Abzug begleichen (Vorauszahlungen sind zulässig) bei Überweisung auf Postscheckkonto Vermittlungsstelle und Rufnummer deutlich auf dem Abschnitt der Postüberweisung oder Zahlkarte angeben, bei Barzahlung am Postschalter (nur werktags möglich) Fernsprechrechnung und vorbereiteten Gutzettel mitbringen, bei Einsprüchen Fernsprechrechnung und Belege vorlegen.
2. Landzusteller nehmen Einzahlungen an und bescheinigen Empfang auf Einlieferungsschein mit aufgedruckter Nummer.
3. Geht Zahlung nicht rechtzeitig ein, müßte Anschluß gesperrt werden (Gebühr 2 RM)
4. Gesperrte Anschlüsse werden nach Vorzeigen der Einzahlungsbescheinigung sofort freigegeben.

Fernsprechamt Leipzig
Postscheckkonto: Leipzig 64046
Fernsprecher für Rückfragen: 70591, Geschäftszeit 8—14.
Freigabe gesperrter Anschlüsse: Werktags 8—15, Mittwochs und Sonnabends 8—14 Uhr, Fernsprech-Rechnungsstelle, Poststr. 4III, Zimmer 536b, ab 15 (14) Uhr Telegramm-Annahme, Augustusplatz

H. K. 12. 40 5 200 000

Fernsprechrechnung

A6	Schuld RM	Rpf	Tag	Guthaben RM	Rpf
Übertrag aus der vorigen Rechnung	11	60	Übertrag aus der vorigen Rechnung		
Nach anliegenden Belegen			Einzahlungen Erstattungen		
	18	70			
			Summe		
			Dagegen Schuld		
			Bleibt Guthaben		
Summe			Absendetag	2. 11. 43	
Dagegen Guthaben			Letzter Zahltag	9. 11. 43	
Bleibt zu zahlen	18	70	Bitte Rückseite beachten		

Tagesstempel

18 RM 70 Rpf erhalten Postannahme

Annahmeliste Fernsprechgeb. lfde. Nr.

Rechnungsstelle jetzt: Thomaskirchhof 22 IV

Fernsprechrechnung auf dem Umschlag.
Der Hinweis auf die neue Anschrift des Absenders (unten rechts) und das Ausstellungsdatum (November 1943) erinnern an das Kriegsgeschehen, als das Fernsprechamt Leipzig teilweise zerstört wurde.

Als besondere Briefumschlaggattung wird sie für uns nur aus jener Zeitspanne (etwa bis zum Ende der 40er Jahre) interessant, als die Rechnungslegung auf die Vorderseite solch eines Briefumschlages gedruckt und durch entsprechende Eintragungen zur konkreten Rechnung wurde. (Andere Umschläge, z.B. Fensterumschläge mit inliegender Rechnung, sind hier nicht gemeint.) Der Fernsprechrechnungs-Umschlag erhielt bei Einzahlung des Betrages am Postschalter einen Tagesstempel als Quittung, während er bei der Absendung nicht gestempelt wurde. Die Rückseite der Umschläge war oft mit Reklame bedruckt, aus der die Post zusätzliche Einnahmen gewann (über die Postreklame G.m.b.H.). In den Umschlag legte die Fernsprechrechnungsstelle die sogenannten Lastzettel ein: Gebührenzettel über die geführten Ortsgespräche, Ferngespräche oder die telefonisch aufgelieferten Telegramme usw.

DIE PORTOPFLICHTIGE DIENSTSACHE

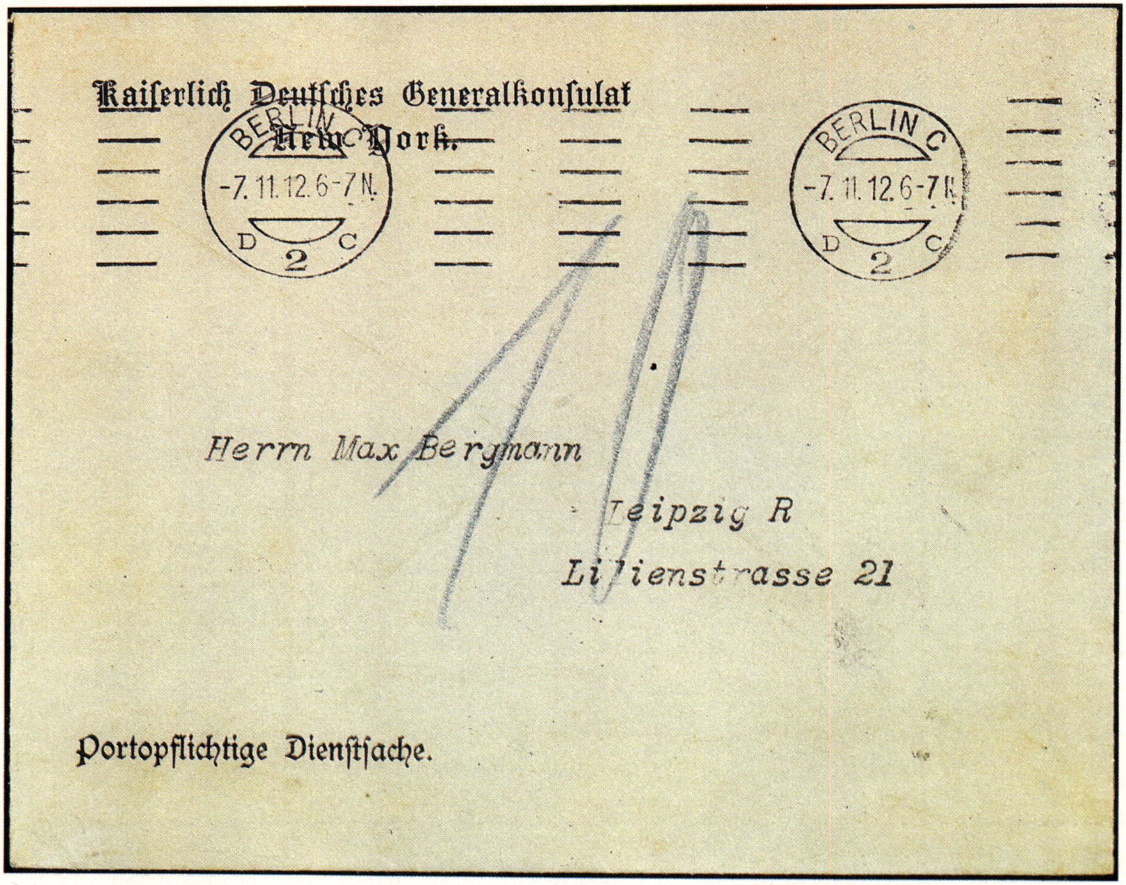

Deutlich ist bei dieser portopflichtigen Dienstsache die ausgeworfene Nachgebühr »10« in Blauschrift zu erkennen (die einfache Briefgebühr ohne Nachgebührenzuschlag).

Jemand hat sich brieflich an eine Behörde gewandt, und ihr Antwortbrief gelangt durch die Post zum Bürger. Wer muß das Porto des Behördenbriefes bezahlen? Er wurde im Interesse und auf Veranlassung des betreffenden Bürgers geschrieben. Soll er doch diesen Betrag zahlen!

So dachte man schon zu Zeiten der Norddeutschen Bundespost (1867–1871) und auch nach der Aufhebung der Portofreiheiten für alle Behörden (1920): Lag der Brief in ihrem Interesse, dann trugen sie den Gebührenbetrag, überwog aber das Anliegen des anderen, dann erhielt er den Brief als »portopflichtige Dienstsache« zugeschickt und mußte Nachgebühr bezahlen, wobei diese in blauen Zahlen auf den Brief geschrieben wurde. Allerdings – und das ist nun der Unterschied zur ansonsten üblichen Nachgebühr – wurde sie nur in einfacher Höhe angerechnet, nicht in anderthalbfacher oder doppelter wie beim »Strafporto«.

Zur Kennzeichnung erhielten diese Briefe den Begriff »Portopflichtige Dienstsache« aufgeschrieben oder -gedruckt, und die Post benutzte Nebenstempel mit dem Text »Nachgebühr 0« (Null).

Heute sind solche Sendungen weggefallen; die Behörden handhaben Antworten auf Bürgereingaben im Sinne modernen Demokratieempfindens, indem sie die Porti selbst tragen (in der DDR seit 1957, in der BRD seit 1959).

Leserlichkeit
Schalterangestellter zu einem Briefauflieferer: »Sie müssen aber die Adresse deutlich schreiben, Herr, so kann ich das nicht weitergeben!«
Darauf er: »Sie können – der Empfänger ist mein Bruder, und der kann meine Schrift lesen!«

DER VORAUSENTWERTETE BRIEF

Diese in deutschen Landen weniger bekannten Briefe – meist sind es Drucksachen – werden mit vorausentwerteten, also »ungültigen« Marken freigemacht. Die Nutzer dieses Verfahrens, in der Hauptsache Großauflieferer von Postsendungen, ersparen damit der Post umfangreiche Stempelarbeiten. Natürlich müssen auch diese »ungültigen« Marken bezahlt werden; in Frankreich z. B. sind sie um 2 % billiger, was bei großen Mengen schon eine ansehnliche Einsparung bedeutet. Die Vorausentwertung besteht in den meisten Fällen in einem in der Druckerei nach dem Markendruck mit angebrachtem Überdruck. Der Empfänger darf diese ungestempelten Marken für die eigene Post nicht »weiternutzen«, weil er für das Verfahren nicht zugelassen ist. Auch eine Firma wird sich hüten, dieselben Marken mehrfach zu verwenden. Falls sie bei diesem Betrug ertappt würde, wären die Vorteile der »VE« (Vorausentwertung) dahin, von strafrechtlichen Konsequenzen ganz zu schweigen. Auf dieser Vertrauensbasis gedieh das Verfahren und wird z. B. in den USA, Kanada, Frankreich und Belgien seit langem genutzt.

In Deutschland ließ am 9. Februar 1934 die damalige Reichspost einen Freimarkenstempler der »Nationalen Telephon- und Telegraphenwerke GmbH«, Frankfurt (Main), zu und gab in einer Amtsblatt-Verfügung vom 19. Juli 1935 entsprechende Bestimmungen für dessen Verwendung heraus. Er enthielt eine auswechselbare Kapsel, in der sich Rollenmarken befanden, in einem Band jeweils 200 bis 500 Stück. Der kleine Apparat wurde beim Absender über die freizumachende Sendung gerollt, wobei eine Greifervorrichtung eine Marke abriß, mit einem Befeuchtungsmechanismus auf die Sendung klebte und danach sogleich entwertete.

Weitere Versuche, Vorausentwertungen einzuführen, sind ohne Erfolg geblieben. Erst neuerdings hat man sich bei der Bundespost der BRD dieser Dinge wieder erinnert. Über die dabei geborene Form einer Vorausentwertung ist im Abschnitt »Die Massendrucksache« mehr gesagt.

In Deutschland relativ selten verwendet: die Vorausentwertung.
Der Brief zeigt den Absender (und Benutzer der Stempelmaschine) sowie das Datum.
Auf der Marke sind Wellenlinien, die Fabriknummer des Apparates,
einer Hand-Rollmaschine (22), in der Mitte vier Punkte (Durchstiche)
sowie ein Kreis zu erkennen (hier faßte der Greifer zu,
der die Marke von der Rolle abtrennte und aufklebte).

DIE ZUSTELLUNGSURKUNDE

Wer es ganz genau wissen muß, ob sein Brief den Empfänger erreicht hat, verlangt einen Rückschein bzw. eine Zustellungsurkunde. Der Rückschein (zulässig nur für Einschreib- oder Wertbriefe) wird der Sendung beigefügt und ist dem Empfänger zur Unterschrift vorzulegen. Die Annahme kann verweigert werden.

Die Zustellung mit Zustellungsurkunde, auch förmliche Zustellung genannt, hat weitergehende rechtliche Bedeutung. Sie wird daher vor allem von Gerichten angewandt. Man kennt eine derartige Übergabe von Sendungen bereits seit langem, in Preußen z.B. seit 1849. Ihr Beleg hieß seinerzeit Insinuations-Urkunde oder Insinuations-Dokument, dann Behändigungsschein, heute Zustellungsurkunde. Mit diesem Schriftstück wird die Aushändigung einer Postsendung, z.B. einer gerichtlichen Vorladung, beurkundet. Über die Aushändigung an andere als den in der Anschrift Genannten bestehen ganz exakte Vorschriften, mit denen wir uns aber hier nicht befassen können.

Für den Fall der Annahmeverweigerung sind ebenfalls genaue Anweisungen vorgeschrieben: Die Zustellungsurkunde und der dazugehörige Brief werden auf dem Postamt »niedergelegt«, und der Verweigerer erhält eine Benachrichtigung. Dies gilt als vollzogene Zustellung und ist auf der Erstschrift mit Schilderung des Vorgangs sowie Uhrzeit, Namen usw. zu vermerken. Solch ein Beleg ist dann eine rechtsgültige Urkunde.

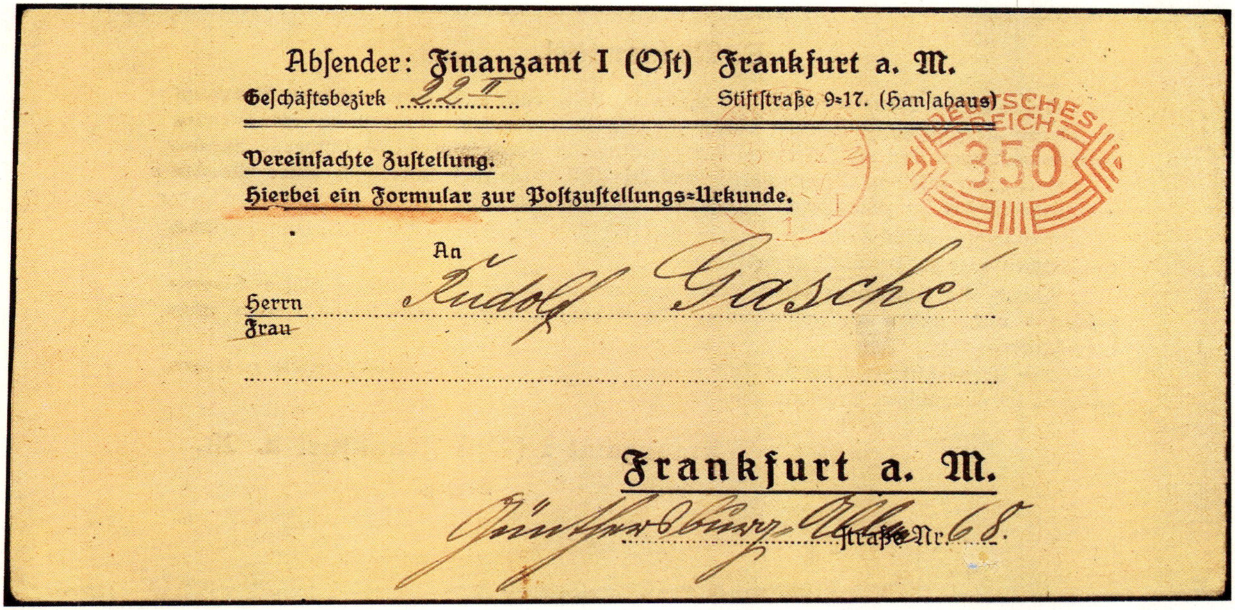

Zustellungsurkunde als Faltbrief in Form eines gefalteten Formularbogens. Der Postfreistempel zu 350 Pfennig vom 5. August 1922 ist einer der auf S. 29 erwähnten Reichstypen, zudem noch in einer recht selten vorkommenden Wertstufe.

DER ROHRPOSTBRIEF

1862 errichtete die Firma »Pneumatic Dispatch Company« im Telegrafenamt London die erste Rohrpostanlage zum innerbetrieblichen Transport von Telegrammen. Mehr und mehr kam es auf das Übermittlungstempo an, weil vor allem Handelsleute unter der Devise »Zeit ist Geld« in Börsengeschäften jede Minute Zeitgewinn schätzten.

Die erste große Anlage in Berlin (1865) wurde daher folgerichtig zwischen dem Haupttelegrafenamt und der Börse eingerichtet (Telegrammannahme im nahe gelegenen Postamt am heutigen Marx-Engels-Platz). Ihr Netz vergrößerte sich ständig. In anderen Handels- und Großstädten wurden gleichfalls Rohrpostanlagen installiert, so 1866 in Paris, 1875 in Wien, 1890 in New York, Boston und Philadelphia, in deutschen Städten, wie Frankfurt (Main), Bremen, Hamburg, Leipzig und München, desgleichen um 1900 in Rom, Mailand, Neapel sowie Marseille. Einige allerdings dienten ausschließlich dem inneren Dienstbetrieb der Post. Und dieser war recht umfangreich, zumal seinerzeit der Fernsprechverkehr noch nicht seinen heutigen Umfang besaß. Auch war er nicht so bequem, da alle Ferngespräche noch der Vermittlung in den Fernämtern bedurften; oft waren bei komplizierten Verbindungen sogar mehrere Ämter beteiligt.

Was wurde nun alles in den Rohrpostanlagen befördert?

- Telegramme von den Stadtpostämtern zum zentralen Telegrafenamt der Stadt, denn nur dort bestanden Telegrafenlinien zu anderen Orten
- Telegramme vom zentralen Telegrafenamt der Stadt zu den Stadtpostämtern
- Eilbriefe von den Stadtpostämtern entweder zu anderen Stadtpostämtern desselben Ortes, sofern der Eilbrief in der Stadt verblieb, oder zum Bahnhofspostamt

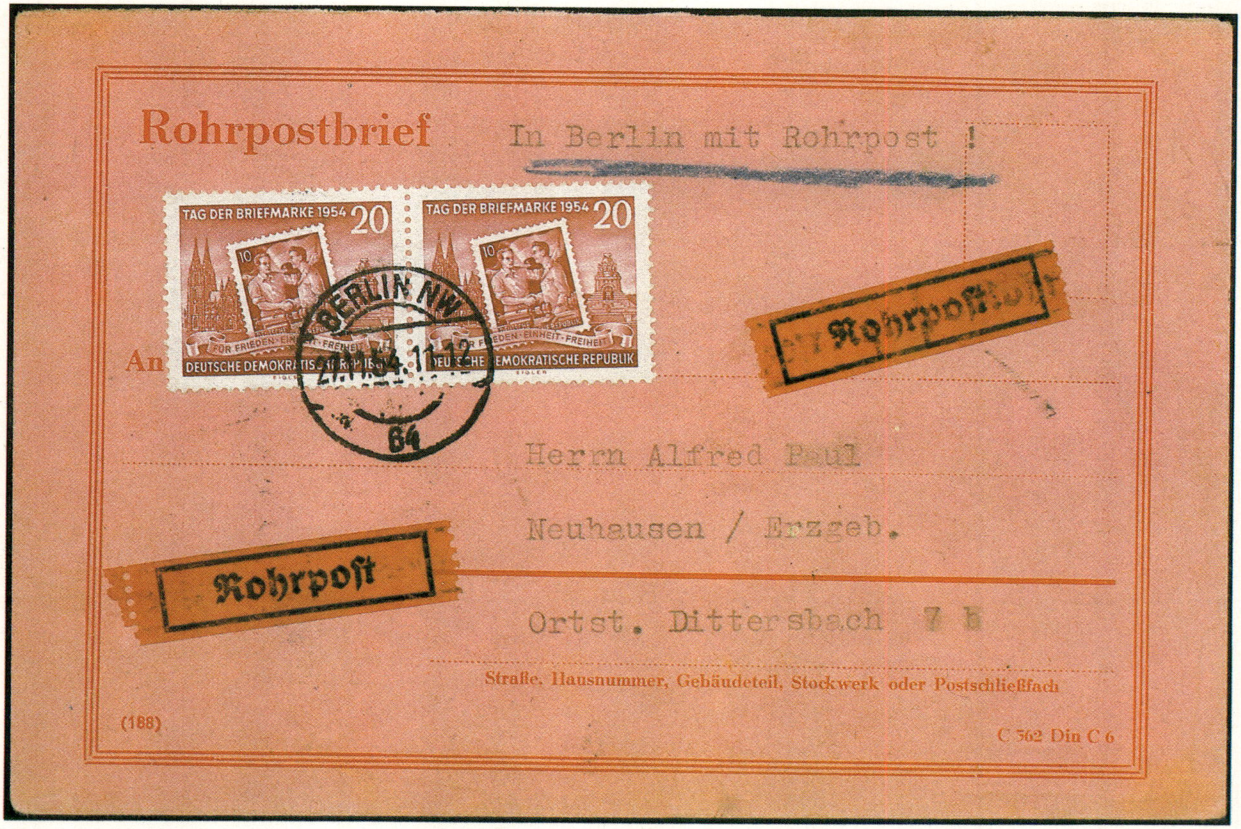

Spezieller Rohrpostumschlag, 1954 mit Rohrpost in Berlin befördert

– Eilbriefe vom Bahnhofspostamt zu den Stadtpostämtern, die die Telegramm- und Eilzustellung für ihren Einzugsbereich besorgten
– eigentliche Rohrpostbriefe und -karten innerhalb des Stadtgebietes.

Rohrpostsendungen mußten sich leicht in Rollenform biegen lassen, so daß der Versand sperriger Dinge (größerer Zeichnungen) nicht möglich war. Die Sendung wurde in einer Büchse befördert, die, von Druck- oder Saugluft getrieben, durch die unterirdischen Rohre sauste. Mit Hilfe einer Fernsteuerung und mehrerer Weichen war es möglich, bestimmte Zielstationen anzu»fahren«. Rohrpostsendungen erhielten auf die Rückseite Zeitkontrollstempel gedruckt, die wir auch bei Eilsendungen finden, wenn diese mit Rohrpost befördert wurden und nicht von der Zeitkontrolle dieses Dienstzweiges stammen. Das ist z. B. bei Berliner Sendungen leicht am vorgesetzten »R« (Rohrpost) festzustellen.

Im Jahre 1877 wurden in Berlin 1,4 Millionen Sendungen befördert, davon allerdings 1 Million Telegramme, wie unter Punkt 1 und 2 beschrieben.

1938 waren es in Berlin bereits 7,9 Millionen Sendungen, und zwar 2,3 Millionen Telegramme, 3,9 Millionen Rohrpostbriefe und 1,7 Millionen Eil- und Luftpostbriefe.

40 Jahre später: Die meisten Rohrpostnetze haben inzwischen ihren Betrieb eingestellt. Der natürliche Verschleiß der unterirdisch verlegten Rohre hätte eine gründliche Erneuerung und eine dem technischen Fortschritt angepaßte Rekonstruktion mit hohen Kosten erfordert, die in keinem Verhältnis zum

Nutzen stehen würde. Zum anderen werden viele Nachrichten heute nicht mehr brieflich – auch nicht durch Rohrpostbriefe in relativ hoher Geschwindigkeit – übermittelt, sondern man benutzt, besonders innerhalb der Städte, den Fernsprecher oder einen Bildtelegrafendienst (z. B. Telefax).

Eine Spezialsammlung über die Rohrpost-Ganzsachen von Paris ist besonders interessant. Verschiedene Ausgaben in unterschiedlichen Farben zeigen – als Planübersichten – das Wachsen des Pariser Rohrpostnetzes bzw. die Einbeziehung weiterer Stadtgebiete in dieses Netz. Auch die Rohrpost-Ganzsachen von Marseille geben Stadtpläne wieder. Dazu kommen Bestimmungen und Mitteilungen über Postgebühren.

Ebenso bemerkenswert sind die eingedruckten Wertstempel und die Bezeichnungen, so z. B. die von Wien als »Pneumatische Expreßbeförderung«. Schließlich sollen noch die Klebezettel »Rohrpost« oder »Eilboten / Mit Rohrpost« erwähnt werden, die so manche Sendung, für die keine speziellen Ganzsachen verwendet wurden, erhielt.

DER BAHNHOFSBRIEF

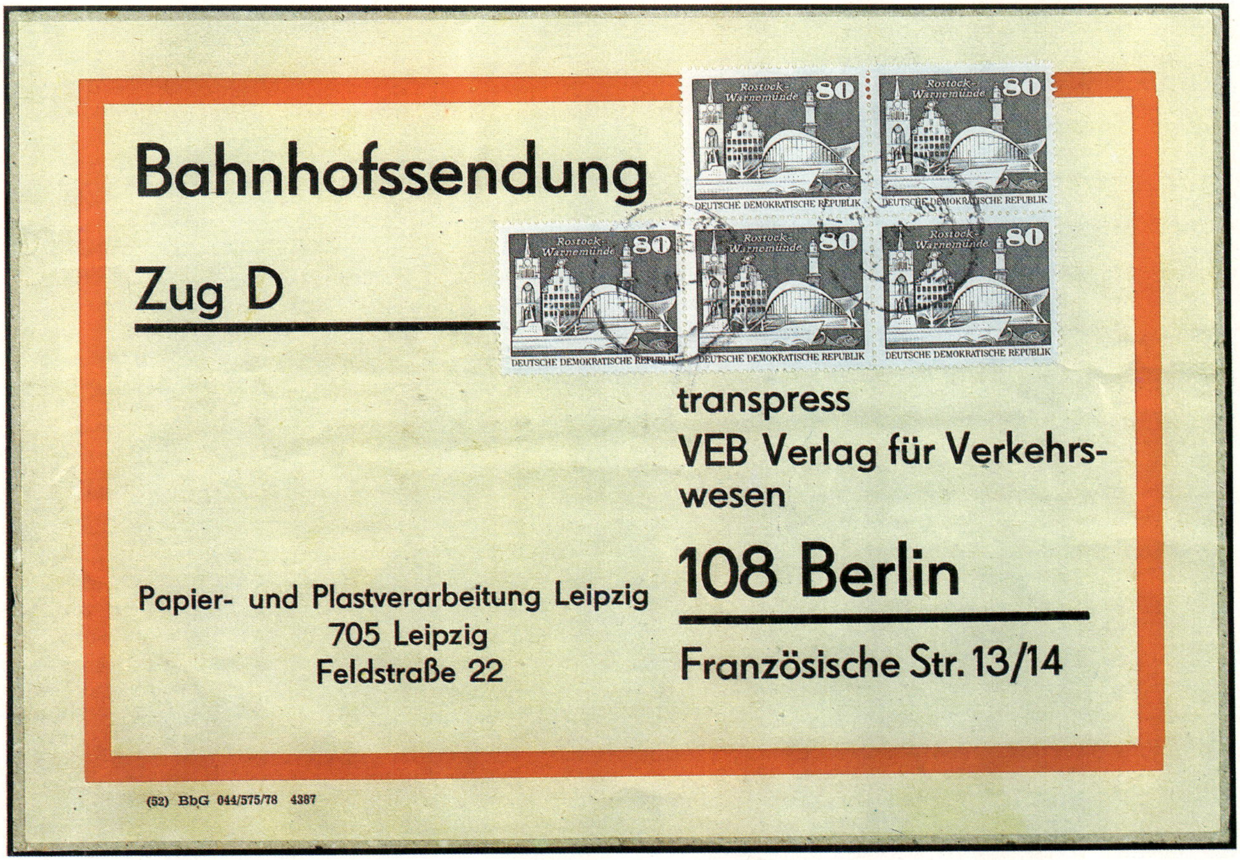

Bahnhofssendungen sind durch einen Adreßaufkleber mit rotem Rand auffällig gekennzeichnet.

Diese besondere, in der Bevölkerung kaum bekannte Art von Postsendungen gibt es in Deutschland schon seit dem 27. Mai 1874. England und Österreich führten sie am 1. Februar 1881 ein; andere Länder folgten.

Der Versand von Bahnhofsbriefen oder, konkreter, Bahnhofssendungen muß mit der Post vereinbart werden, und zwar für ganz bestimmte Verkehrsrelationen. Daher sind sie auch zu festgelegten Zeiten einzuliefern. Der Absender bringt die Sendung je nach den örtlichen Verhältnissen entweder direkt an den betreffenden Zug bzw. dessen Bahnpostwagen, oder er liefert sie bei einer nahe am Bahnhof gelegenen Postdienststelle, z.B. der Wertstelle, ein. Die empfangende Behörde oder Firma holt ihre Bahnhofssendungen – auch Kursbriefe genannt – dann von einer dieser Stellen am Bestimmungsort ab. Der Bote erhält dafür einen Ausweis. Die Gebühren liegen ziemlich hoch, und darum machen auch nur jene davon Gebrauch, die auf sehr rasche und zuverlässige Verbindungen (zuverlässig im Sinne von Zeiteinhaltung) angewiesen sind. Die gewöhnliche Post kann in diesem Tempo nicht ihren Empfänger erreichen, denn bei der Bahnhofssendung liegt die Laufzeit nur knapp über der Fahrzeit des Zuges, und man kann meist schon wenige Stunden nach ihrer Auflieferung die Sendung in Empfang nehmen. In analoger Weise gilt dies auch für Straßenpostverbindungen, also für Kraftkursposten.

Bahnhofssendungen dürfen im allgemeinen ein Gewicht von 5 kg nicht überschreiten. Außerdem ist bei regelmäßiger Auflieferung neben der Beförderungsgebühr noch eine Behandlungsgebühr zu entrichten.

Eine Neuentwicklung des Kursbriefes in der Bundesrepublik Deutschland, Datapost genannt, stellt eine Kombination zwischen Eilbrief – hiervon die Eilzustellung – und Kursbrief – hiervon die abgesprochene Beförderungsrelation – dar. Diese mit sehr hohen Gebühren verknüpfte Schnell-Beförderungsart ist mit Sondervorschriften verbunden.

DER STRASSENBAHNPOSTBRIEF

Innerhalb großer Städte (Amsterdam, Sofia, Hamburg u.a.) hat es in den zwanziger bis dreißiger Jahren und auch später Straßenbahnposten gegeben. Auf bestimmten Relationen ihrer ausgedehnten Stadt- und Überlandnetze führten die Züge Briefkästen mit, die außen an einem Wagen hingen. Die Sendungen waren natürlich vorher mit Marken freizumachen. In Hamburg z.B. waren allerdings nur Eilsendungen und Telegramme zugelassen. Die Post nutzte diese Kästen auch für ihre eigenen Zwecke, indem sie an den Briefkästen ein zweites, für die Öffentlichkeit nicht zugängliches Fach anbrachte, bestimmt für Sendungen im Austausch mit Postämtern der Fahrtstrecke. In Stuttgart beförderte die Straßenbahn 1933 sogar Pakete von Privaten, für deren Frankatur es eigene Privatpostmarken gab. Das Verfahren des Postaustausches war sehr ausgeklügelt, denn diese zusätzliche Aufgabe durfte sich nicht hemmend auf den eigentlichen Zweck, die Personenbeförderung, auswirken. Von solchen Zwängen waren nur jene Straßenbahnposten frei, die mit umgebauten Wagen ausschließlich der Postbeförderung dienten, wie das z.B. nach 1900 in Berlin, München und Stuttgart praktiziert wurde.

Für die (Mit-)Nutzung durch die Post eigneten sich nur solche Strecken, deren End- sowie eventuelle Kreuzungspunkte in unmittelbarer Nähe von Postämtern lagen, weil ein ständiger Botendienst zwischen dem Amt und den vorbeifahrenden Bahnen zu unterhalten war.

Im Postamt angelangt, wurden die Sendungen gestempelt, wobei im Stempelbild das Wort »Straßenbahn« erschien. Nicht in richtiger Höhe freigemachte Sendungen wurden mit Nachgebühr belegt, die der Empfänger zahlen mußte (in großen blauen Ziffern aufgeschriebene Gebührensumme und außerdem als Begründung der Hinweisstempel »Aus dem Straßenbahn-Briefkasten«). Heute sind keine öffentlichen Straßenbahnposten mehr in Betrieb, sondern allenfalls noch Zubringerfahrten vom Postamt zum Bahnhof bzw. den Bahnposten der Eisenbahn.

Eine originelle Variante gab es 1981 und 1982 in Großbritannien: Als Touristenattraktion verkehrte im Badeort Blackpool ein fahrendes Straßenbahnpostamt mit Schalterbetrieb. Man verkaufte einen Sonderumschlag mit dem Text »The World's First Post Office Tram« (Die erste Postamtsstraßenbahn der Welt).

In Hamburg mit der Straßenbahn beförderter Brief.
Die quergestellten Datumsstempelteile im Rollstempel zeigen die Inschrift »Straßenbahn«.

DER LUFTPOSTBRIEF

Seit Anbeginn der Luftfahrt existiert auch der Gedanke, briefliche Nachrichten mit zu überbringen. Es soll hier nicht untersucht werden, wer nun wirklich der erste war, der *amtlicherseits* Postsendungen mitgab. Gesagt wird, es sei ein Flugschüler des bekannten Flugpioniers Hans Grade namens Pentz gewesen, der Anfang 1912 einen Beutel Post von Borkheide nach Brück befördert habe. Doch bereits 1874 hatte der in postalischen Dingen überaus weitsichtige spätere Staatssekretär im Reichspostamt, Heinrich von Stephan, – wohl unter dem Eindruck der Pariser Ballonposterfolge – einen aufsehenerregen-

Luftpostbrief, befördert auf der Strecke Hamburg–Westerland der Deutschen Luftreederei GmbH (DLR) Berlin. Sie war als eine der ersten deutschen innerstaatlichen Luftpostverbindungen vom 4. Juli bis zum 16. September 1920 in Betrieb. Die Postgebühr setzt sich aus dem Briefporto (bis zu 20 g) zu 40 Pfennig, dem Luftpostzuschlag zu 20 Pfennig und der Einschreibgebühr zu 50 Pfennig zusammen.

den Vortrag unter dem Titel »Weltpost und Luftschiffahrt« gehalten und sich dabei für eine künftige Luftpost engagiert.

Schon lange vor dem ersten Weltkrieg wurde bei oft spektakulären Flugwerbeveranstaltungen Post mitgenommen, die man mitunter mit halbamtlichen Flugmarken versah, um Geld für die teuren Versuche hereinzubekommen. Auch warf man Postkarten ab, und zwar sowohl von Flugzeugen als auch von Ballons oder Luftschiffen, und wer sie fand, sollte sie laut Aufdruck beim nächsten Postamt einliefern.

In Deutschland kam es 1912 zu ersten amtlichen

Luftpostbrief aus Kanada mit einem Klebezettel »Air Mail – Par Avion«.
Der Wertstempel dieser Ganzsache erhielt links einen Zudruck »Neuer Wert 6 c«.
Der Umschlag kann auch als Provisorium gelten.

Postflügen. Der Krieg unterbrach diese friedliche Entwicklung. Die technische Weiterentwicklung der Luftfahrzeuge gestattete danach einen immer umfangreicher werdenden Flugverkehr.

Die Luftpost ist heute zu einem Hauptbeförderungsmittel für zwischenstaatliche Postverbindungen über größere Entfernungen geworden. Für Inlandsstrecken nutzt man sie besonders in weitausgedehnten Ländern, wie in der Sowjetunion, in den USA, in der Volksrepublik China, in Kanada, in Brasilien und in Mexiko. Viele Länder (z.B. die ČSSR) unterhalten Nachtflugnetze für jene Relationen, die von der Eisenbahn in einer Nacht nicht bewältigt werden. Damit können alle Sendungen, die bis gegen 20 Uhr aufgeliefert sind, bereits in der Frühzustellung des nächsten Tages ausgetragen werden.

Luftpostsendungen sind mit einem Luftpost-Gebührenzuschlag belastet, den aber jeder gern entrichtet, der auf Tempo Wert legt. Da er nach Entfernungen und nach Gewicht gestaffelt ist, sind »leichte« Briefe aus dünnen Papieren sowie Aerogramme in Gebrauch. Luftpostsendungen müssen mit dem Vermerk – meist als Klebezettel – »Par Avion« (franz., Mit Luftpost) versehen sein. Dies kann noch durch die jeweilige landessprachliche Bezeichnung ergänzt werden. In manchen Ländern werden der innerstaatliche und z.T. der zwischenstaatliche Luftverkehr heute ohne Zuschläge bewältigt.

Viele Länder geben besondere Luftpostbriefmarken heraus, die meist auch für gewöhnliche Sendungen verwendet werden dürfen. Dann gibt es Luftpost-Sondermarken, die nur für bestimmte Flüge (Erstflüge) gültig sind. In den zwanziger Jahren bis in die dreißiger hinein erhielten viele Luftpostsendungen Flugbestätigungsstempel (heute nur noch bei einigen Sammlersendungen).

Einer Postsendung, die mit Ballon befördert wurde, haftet seit jeher etwas Spektakuläres an. Die umfangreichste und am längsten betriebene Ballonpost ist schon weit über 100 Jahre im Gespräch: die Pariser Ballonpost von 1870/71. Zwar gab es auch schon vorher Versuche, aus dem im Deutsch-Französischen Krieg vom 16. August bis zum 28. Oktober 1870 eingeschlossenen Metz briefliche Nachrichten auszufliegen, doch wurden lediglich einige kleinere Ballons aufgelassen, die auf dünnes Papier geschriebene Briefchen beförderten. Man nannte sie die Papillons von Metz. Papillon bedeutet im Deutschen soviel wie »Blättchen«, aber auch »Schmetterling«, wobei die Deutung »Schmetterlingsbrief« sicher abwegig ist. Noch eine dritte Version ist bekannt: Die Ballonpost sei durch die Initiative eines Monsieur Dr. Papillon entstanden, was nach neuesten Forschungsergebnissen auch zutrifft.

Zur Ballonpost von Paris, das vom 18. September 1870 bis zum 28. Januar 1871 ebenfalls von preußisch-deutschen Truppen eingekreist war, kann man ohne Einschränkung sagen, daß sie die erste einigermaßen regelmäßig verkehrende Luftpostverbindung der Welt war. Insgesamt wurden 66 Ballons gestartet, von denen 55 Postsendungen mitnahmen. Auf diesem Wege gelangten 2,5 Millionen leichte Briefe im Gesamtgewicht von 11 651 kg in das unbesetzte Frankreich und in die übrige Welt – auch nach Deutschland. Die Ballons landeten je nach Windrichtung in verschiedensten Gebieten; einer strandete gar in Norwegen. Die mitgenommenen Sendungen mußten mit dem Vermerk »par ballon monté« (mit bemanntem Ballon) gekennzeichnet sein. Es gab auch einige wenige unbemannte Ballons (»par ballon non monté«).

Alle diese Ballonbriefe sind heute gesuchte Dokumente einer historisch bewegten Zeit.

Um nun Nachrichten nach Paris gelangen zu lassen, gab man einer ganzen Reihe von Ballons Brieftauben mit. Nach der Landung des Ballons flogen sie, mit Nachrichten versehen, in ihre Schläge nach Paris zurück. Eine andere Methode zum gleichen Zweck wurde Anfang 1871 mit den Zinkkugelbriefen versucht.

Ballonbrief, am 21. Dezember 1870 mit dem Ballon »Le Lavoisier« aus dem von preußisch-deutschen Truppen eingeschlossenen Paris ausgeflogen. Der Ballon landete am 22. Dezember in La Ménitré (Departement Maine et Loire).

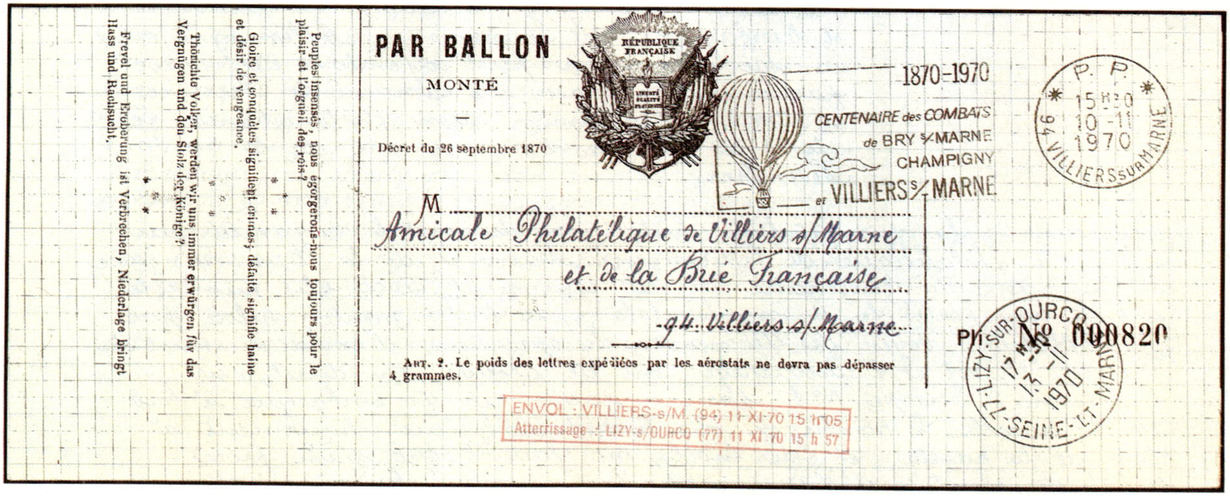

Gedenkbrief zur 100. Wiederkehr der Pariser Ballonpost, der einem alten Leichtbrief nachgestaltet wurde

Verschiedene Ballonbriefvordrucke (Faltbriefe) trugen bemerkenswerte Losungen, die auch heute noch durchaus gültige Aussagen vermitteln, so z. B.: »Törichte Völker, werden wir uns immer erwürgen für den Stolz und das Vergnügen der Könige?«; »Nur ein Krieg ist gerecht und heilig: der für die Unabhängigkeit«; »Frevel und Eroberung ist Verbrechen, Niederlage bringt Haß und Rachsucht« (Texte nach heutiger Schreibweise etwas verändert).

Eine weitere, wiederum militärische Ballonpost startete im ersten Weltkrieg, 1915, aus der von russischen Truppen eingeschlossenen, damals österreichischen Festung Przemyśl. Hier wurden insgesamt 14 Ballons mit Post aufgelassen.

In späteren Zeiten ist dann Ballonpost als gewinnbringendes Nebenprodukt bei allerlei sportlichen Ballonfahrten mit angefallen. Bekannt wurden hier die Gordon-Bennet-Wettfahrten, aus deren Anlaß auch Postwertzeichen erschienen, oder Ballonaufstiege zu Briefmarkenausstellungen. Zu Industrie- und Gewerbeausstellungen hat man um die Jahrhundertwende gern Fesselballonaufstiege organisiert, wobei mutige Besucher gegen 5,– Mark Entgelt aus der Höhe von 200 bis 300 m das Ausstellungsgelände betrachten konnten. Von solchen Starts gibt es Ballonstempel.

Weithin bekannt, schon seit vielen Jahren organisiert, dienen die österreichischen Ballonfahrten zugunsten des Kinderdorfes in Rottenmann einem guten Zweck. Eigens dafür gestaltete Umschläge erhalten als Bestätigung der Fahrt entsprechende Stempel.

DER ZEPPELINBRIEF

Lenkbare Luftschiffe erfreuten sich seit ihrem ersten sensationellen Start um die Jahrhundertwende regen Interesses. Ältere Leser werden sich vielleicht noch an die »Graf Zeppelin« oder »Hindenburg« (LZ 127 und LZ 129) erinnern. Es war ein grandioser Anblick, wenn die im hellen Sonnenlicht silberglänzenden Riesenzigarren am Himmel dahinschwebten … bis zu jenem tragischen 6. Mai 1937, als der LZ 129 während der Landung in Lakehurst (USA) in Flammen aufging. Warum sich das Wasserstoffgas der Füllung entzündet hat, ist nie ganz aufgeklärt worden.

Schon in der Frühzeit der Luftschiffahrt (etwa ab

Brief von einer Luftschiffahrt, die zu Reklamezwecken veranstaltet wurde

1909) wurden Postsendungen mitgenommen und besondere Poststempel mit den Namen der Luftschiffe, z.B. »Sachsen«, »Viktoria Luise«, »Hansa«, geführt. Den heute sehr gesuchten Frühbelegen gesellten sich Briefschaften von Sonderfahrten und von regelmäßigen Fahrten der LZ 127 und LZ 129 hinzu.

Ab 1927 konnte Deutschland wieder Luftschiffe für eigene Zwecke bauen, was die Siegermächte nach dem ersten Weltkrieg verboten hatten (der 1924 fertiggestellte LZ 126 – ZR III – mußte auf Reparationskonto an die USA ausgeliefert werden; Dr. Hugo Eckener gelang damit die Atlantiküberquerung). LZ 127 und LZ 129 starteten zu insgesamt 653 Fahrten, davon 181 Atlantiküberquerungen. Fast 50 t Postsendungen wurden dabei transportiert, zumeist mit entsprechenden Stempeln gekennzeichnet. In Deutschland und in zahlreichen anderen Staaten erschienen besondere Zeppelinmarken. Für die Postmitnahme bestanden zwischenstaatliche Vereinbarungen, und der Fachmann nennt die auf dieser Basis beförderten Sendungen Vertragsstaatenpost.

Zeppelin-Postbelege stellen ein in sich geschlossenes Sammelgebiet dar; spezielle Nachschlagewerke registrieren auf das genaueste alle stattgefundenen Fahrten und die dazugehörigen Stempel. Auch die Anzahl der jeweils beförderten Briefe, Karten usw. ist weitgehend erforscht worden, desgleichen die Anteile dieser oder jener Vertragsstaatenpost.

Das Luftschiff »Graf Zeppelin« absolvierte viele Sonderfahrten, hier ein Briefbeleg von der Islandfahrt 1931.

DER HELIKOPTERBRIEF

Der Helikopter, auch Hubschrauber bzw. früher Autogiro genannt, wurde von dem Spanier Juan de la Cierva 1922 erfunden. Erste Postbeförderungen damit fanden 1934 in Australien und London statt. Nach dem zweiten Weltkrieg wurde die Luftpostbeförderung per Hubschrauber in großem Maßstab eingeführt. Hierbei kann man drei Varianten unterscheiden:

- anstelle anderer Flugzeuge für ständige Luftpost-Linienflüge auf kurzen Relationen. Davon kann es auch Erstflugbelege mit entsprechenden Stempeln geben; zumeist befinden sich jedoch außer der üblichen Luftpost-Kennzeichnung (Klebezettel) keine weiteren Merkmale auf den Sendungen
- als Zubringer bei dichtem Straßenverkehr statt der langsameren Kraftfahrzeuge zwischen einem großen Stadtpostamt (Luftpostleitamt) und dem Flughafen. Das Moskauer Postamt am Kasaner Bahnhof z.B. besitzt einen kleinen Flugplatz auf dem Dach; gleiche Einrichtungen finden sich in zahlreichen anderen Weltstädten. Die Zubringerflüge verlängern die Möglichkeit der Postannahme oft um mehr als eine Stunde
- Sonderflüge mit Hubschraubern meist aus philatelistischen Beweggründen. Mitunter setzen philatelistische Organisationen oder Fluggesellschaften auch großformatige Stempel, die sogenannten

Cachets, zur Erläuterung des Fluganlasses ein. Sie erscheinen außerdem auf anderen Luftpostbriefen, sofern es keine postamtlichen Sonder- oder Flugbestätigungsstempel gab.

Als eigenes Sammelgebiet ermöglicht Helikopterpost die sinnvolle Begrenzung auf einen Teilbereich aus dem mittlerweile übergroßen Gesamtsammelgebiet.

Postbeförderung (Erstflug) von Strasbourg nach Luxemburg per Hubschrauber

DER SEGELFLUGBRIEF

Daß Segelflieger Post mitnahmen, geschah bislang wohl ausschließlich für philatelistische Zwecke; denn für regelmäßige Postbeförderungen eignet sich das Segelflugzeug nicht, da es zu stark wetterabhängig ist und nicht überall starten kann. Zudem lassen sich nur geringe Postmengen befördern.

Frühe Belege des Segelflugbriefes stammen aus der Zeit nach dem ersten Weltkrieg. Deutschland war

Ein philatelistisch inspirierter Segelflugbrief, der zwei interessante Nebenstempel zeigt

durch den Versailler Vertrag die Fliegerei weitgehend verboten worden. Kräfte, die eine Wiederaufrüstung planten, waren daran interessiert, daß sich ehemalige Kriegsflieger vor allem in der Rhön auf der Wasserkuppe zusammenfanden. Getarnt als »Freunde des Segelfliegens«, wurde hier das Fluglehrerpersonal trainiert, das für den Aufbau des militärischen Flugwesens benötigt wurde. So sind die philatelistischen Segelflugbelege jener Zeit alles andere als Zeugnisse sportlicher Veranstaltungen.

Auch bei Segelflügen und Segelflugwettbewerben nach 1945 wurde gelegentlich Post befördert. Sie trug ausschließlich Souvenircharakter und half mit, die Veranstaltungen zu finanzieren. Dazu erschienen Sonderstempel, und Vignetten sowie Sonderumschläge oder -karten wurden für geringe Beträge an das Publikum verkauft. Praktische Bedeutung für postalische Zwecke erlangten Segelflugzeuge indes nicht; dennoch sind Segelflugbriefe durchaus gesuchtes Sammelgut.

Mit Schiffspost beförderter spezieller Umschlag der »Hamburg–Amerika Linie«

Postbeförderung auf Schiffen gehört zu den ältesten Spielarten, wenn große Entfernungen zu überwinden waren. So gibt es im Nationalen Meeresmuseum der britischen Stadt Greenwich einen schon recht betagten Schiffspostbeleg von 1497. Ein Segler hatte ihn damals nach Venedig mitgenommen. Der Brief trägt die Aufschrift »Con Nave – CDS« (Per Schiff, das Gott beschützen möge; CDS: che dio salvi) und ist mit einem Botenbrief vergleichbar, nur daß der »Bote« hier das Schiff war.

Der Zahlmeister spielt für die späteren Schiffsposten eine besondere Rolle, weil er auf dem Schiff den Postdienst wahrnimmt. Oft bestand auch ein Postamt, in dem Postangestellte aus dem Herkunftsland des Schiffes Dienst taten, doch solche Einrichtungen – in denen auch die postalische Umarbeitung der Postsendungen (wie in einem Bahnpostwagen) stattfand – nennt man Seepost, nicht Schiffspost. Heute gibt es Seeposten nur noch ganz selten; die meisten Postannahmestellen an Bord sind vom Zahlmeister oder einem seiner Gehilfen betriebene Schiffsposten. Sie leeren den Schiffsbriefkasten, bevor ein Hafen angelaufen wird, und verschließen ihn, weil in fremden Häfen die Posthoheit auf das Gastland übergeht. Die in den Schiffsbriefkasten eingeworfenen Sendungen dürfen mit Marken des Herkunftslandes, aber auch des Reisezieles freigemacht werden. Während die Seeposten die Sendungen an Bord stempelten, übergeben die Schiffsposten die Briefe gewöhnlich dem angelaufenen Hafenpostamt zur Stempelung. Die Postwertzeichen des Herkunftslandes erhalten somit einen fremden Entwertungsstempel. Und weil dies zu falschen Schlüssen führen könnte, setzt das Hafenpostamt noch den Nebenstempel »Paquebot« oder »Navire« hinzu (obgleich es sich hier nicht um ein Paketboot, sondern um das Hafenpostamt handelt).

Viele Schiffsbriefe zeigen auch sogenannte Cachets, nichtamtliche große Bilderstempel, die auf eine besondere Reise oder die betreffende Linie und das Schiff hinweisen. Cachets werden meist von der Schiffahrtsgesellschaft oder einer Schiffspost-Sammlerorganisation angebracht. Auch private Cachets existieren, doch ist bei deren Bewertung Vorsicht geboten – nicht selten wird hier auf die Besessenheit (und damit Blindheit) vieler Sammler spekuliert. Im übrigen dauert es oft Wochen, ja Monate, bevor ein zu Sammelzwecken aufgelieferter Schiffspostbrief an den Absender zurückgelangt. Besonders lange Laufzeiten ergeben sich bei Handelsschiffen, die viele Monate unterwegs sind.

Zum Sammelgebiet Schiffspost gehört auch die Fährschiffspost (Fährpost) – Postsendungen, die auf festen Fährverbindungen befördert werden. Diese Linien sind Spezialisten bald bekannt, während Schiffspostverbindungen, besonders die einmaligen Charterfahrten, für den einzelnen nicht mehr überschaubar sind. Daher unterhalten manche Philatelieorganisationen einen speziellen Benachrichtigungsdienst für ihre Mitglieder (auch bei Luftpostsammlern üblich). Die zur Beförderung vorgesehenen Belege sind unter Umschlag an den Zahlmeister des betreffenden Schiffes zu senden, wobei der Liegeplatz natürlich bekannt sein muß.

Schiffspostbeleg einer Ausflugsfahrt von Bremerhaven nach der Insel Helgoland. Der Zahlmeister hat den Brief unten links signiert.

Um diese Briefart näher charakterisieren zu können, müssen wir uns ins 19. Jahrhundert zurückversetzen. Ab 1826 gab es in Preußen Briefe mit der – oft gestempelten – Bezeichnung »M.B.St.« (Militärbriefstempel) und ab 1841 »S.B.« (Soldatenbrief). Aufschluß bietet eine Kabinettsorder vom 28. Januar 1868, die am 5. Juni 1869 mit dem Gesetz der Portofreiheiten gültig wurde (ab 1872 auch in Bayern). Hier wurde festgelegt, daß gewöhnliche Briefe und Postkarten an »Personen des Soldatenstandes des Landheeres und der Kriegsmarine bis zum Feldwebel, Wachtmeister usw. aufwärts« in persönlichen Angelegenheiten gebührenfrei zu befördern sind. *An* Soldaten wohlgemerkt, nicht *von* Soldaten (diese genossen nur in Kriegszeiten – Feldpost – Gebührenfreiheit). Grund war wohl, daß Soldaten Löhnung bekamen und somit ihre Briefe auch frankieren konnten, während der Absender unter Umständen nicht über das nötige Kleingeld verfügte. *An* Soldaten gerichtete Briefe durften bei Inanspruchnahme dieser Gebührenfreiheit bis zu 60 g wiegen und mußten den Vermerk »Soldatenbrief. Eigene Angelegenheit des Empfängers« tragen. Erst dieser Text kennzeichnete sie als die hier gemeinten Soldatenbriefe. Anstelle des handschriftlichen Vermerkes konnten auch Klebemarken in den unterschiedlichsten Varianten verwendet werden. Sie wurden meist zum Preis von 2 Pfennig vor allem in Soldatenkantinen verkauft, deshalb bezeichnet sie der Fachmann auch als Kantinen- oder Soldatenmarken.

Mit dem Ausbruch des ersten Weltkrieges wurden die Soldatenbriefe und somit die »Kantinenmarken« überflüssig, da Sendungen dieser Gewichtsklasse von und an Heeresangehörige nun als Feldpost liefen und gebührenfrei waren (man findet sie dennoch bis etwa 1916, weil manche Kantinenwirte ihre Restbestände losschlugen).

Soldatenmarken erschienen ebenfalls in Frankreich, z. T. mit dem Aufdruck »F.M.« (Franchise Militaire: Gebührenfreiheit für Soldaten), und auch in

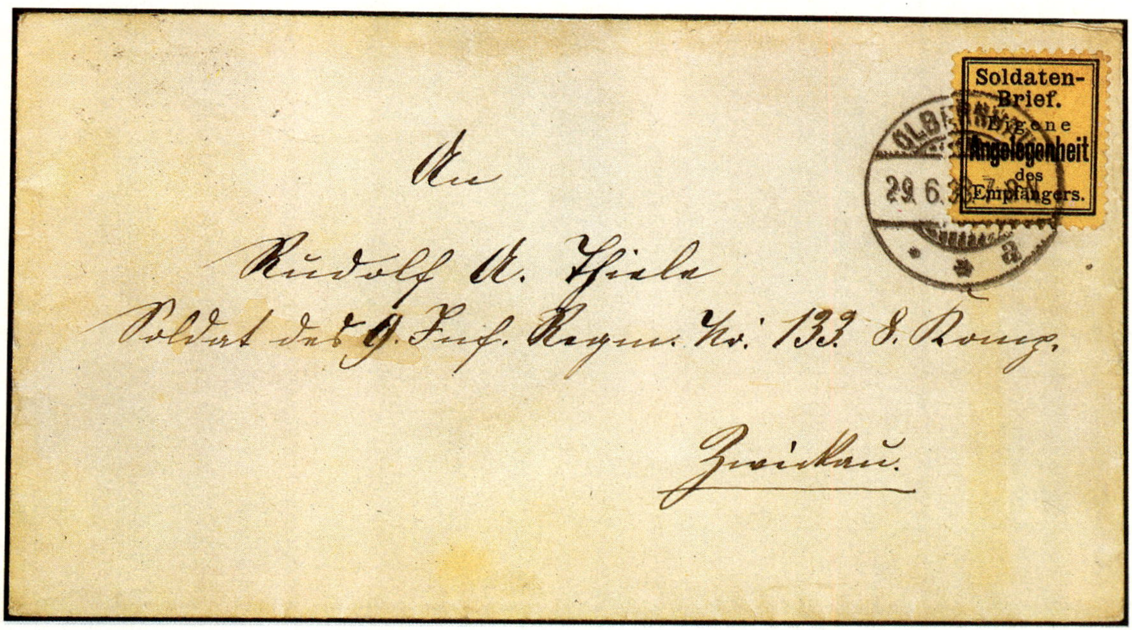

»Soldatenbrief – Eigene Angelegenheit des Empfängers« (Klebemarke). Somit war der Brief aus dem Jahre 1898 gebührenfrei.

Japan, Schweden und Ägypten. Alle sind – das ist ihr Unterschied zu Feldposten – in Friedenszeiten verwendet worden. Besonders gut gestaltete Soldatenmarken brachte die Schweiz heraus, und zwar während der beiden Weltkriege. Hierbei handelt es sich um Unterstützungsmarken, die von Truppenteilen herausgegeben und verkauft wurden und zur Unterstützung der Familien eingezogener Soldaten dienten. Aus der Zeit des zweiten Weltkrieges gibt es etwa 2000 verschiedene Arten; strenggenommen sind es Vignetten ohne Wertangabe, doch mit Hinweisen auf die entsprechenden Truppenteile.

DER DIPLOMATENBRIEF

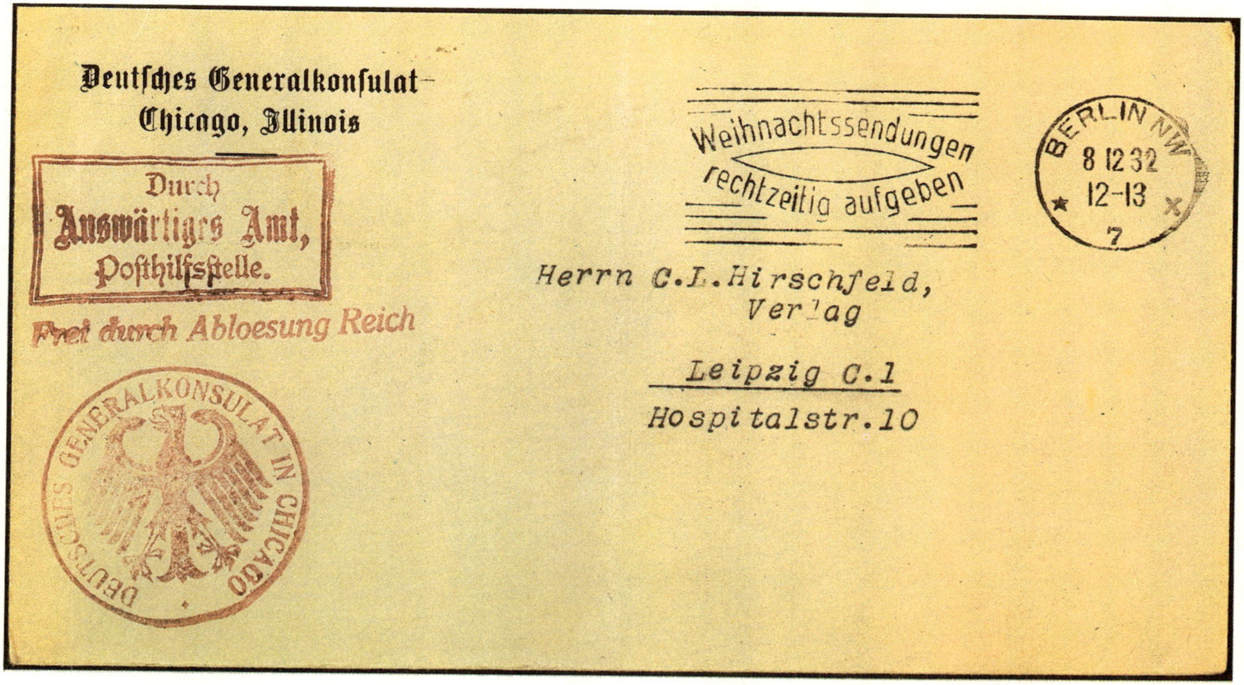

Der Brief des Deutschen Konsulats in Chicago (USA) ging per Diplomatenkurierpost zum Auswärtigen Amt in Berlin, erhielt dort einen Nebenstempel der Poststelle und bei der Reichspost den Stempel von Berlin NW (Stempelmaschine mit Werbeeinsatz). Die Gebühr wurde vom Auswärtigen Amt mit der Post pauschal verrechnet (»Frei durch Ablösung Reich«).

Schriftliche Mitteilungen von hohen, im diplomatischen Dienst stehenden Persönlichkeiten in Sachen Staatsangelegenheiten werden im allgemeinen durch diplomatische Kuriere befördert, die bekanntlich den Vorzug genießen, mit ihren Koffern ohne Zollkontrolle die Grenzen passieren zu dürfen. Was hier unter Diplomatenbriefen verstanden wird, sind Postsendungen, die von Botschaften, Gesandtschaften oder Konsulaten, auch offiziellen Handelsvertretungen oder Delegationen in fremden Ländern, an Privatleute gehen und über die Kurierpost in die heimatliche Hauptstadt und von da an mit der Landespost

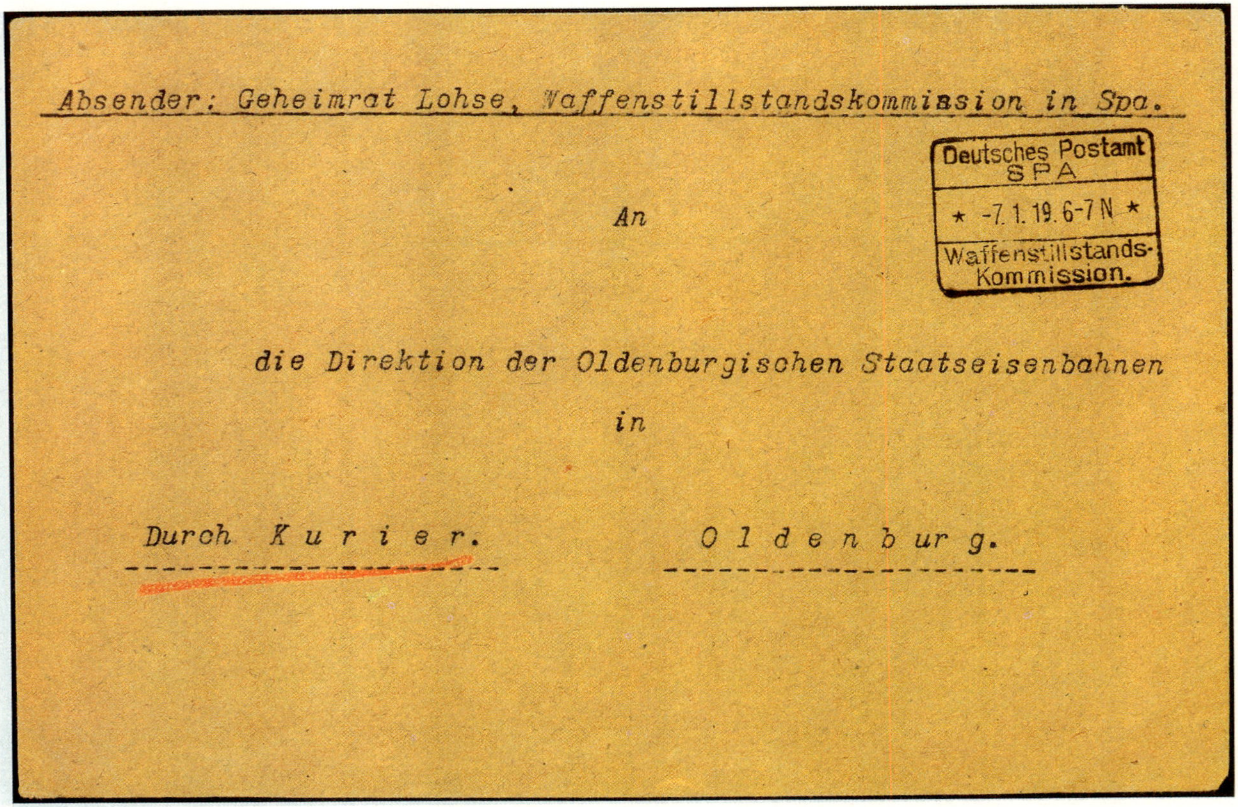

Als Kurierbrief gekennzeichneter Diplomatenbrief

ihren Weg nehmen. Liegen die Sendungen im Interesse des Staates, werden sie freigemacht, früher meist in Form der Portoablösung, z.B. mit dem Vermerk »Frei durch Ablösung Reich«. Der Portosatz entspricht dabei stets dem eines Inlandsbriefes. Hat jedoch der Empfänger diesen Brief ausgelöst, weil er ein Anliegen an die betreffende Auslandsvertretung hatte, erhält er die Antwort unfrei, z.B. als »Portopflichtige Dienstsache« (vgl. unser Bildbeispiel S. 70). Deutsche Diplomatenbriefe trugen früher neben der eingedruckten oder aufgeschriebenen Absenderangabe der ausländischen Dienststelle einen Stempel »Durch Auswärtiges Amt« (Außenministerium) mit dem Zusatz »Posthilfsstelle«.

DER GANZSACHENUMSCHLAG

Selbst unter gestandenen Philatelisten bemerkt man häufig Unsicherheiten bei den Begriffen »Ganzsache«, »Ganzbrief«, »Ganzstück« oder »Briefstück«. Dabei ist die Erklärung recht einfach:

– Eine *Ganzsache* ist ein vollständig erhaltener Briefumschlag (eine Postkarte, Paketkarte, Streifband usw.) mit *eingedruckter* Briefmarke (fachgerecht Wertstempel)

Ein postamtlich herausgegebener Ganzsachenumschlag aus dem altdeutschen Staat Hannover. Hier bestand die Vorschrift, den Wertstempel (links) nicht zu entwerten, sondern den Tagesstempel in die rechte Ecke zu setzen. Die Jahreszahl 1863 ist erst später aus dem Briefinhalt hinzugefügt worden.

– Ein *Ganzstück* dagegen trägt eine *aufgeklebte* Briefmarke oder ist ein markenloser Brief
– Ein *Ganzbrief* ist ein Ganzstück oder eine Ganzsache in Briefform
– Weiterhin gibt es als Briefteile z.B. *Briefvorderseiten* (mit Anschrift, Marke bzw. Wertstempel); als *Briefstück* bezeichnet man einen Teil der Briefvorderseite, nur wenig größer als die daraufklebende Marke. Wenn es dabei vor allem auf den Stempel ankommt, wird es als *Stempelausschnitt* klassifiziert (Wertstempelausschnitte von Ganzsachen sind als lose Einzelstücke verpönt und nicht sammelwürdig).

Nun zu den Sonderfällen: Eine Ganzsache, die außer dem eingedruckten Wertstempel noch aufgeklebte Marken trägt, weil der Nennwert des Wertstempels als Beförderungsgebühr nicht ausreicht, bezeichnet man als *Ganzsache mit Zusatzfrankatur.* Jedoch: Benutzt man einen aus einer Ganzsache ausgeschnittenen Wertstempel zum Frankieren eines Briefes (z.B. in Österreich, in der BRD – außer bei Standardbriefen – und in der DDR zugelassen), zählt der Brief zu den Ganzstücken.

Ganzsachen sind seit längerem bekannt: Der erste Briefumschlag, der Mulready-Umschlag, gehörte dazu, obgleich er keinen Wertstempel trug; der gesamte, etwas skurril bedruckte Umschlag galt als Wertzeichen. Und schon vor seiner Zeit hatte Briefpapier, versehen mit verschiedensten Wertkennzeichen, das bereits bezahlte Porto dokumentiert. Im alten China gab es Briefumschläge, bestimmt

– für inländische Korrespondenz zu 3 Sapeken rosa, weißes Papier
– für möglicherweise offizielle Korrespondenz ohne Wertstempel, dunkelroter Druck auf rotem Papier
– für inländische Korrespondenz zu 10 Sapeken, roter Druck auf grünem Papier (die Zeit der Verwendung ist leider nicht bekannt).

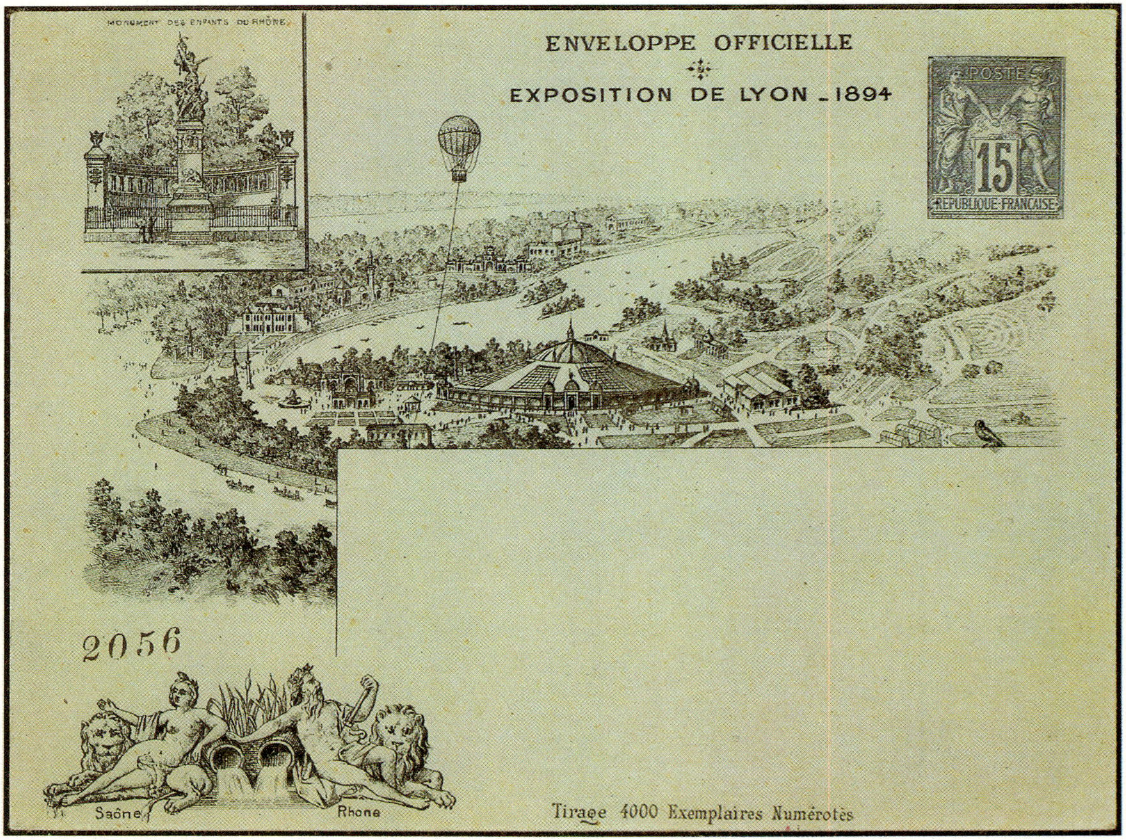

Eine private Ganzsache in – wie der Aufdruck ganz unten zeigt – einer Auflage von nur 4000 numerierten Exemplaren. Auch die bei Ausstellungen damals üblichen Fesselballonaufstiege sind in der gefälligen Zeichnung nicht vergessen worden.

Sardinien erließ 1818 eine Bestimmung, wonach man vor der Absendung eines Briefes das Briefpapier auf dem Postamt gegen Entrichtung einer Gebühr stempeln lassen mußte. Später erschien meist postalisch gestempeltes Papier, von dem man sich einen kleinen Vorrat zulegen konnte (die Stempel zeigen kleine Reiter zu Pferde, die Sardinischen Pferdchen – cavallini sarde). Wurden diese Briefbogen nicht per Boten, sondern mit der Post befördert, war noch das volle Porto zu entrichten, denn das gestempelte Papier enthielt keine Beförderungsgebühr.

Von den gestempelten Papieren gab es Ausgaben mit eingeprägten Symbolen und auch Wasserzeichen.

1823 schlug der Schwede Curry Gabriel Treffenberg, Leutnant a. D., die Einführung von Portostempelpapier vor, das in der Mitte des Bogens einen gedruckten und einen geprägten Wertstempel tragen sollte. Beim Falten des Bogens erschienen die Wertstempel außen. Einen Teil der Adresse und das Datum quer über die Wertstempel geschrieben, bedeutete Entwertung. Das Parlament lehnte ab. Auch ein Vorschlag des Londoner Zeitungsherausgebers Charles Knight aus dem Jahre 1834 verfiel diesem Schicksal, obwohl er den späteren Ganzsachen bereits sehr nahe kam: Für die Zeitungsbeförderung an die Abonnenten wollte er Umschläge benutzen, denen Wertstempel zu 1 Penny eingeprägt waren. Doch das Penny-Porto konnte sich erst sechs Jahre später durchsetzen – dank Rowland Hills, dessen Reformvorschläge schließlich anerkannt wurden. Im damals technisch und technologisch, ökonomisch und militärisch (Flotte) am weitesten fortgeschrittenen England bestand auch zuerst die gesellschaftliche Notwendigkeit, das Postwesen zu entwickeln (einheitliche Portosätze, rationellere technologische Verfahren, zu denen die Verwendung von aufklebbaren Postwertzeichen und Ganzsachen unbedingt zu zählen ist).

In der Folgezeit gab es weitere Ganzsachen als Briefumschläge und Faltbriefe, für die Rohrpost, für Geldanweisungen, Telegramme. Zu den amtlichen Ganzsachen der Post gesellten sich Ganzsachen der Privatbeförderungsanstalten.

In vielen Ländern bedruckt die staatliche Post gegen entsprechende Gebühr plus Druckkosten privat gelieferte Umschläge (auch Postkarten) mit dem amtlichen Wertstempel. Solche Ganzsachen nennt der Philatelist Privat- oder Kundenganzsachen. Werden diese noch mit einem Firmen- oder bildlichen Zudruck versehen (Schmuckumschlag), dann handelt es sich – philatelistisch gesehen – um eine Privatganzsache mit privatem Zudruck. Derartige Zudrucke können auch auf postamtlich herausgegebenen Ganzsachen (Umschlägen, Postkarten) angebracht werden (amtliche Ganzsachen mit privaten Zudrucken).

DER KARTENBRIEF

Ein schön gestalteter Expreß-Kartenbrief für Eilzustellung aus Guatemala

Sein Erfinder war Dr. Karl Kohn. Dabei steht es nicht einmal hundertprozentig fest, ob er es war oder sein Bruder Ludwig … Beide stammten aus Alt-Ofen, dem heutigen Buda(pest).

Der Kartenbrief war als Notbehelf gedacht: Befindet man sich auf Reisen und hat weder Briefpapier noch Briefumschlag zur Hand, so greift man zum Kartenbrief (wenn man einen mitführt): im Prinzip nichts anderem als einer großen, einmal gefalteten Postkarte mit Gummierung an den drei offenen Seiten, die zugeklebt das Innere mit den geschriebenen Mitteilungen vor fremden Augen verbirgt. Damit erhält der Kartenbrief für die Post den Charakter eines verschlossenen Briefes, und man muß für ihn Briefporto entrichten. Die gummierte Umrandung ist, einige Millimeter vom Rand entfernt, perforiert. Der Empfänger trennt einfach die schmalen Randstreifen ab, und schon kann er die Karte aufklappen und lesen. Dr. Karl Kohn – genannt Akin – beantragte am 25. Februar 1871 in England das Patent für seine Erfindung. In Österreich erhielt er es am 17. Januar 1872. Möglicherweise hat er sich dann noch bis 1893 mit seinem Brüderchen um die Priorität gestritten (wie es Ludwig in einem Brief behauptete, ehe er sich im April desselben Jahres das Leben nahm). Ein paar Wochen später knallte noch ein Schuß: Dr. Karl Akin hatte sich ebenfalls ins Jenseits befördert.

Den ersten Kartenbrief brachte Frankreich heraus, und zwar am 1. Mai 1879 als Rohrpostbrief. Am 15. Dezember 1882 emittierte die belgische Postverwaltung ihren ersten Kartenbrief, und andere Staaten schlossen sich diesen Beispielen bald an.

Bei der Umrandung mit Gummierung und Perforation gibt es die mannigfaltigsten Formen. Auch in postalisch-betrieblicher Hinsicht wurden viele Varianten erdacht, so z. B. Dienstkartenbriefe (Argentinien), Kartenbriefe für Eilzustellung (Guatemala) oder Telegrammkartenbriefe (Ungarn).

Allzulange hat sich indessen Kohns Erfindung nicht behaupten können. Vielleicht, weil beim Mitführen solcher Stücke in der Brusttasche eines Herrenanzugs oder in einer Damenhandtasche die perforierte Umrandung allzuleicht beschädigt wurde und schon vor Gebrauch des Kartenbriefes zumindest teilweise abriß. Da die Kartenbriefe einen eingedruckten Wertstempel, das vorausbezahlte Porto, trugen, wurden sie dabei wertlos, sofern man (falls das in dem betreffenden Land zulässig war) nicht den Wertstempel ausschneiden und als Briefmarke auf einer anderen Sendung benutzen konnte. Jedenfalls ging der Verbrauch dieser speziellen Ganzsachen immer mehr zurück, so daß ihr Vertrieb fast überall eingestellt wurde. Heute gibt es postalische Kartenbriefe nur noch in ganz wenigen Ländern, z. B. in Belgien.

DER REKLAMEBRIEF

Um die Jahrhundertwende erschienen in Deutschland, Frankreich und auch in anderen Ländern von kleinen Werbeagenturen herausgegebene Reklamebriefe, auch Anzeigenbriefe genannt. Verwendet wurden unter anderem amtlich von der Post verkaufte Briefumschläge mit eingedruckten Wertstempeln (Ganzsachen), ebenso Ganzsachen-Faltbriefe oder Kartenbriefe sowie eigens von der Post hergestellte Falt- und Kartenbriefe mit Wertstempeleindruck (als Privatganzsachen bezeichnet) in z. T. recht origineller Gestaltung. Die Werbeagenturen gewannen kleinere Unternehmen, diese Umschläge mit Werbeanzeigen bedrucken zu lassen und für die eigene Korrespondenz zu benutzen – eine damals recht beliebte Methode, wie die Vielzahl überlieferter Reklameumschläge beweist. Vorn, hinten und auf den gefalteten Einlegeblättern mit einer buntgemischten Anzeigenfülle bedruckt, waren an jedem Umschlag mindestens 20 Kleinfirmen beteiligt, was einigermaßen hohe Auflagen garantierte. Die Kosten trugen die Anzeigenaufgeber. Auch die Agentur verbuchte ihren Gewinn, obwohl sie die Umschläge z. T. billiger verkaufte, als der Wertstempeleindruck für das Porto ausmachte.

Mit dem Ausbruch des ersten Weltkrieges endete das Reklame-(brief-)Geschäft.

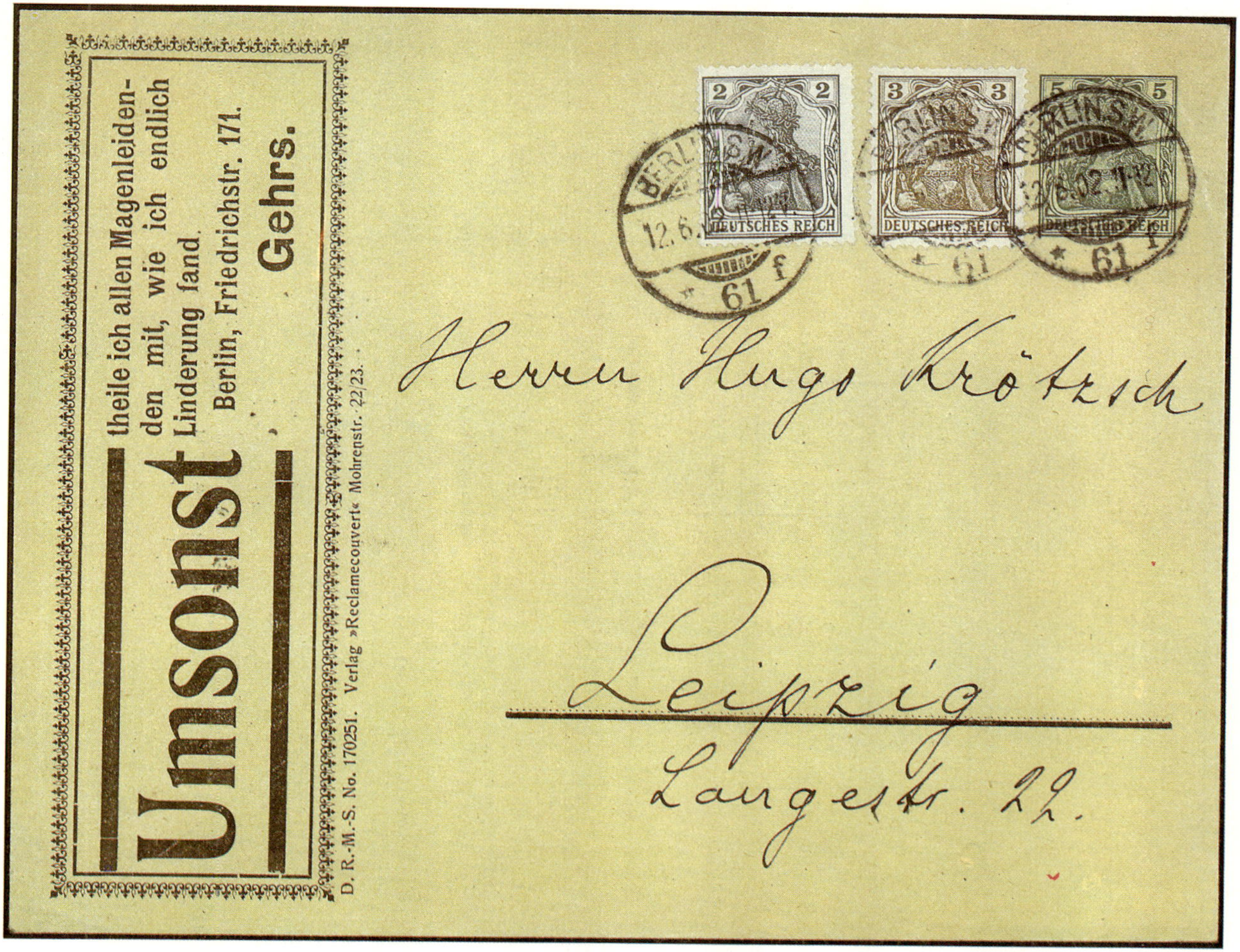

Bemerkenswerte Reklame auf der Vorderseite eines Ganzsachenumschlags

DER FALTBRIEF

Ein Blatt Papier einseitig beschrieben, zu einem Brief gefaltet, die Enden ineinandergesteckt, außen die Adresse – fertig ist der Faltbrief!

Früher waren alle Briefe Faltbriefe, so die Botenbriefe und viele Altbriefe. Die moderneren Faltbriefe sehen im Kartenbrief ihr Vorbild. Der einzige Unterschied: Sie werden aus dünnerem Papier gefertigt und besitzen wohl gummierte, doch keine perforierten Ränder. Ihr großer Vorteil: Man benötigt keinen Umschlag, ihr Nachteil: Nur eine Seite steht zur Verfügung. Das lose Einlegen von ein oder zwei beschriebenen Blättern ist erlaubt, doch mitunter wird dabei der zugeklebte Faltbrief zu voluminös und kann aufplatzen.

Mit dem Pinsel geschriebener Faltbrief mit eingedrucktem Wertstempel aus Japan.
Der dekorativen Wirkung dieses Stückes
kann sich auch ein Nicht-Philatelist nur schwer entziehen.

Schwedischer Rotkreuz-Faltbrief (Korsbrev),
dazu (unten rechts) eine Spendenmarke. Die Postwertzeichen sind aufgeklebt.

Vor allem in Kriegszeiten (erster und zweiter Weltkrieg) häufig als Feldpostbriefe verwendet, gibt es zahlreiche verschiedene Ausführungen mit diesem Aufdruck. Auch Adreß- und Absenderleisten findet man häufig. Luftpostleichtbriefe (Aerogramme) zählen ebenfalls zu den Faltbriefen. Viele Faltbriefe und Aerogramme tragen das Wertzeichen eingedruckt, sind also Ganzsachen.

DIE EISENBAHNDIENSTSACHE

Im internen Dienstbetrieb der Eisenbahnen gibt es eine Menge Schriftverkehr. Die Bahn könnte sich der Post bedienen und hätte Gebühren zu entrichten, was, gesamtstaatlich gesehen, unökonomisch wäre. Zwar besitzt die Post das alleinige Recht, Briefe usw. zu befördern (als Postregal, Postzwang oder Beförderungsvorbehalt bezeichnet), doch wurde der Bahn (Reichsbahn, Bundesbahn) zugebilligt, im eigenen Bereich verbleibende Sendungen selbst zu befördern. So wurde die Eisenbahndienstsache (EDS)

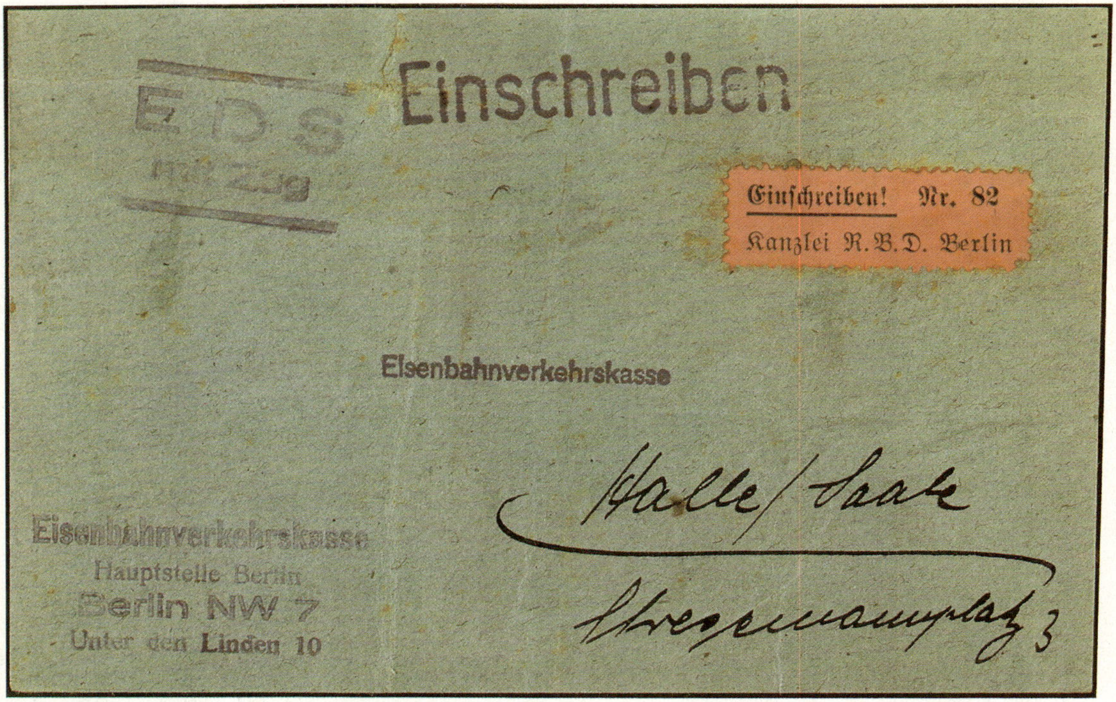

Eisenbahndienstsache als Einschreib-(Nachweis-)Sendung

geboren. Nun kann z. B. der Bahnhofsvorsteher von A. seine dienstliche Mitteilung an den Bahnhofsvorsteher von B. dem Zug- oder Lokomotivführer eines Zuges mitgeben, der beide Städte berührt. Außer den gewöhnlichen EDS-Sendungen werden auch EDS-Telegrammbriefe und -Telegrammkarten sowie EDS-Wert- und EDS-Nachweissendungen befördert (letztere entsprechen Einschreibsendungen der Post, sie tragen auch im EDS-Verkehr jene Bezeichnung).

Ein Sondersammelgebiet entstand: Eisenbahn-Dienstpost-Einschreibnummernzettel. Sie wurden in acht unterschiedlichen Grundformen verwendet vor dem 3. Juli 1919 (Weimarer Reichsverfassung) und vor Abschluß eines Staatsvertrages mit den bis dahin selbständigen acht deutschen Länderbahnverwaltungen in Baden, Bayern, Hessen, Mecklenburg-Schwerin, Oldenburg, Preußen, Sachsen und Württemberg. Erst mit dem Zusammenschluß zur »Reichseisenbahn« (1. April 1920) entstanden einheitliche Belege, wobei die vormals gültigen noch verbraucht wurden. Heutzutage benutzen die Deutsche Bundesbahn und die Deutsche Reichsbahn z. T. mehrere Typen.

Briefmarken gibt es bei EDS nicht, dagegen EDS-Berechtigungsmarken und EDS-Berechtigungsstreifen. Sie sind über die Verschlußklappe der Sendung zu kleben; die Umschläge können mehrmals verwendet werden. Zusätzlich sind die Verschlüsse mit einem dreieckigen Stempel zu sichern.

Am häufigsten werden Bildumschläge in der Sowjetunion verwendet, wo ganze amtliche Serien mit bunten Darstellungen auf der Briefvorderseite erscheinen. Dabei handelt es sich meist um Ganzsachen mit eingedrucktem Wertstempel. (Auch Kartenbriefe zeigen oft auf der Anschriftseite attraktive bildliche Zudrucke.) Die Bildumschläge sind daher mit den Schmuckumschlägen eng verwandt.

Die Bildumschläge aus der Sowjetunion sind in den thematischen Bereichen besonders vielfältig: Persönlichkeiten aus Politik, Kunst und Wissenschaft, Sportler, Flieger, Weltraumfahrer, Landschaften, berühmte Bauten u.v.a.

Die amerikanischen »patriotic covers« als besondere, von interessierten Sammlern sehr gesuchte Gattung sind mit Darstellungen aus der Zeit des Sezessionskrieges (1861–1865) geschmückt (Soldaten, Fahnen und Symbole in zahlreichen Variationen). Sie waren noch jahrzehntelang nach diesem Krieg in Gebrauch.

Landschaftsbild auf der Vorderseite eines Bildumschlages aus der Sowjetunion.
Die Rückseite zeigt vier verschiedene Landschaftsdarstellungen.

Ein »patriotic cover« der Vereinigten Staaten von Amerika aus dem Jahr 1862

Kuriose Anschrift:
An meinen Sohn Christof David Börmann, in Arbeit bei Tischlermeister Neiberten seiner Witwe, das Bohrdo muß Christof selber zahlen (und auf der Rückseite): Lieber Herr Postbode, lassen Sie den Brief nicht in Schustergeselle Greiflichen seine Hende kommen, weil er da nicht vor Erbrechen sicher ist

4

DIE KURZLEBIGEN

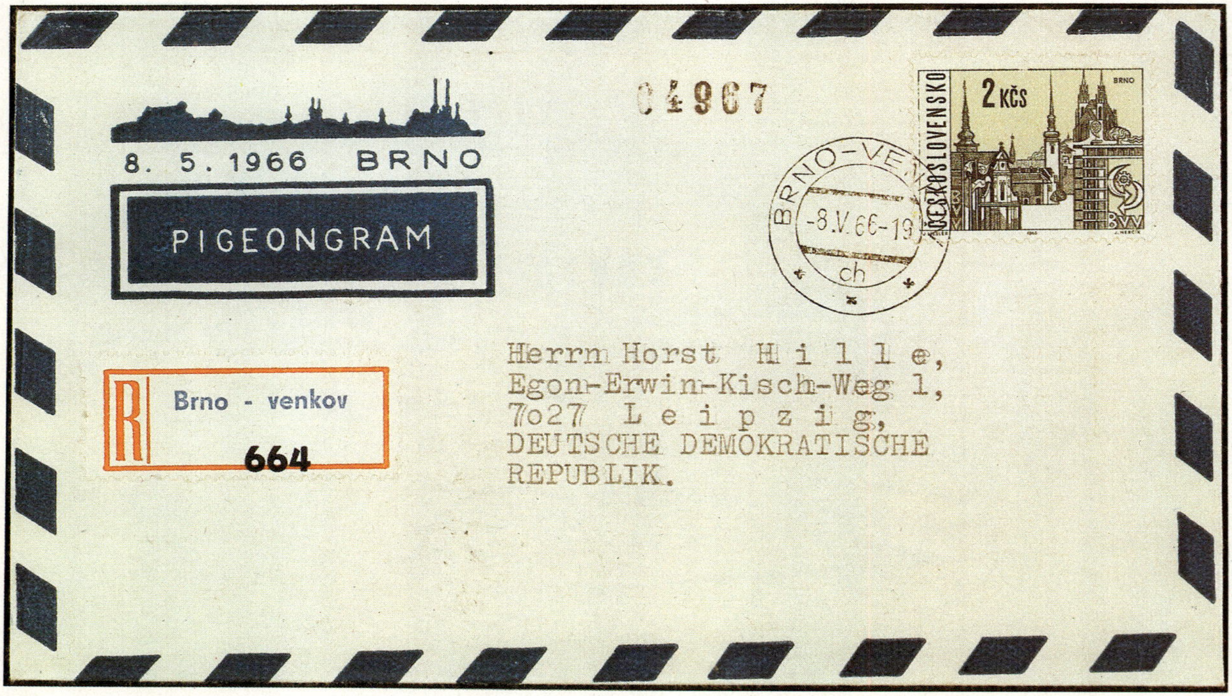

Taubenpostbrief mit dem Vermerk »Pigeongram«.
In diesem Umschlag wird das eigentliche »Taubentelegramm« zugestellt.

Die Taube – Symbol des Friedens – dient seit alters auch als Nachrichtenüberbringer. Die frappierende Eigenschaft der Brieftauben ist bekannt: Weit von ihren Schlag gebracht, kehren sie unter Nutzung ihres angeborenen Orientierungssinns zurück, auch über viele hundert Kilometer – ein Wunder, das der Mensch alsbald zu nutzen begann. Schon der weise König Salomo unterhielt Taubenpostverbindungen zu seinen Gouverneuren, um sein Reich zu leiten (und der Königin von Saba Liebesbriefe überbringen zu lassen). Tauben brachten im alten Griechenland die Namen der Olympiasieger in alle Landesteile. Als 1900 in Paris Olympische Spiele stattfanden, hatte die Sportbahn des Racing Club noch keinen Fernsprechanschluß. Dennoch konnten die Pariser Abendzeitungen bereits von Kämpfen und Siegen berichten, weil vom Sportplatz zur Redaktion eine Taubenpost bestand.

Die ausgedehnteste Taubenpost gab es im Deutsch-Französischen Krieg. Aus dem eingeschlossenen Paris wurden zahlreiche Ballons zur Briefbeförderung aufgelassen, und nicht wenige nahmen noch einige Brieftauben mit, um Nachrichten in die Stadt zurückbringen zu können, was auf anderen Wegen (Boten, Ballons, Schwimmkörper in der Seine) nicht gelang. Zuerst waren es winzige Zettelchen mit amtlichen Mitteilungen von Regierungsstellen, die per Taube in die belagerte Stadt zurückgelangten, dann konnte der Nachrichtenverkehr für die gesamte Bevölkerung auf diese Weise abgewickelt werden: Die Ballonpost beförderte Karten, die vier Fragen an ihre jeweiligen Empfänger enthielten – zu beantworten mit »Ja« oder »Nein« (die Reihenfolge war zu beachten). Für die Rücksendung nach Paris wurden diese Kurznachrichten gesammelt, gedruckt, fotografiert, derart verkleinert, daß bis zu 10000 (zehntausend!) »Rückmeldungen« auf eine Filmfolie paßten, und zuletzt der vom Ballon mitgebrachten Taube an den Flügel geheftet. In Paris projizierte man den Film an eine Wand, schrieb die Mitteilungen ab und stellte sie dem Empfänger per Eilboten zu.

Man ist heute geneigt, die Pariser Taubenpost mit dem Prädikat »genial« zu versehen. Sie wurde – was die beförderten Mengen und die Zeitdauer ihres Einsatzes betrifft – nie überboten, obwohl Taubenpostverbindungen zu militärischen Zwecken und im Sportbereich häufig eingesetzt wurden. Eine reguläre Taubenpost gab es z.B. einmal in Neuseeland (»Great Barrier Pigeongram Agency« 1898/99) oder im Krieg zwischen Japan und China 1932.

Auch die Philatelisten veranstalten zu Ausstellungen mitunter Taubenposten, so z.B. am 18. August 1962 in Prag, am 8. Mai 1966 und am 9. Mai 1968 in Brno (ČSSR).

DER PFLASTERBRIEF

Vorder- und Rückseite dieses Briefes sind in Form der Dachziegelfrankatur mit Marken vollgeklebt. Der winzige Stempel unter den beiden Marken rechts unten ist ein philatelistischer Prüfstempel, der den echten Inflationsbeleg bestätigt.

Wieviel Porto mußte man von 1916 bis 1923 in Deutschland für einen einfachen Fernbrief im Gewicht bis zu 20 g bezahlen?
Am 1. August 1916 noch 15 Pfennig
ab 1. Oktober 1919 schon 20 Pfennig
ab 6. Mai 1920 dann 40 Pfennig
ab 1. April 1921 60 Pfennig
ab 1. Januar 1922 2 Mark
ab 1. Juli 3 Mark
ab 1. Oktober 6 Mark
ab 15. November 12 Mark
ab 15. Dezember 25 Mark
ab 15. Januar 1923 50 Mark
ab 1. März 100 Mark
ab 1. Juli 300 Mark
ab 1. August 1000 Mark
ab 24. August 20000 Mark
ab 1. September 75000 Mark
ab 20. September 250000 Mark
ab 1. Oktober 2 Millionen Mark
ab 10. Oktober 5 Millionen Mark
ab 20. Oktober 10 Millionen Mark
ab 1. November 100 Millionen Mark
und nun sind die Zahlen utopisch:
ab 5. November 1 Milliarde Mark
ab 12. November 10 Milliarden Mark
ab 20. November 20 Milliarden Mark
ab 26. November 1923 80 Milliarden Mark
vom 1. bis 31. Dezember 1923 100 Milliarden Mark
ab 1. Dezember 1923 aber auch bereits 10 Rentenpfennig!

Binnen weniger Tage – zur Zeit der Hochinflation immer rascher – waren also die gerade gekauften Postwertzeichen derart im Wert gesunken, daß man sie massenweise auf einen Brief »draufpflastern« mußte. So entstand dieser Terminus für briefliche Zeugen aus jenen Tagen. Die Marken können sorgsam nebeneinander aufgeklebt sein, aber auch sogenannte Dachziegelfrankaturen (s. unser Bild) sind häufig angewandt worden, weil manche Markenmenge auf einem Umschlag gar nicht Platz gefunden hätte.

In der Zeit der Hochinflation erhielten Briefe mitunter noch »Fahnen« angeklebt (Fahnenbriefe, Riesenfrankaturen), feste Papierbogen in Umschlaggröße, die die zum Briefporto erforderlichen Marken vorder- und rückseitig tragen.

Auch in anderen Ländern hat es Inflationen gegeben, so z.B. in Österreich 1919 bis 1925, wo der Fernbrief am 1. August 1921 noch 4 Kronen kostete, am 21. August 1922 schon 100 Kronen, am 1. Dezember 1923 1000 Kronen. Die Gebührenerhöhung vom 1. Dezember 1924 auf 1500 Kronen blieb bis Ende Februar 1925 bestehen – die österreichische Inflation und mit ihr die Kronenwährung hatten ein Ende gefunden. Von da an galt die Schilling/Groschen-Währung im Verhältnis von 100 Kronen gleich 1 Groschen (Briefgebühr 15 Groschen).

DER NOVEMBERBRIEF

Der Ursprung der Novemberbriefe liegt nun schon über 60 Jahre zurück; es war die Zeit der deutschen Inflation, als sie ihren höchsten Stand erreicht hatte: im November 1923. Gegen Ende des Monats kostete ein gewöhnlicher Brief, z.B. von Fürth nach Hamburg, die »Kleinigkeit« von 80 Milliarden Mark Porto. Die Druckereien konnten mit dem enormen Verbrauch nicht mehr Schritt halten, und die Postämter waren mit dem Verkauf solch hoher Markenwerte überfordert; denn einerseits gab es in dieser Größenordnung kaum noch einen Markenzuschuß für die Schalter, andererseits beschäftigten sich die Druckereien bereits mit der unmittelbar bevorstehenden Herausgabe neuer Marken in Rentenpfennig-Währung – die Inflation sollte am 30. November ihr Ende finden. Da wurde kurzerhand bestimmt, daß während der letzten fünf Tage des Novembers 1923 alle Postwertzeichen den vierfachen Nennwert besitzen. Nominell wurde also nur ein Viertel der tatsächlichen Gebühr aufgeklebt, beim Kauf dieser Marken am Schalter war jedoch ihre vierfache Summe zu bezahlen. Briefe aus diesen letzten fünf Tagen (26.–30. November 1923) mit Viertelfrankaturen sind nun die sogenannten Novemberbriefe. Anstelle von Marken kommen auch vielziffrige Postfreistempel in dieser Relation vor.

Vier 10-Milliarden-Marken kleben auf diesem am 29. November 1923 aufgelieferten Brief – das ist ein Viertel des amtlichen Portosatzes, der während dieser Tage 160 Milliarden für einen Einschreibbrief betrug.

DER DEZEMBERBRIEF

Auch er ist – wie der Novemberbrief – (fast) auf einen Monat, diesmal den Dezember 1923, beschränkt, doch gelten hier wieder andere Kriterien, um ihn als Dezemberbrief im philatelistischen Sinne anzuerkennen: Mit Ende der Inflation erschienen am 1. Dezember neue Postwertzeichen in Rentenpfennig-Währung, aber die bisher gültigen Marken in Milliardenhöhe konnten noch bis Ende Dezember 1923 verwendet werden (dabei galt der Umrechnungssatz von 1 Rentenpfennig gleich 10 Milliarden Mark). Diese

Milliardenbriefe sind die Dezemberbriefe. Nun kommen – und das sind besondere Sammel-Delikatessen – auch gemischte Frankaturen vor, wenn alte und neue Marken wertgerecht gekoppelt wurden. Eine weitere Besonderheit: Mitunter wurden selbst im Januar 1924 und später Briefe von ihren Absendern mit den Milliardenwerten freigemacht. Die nette Post hat auch diese Sendungen meist anstandslos befördert, und der Philatelist reiht diese wenigen Stücke noch unter dem Terminus »Dezemberbrief« ein – mit dem Hinweis auf die ganz besondere Seltenheit solcher Exemplare.

Noch eine Statistik: 70 % aller Dezemberbriefe stammen aus den Tagen bis zum 8. Dezember 1923, weitere 24 % aus der Zeit bis zum 31. Dezember, und nur 6 % machen die zuletzt erwähnten »Überhangbriefe« aus. Eine kleine Expertengruppe aus der großen Gilde der Philatelisten hat's errechnet.

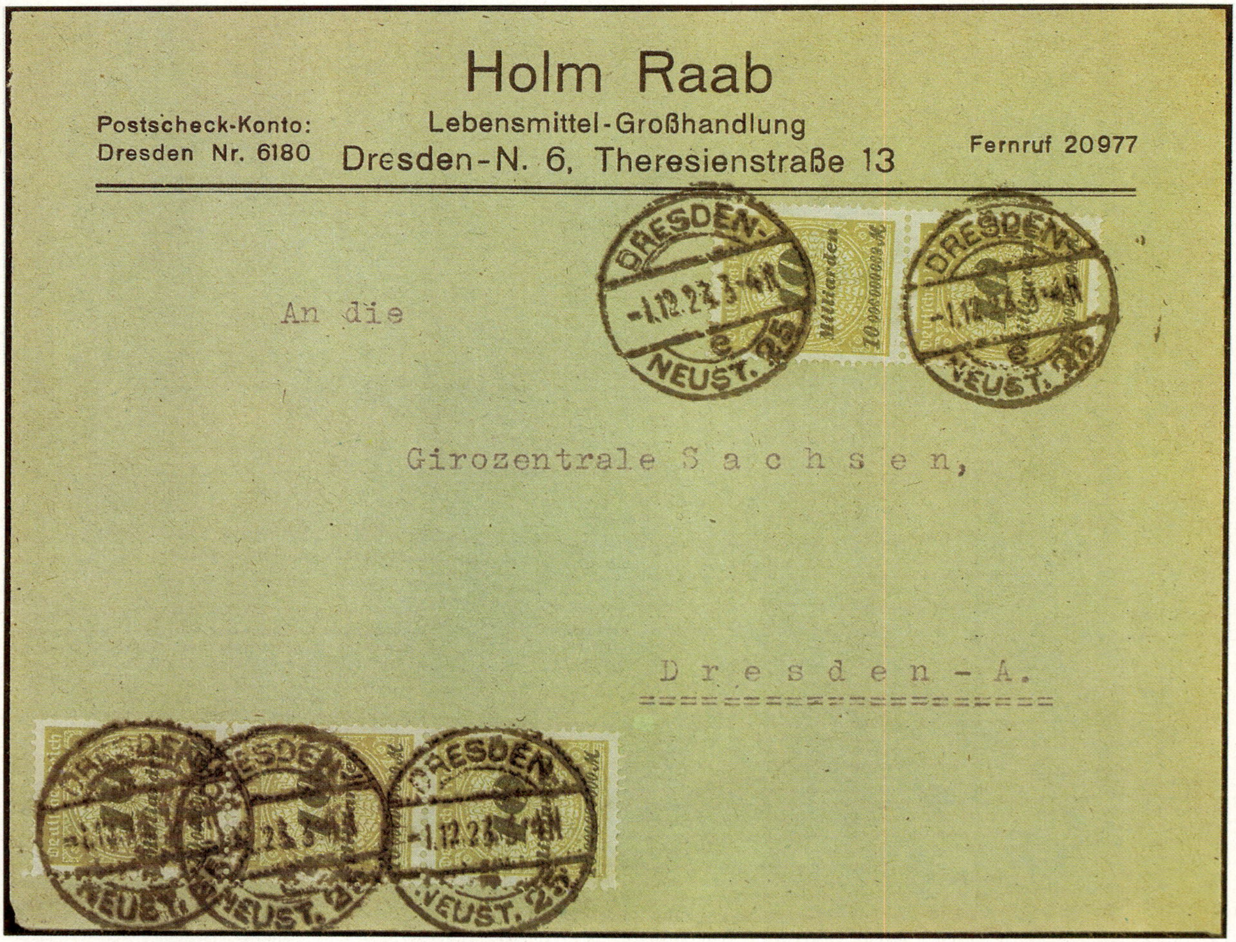

Die alten Marken hatten im Dezember 1923 noch Gültigkeit. Dieser Ortsbrief innerhalb von Dresden erforderte eine Gebühr von 5 Rentenpfennig oder 50 Milliarden alte Mark.

Der Nebenstempel »Behördenpost« kennzeichnet diesen Brief aus dem Jahre 1953 als eine bevorzugt zu befördernde Postsendung, ohne daß es eine Eilsendung war.

Zunächst einmal lassen sich alle Briefsendungen, die von irgendeiner Behörde ausgehen, als Behördenbriefe klassifizieren. Hier soll jedoch von einer besonderen Gattung die Rede sein, die es vom 1. November 1948 bis zum 14. März 1950 in der damaligen Sowjetischen Besatzungszone Deutschlands bzw. der DDR gab. Vom genannten Tag an konnten Behörden, Parteien und Massenorganisationen ihre dienstliche Post auf dem Umschlag mit der Zusatzbezeichnung »Behördenpost« kennzeichnen. Die mit der Postverwaltung abgesproche Maßnahme sollte eine raschere Beförderung (ohne höhere Gebühren) bewirken, denn es gab durch die Nachwirkungen des zweiten Weltkrieges große Schwierigkeiten bei der Bewältigung des Postverkehrs. Als Behördenpost liefen ab 1. April 1949 gleichfalls Sendungen mit dem Vermerk »Saat« oder »Ernte«, und ab 1. August desselben Jahres durften auch Rechtsanwälte oder Sachverständige ihren Behördenpostvermerk auf Briefen anbringen. Die Banken und Sparkassen haben ab 1. Oktober den Zusatz »Zahlungsverkehr« benutzt (als Stempel oder Klebezettel). Am 15. März 1950 wurde der Begriff »Behördenpost« durch »Geschäftspost« ersetzt, bis all dies mit der Konsolidierung der postalischen Verhältnisse allmählich wieder entbehrlich wurde.

DER PRIVATPOSTBRIEF

Die »Lipsia« war die wohl bedeutendste Privatbeförderungsanstalt Leipzigs. Dieser Brief trägt eine Jubiläumsmarke mit dem Bildnis König Alberts von Sachsen (1828–1907) zu dessen Regierungsjubiläum 1893.

Diese Überschrift hätte in den neunziger Jahren des vorigen Jahrhunderts sofort den energischen Widerspruch der Postverwaltung hervorgerufen: Den Begriff »Post« darf ausschließlich die staatliche Post führen! Wenn in diesen Jahren dennoch Privatleute Briefe und Pakete, Postkarten oder Geldanweisungen gegen Entgelt transportieren konnten, so ist dies auf eine echte Lücke im damaligen Postgesetz zurückzuführen. Das »Gesetz über das Postwesen des Deutschen Reiches« vom 28. Oktober 1871 sah nämlich keinen Postzwang – also die unbedingte Nutzung der staatlichen Post – für den Briefverkehr *innerhalb* der Städte vor; Postzwang gab es nur im zwischenstädtischen Verkehr.

Ausgehend von dieser Nicht-Vorschrift entstanden nach 1890 Privatpostanstalten – pardon: nicht – post –, sondern -beförderungsanstalten, Verkehrsanstalten, Botendienste usw. In Einzelfällen bereits seit 1861 bekannt, hatte sich in fast allen größeren deutschen Städten – auch in anderen Ländern – diese Branche etabliert; z. T. existiert sie noch heute, z. B. in den Niederlanden und in den USA. Man kannte seriöse, jedoch auch recht »windige« Unternehmen. Manche Städte verfügten zeitweilig über mehrere, sich heftig bekämpfende Anstalten. Viele gingen nach kurzer Zeit wieder ein, oder ihre Gründer machten sich die Einnahmen aus rasch gedruckten Gebührenmarken (»Privatpostwertzeichen«) zunutze, um nach Verkauf einer größeren Anzahl ohne wesentliche Gegenleistungen wieder zu verschwinden. Doch manche Unternehmen arbeiteten über viele Jahre hinweg zuverlässig und prompt und dabei viel billiger als die Reichspost. Sie besaßen eigene Wertzeichen, eigene Ganzsachen, eigene Briefkästen, eigene Uniformen für ihr Zustellpersonal und konnten mit Zusatzleistungen auf dem Gebiet des Geldverkehrs und bei Einschreibsendungen aufwarten. Ihre Einschreibnummernzettel trugen kein »R« (oder »C«), sondern eigene Kürzel (bei der privaten Anstalt »Hansa« in Dresden z. B. ein »H«).

Da der zwischenstädtische Verkehr für verschlossene Sendungen verboten war, verfielen manche auf einen Trick. Sie sammelten diese Briefe dennoch ein und übergaben sie, als Paket verpackt, der staatlichen Post (!) zur Beförderung in den fernen Ort. War das Paket dort eingetroffen, wurden die Briefe von der Filiale dem Empfänger zugestellt. Die Reaktion der staatlichen Post ist leicht zu erraten ...

Die Privatbeförderungsanstalten erwiesen sich jedoch als wirksame ökonomische Hebel – richtiger: Brechstangen – gegen die staatlichen Postgebühren. Da hatten sie es leicht, mußten sie doch das aufwendige und teure Geschäft der Postbeförderung auf dem Lande nicht mitfinanzieren. Die Bilanz war wohl der Grund, daß sie am 1. März 1900 aufgelöst wurden – auch den lukrativeren Teil der Postdienste wollte sich die Reichspost nicht nehmen lassen. Zumal sich mit der Bevölkerungsexplosion während der Gründerjahre der innerstädtische Postverkehr gewaltig ausgedehnt hatte.

Ein Verdienst kommt den Privatanstalten dennoch zu: Sie kreierten die Motivmarken. Während die staatlichen Posten bis zur Jahrhundertwende kaum Bildermarken emittierten – fast nur Ziffern-, Wappen-, Allegorie- oder Herrscherkopf-Motive (»Kaiserschädel«) – fand man bei den Privaten Städtebilder, Landschaften, berühmte Persönlichkeiten und viele andere Motive, ein Grund, daß diese Marken bei den Sammlern anfangs (bis es dann zu viele wurden) reißenden Absatz fanden. Einige Anstalten emittierten sogar Marken mit den Porträts ihrer Chefs!

In jüngster Zeit finden Privatpostwertzeichen und -ganzsachen besonders in thematischen Heimatsammlungen wieder Anklang.

DER ANSICHTS-KARTENBRIEF

... eine interessante Sache, die einem da zur Germaniamarkenzeit ins Haus flattern konnte: Von außen gesehen, ein Kartenbrief, im Inneren nicht nur mit einem Raum für Mitteilungen versehen, sondern auch mit einer Vielzahl von Anzeigen – Warenanpreisungen damaliger Firmen – und Ansichten, hier Bildern der Stadt Leipzig, geschmückt. Zu beachten ist der kleine, den tatsächlichen Gegebenheiten entsprechende Unterschied: Es ist *kein* Ansichtskarten-Brief, sondern ein Ansichts-Kartenbrief! Bei den Bildern handelt es sich nicht um Ansichtskarten, die man heraustrennen und versenden konnte, sondern

»nur« um Illustrationen (sie besitzen erstens nicht das Kartenformat und zeigen zweitens auf ihren Rückseiten die schon erwähnte Reklame. Trotz der Skurrilität blieben nur wenige Stücke erhalten.

Philatelistisch gesehen, handelt es sich bei dem Kartenbrief um eine Ganzsache, denn der 5-Pfennig-Wertstempel mit der blechpanzerbewehrten Germania ist eingedruckt. Ganz exakt, ist es eine Privatganzsache, weil die Zusammenstellung nicht von der Post herausgegeben wurde; sie hat nur das Wertzeichen gegen entsprechende Gebühr eingedruckt. Danach wurde der Anzeigen-Abbildungen-Brief-Teil Stück für Stück eingeklebt. Wir schließen auf Handarbeit, weil eine Maschine das Einkleben sicher etwas geradliniger besorgt hätte, wohl aber zu teuer war.

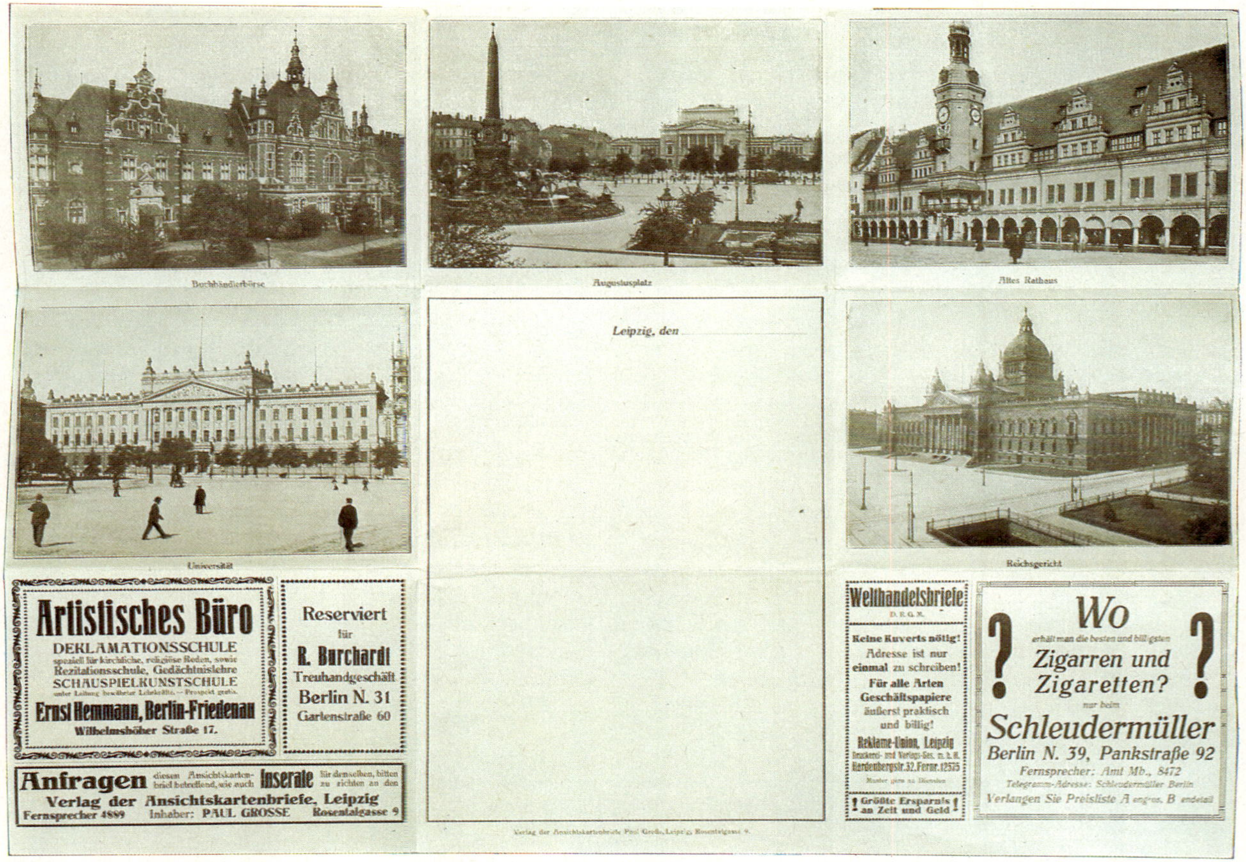

Der »Briefbogen« unseres Ansichts-Kartenbriefes

Rechte Seite:
Von der Reklame-Union G.m.b.H. Leipzig gedruckter und vom Verlag Paul Große, Leipzig, herausgegebener Ansichts-Kartenbrief

Neues Rathaus
Ansichts-
Kartenbrief
5 5
DEUTSCHES REICH

DER NEUJAHRSBRIEF

Französischer Neujahrsbrief.
Zum Entwerten der Marke wurde ein Wertbrief-Nummernstempel verwendet.

Auch dieser Begriff hat in der Philatelie seine eigene Bedeutung. Begleiten Sie uns bitte nach Paris in die letzten zwei Jahrzehnte vor der Jahrhundertwende. Wenn der Jahreswechsel herankam, versandten die Leute Unmengen von Neujahrsglückwünschen, zumeist in Form kleiner Briefchen im Damenformat (Drucksachenporto 5 Centimes). Und die armen Postler sahen sich in den Stunden um die Silvesternacht einer unermeßlichen Flut von Postsendungen gegenüber. Alles verfügbare Personal bis in die mittlere Beamtenschaft hinein wurde zum Stempeldienst herangezogen. Da nun die Tagesstempel oft nicht für alle Arbeitskräfte ausreichten, nutzte man allerlei andere und zum großen Teil schon längst außer Dienst genommene Exemplare. Briefe mit diesen »Aushilfsstempeln« bezeichnet der Philatelist als Neujahrsbriefe. Obwohl sie kein Datum tragen, lassen sie sich eindeutig definieren, weil die meisten Marken zur Kurszeit der benutzten Stempel noch gar nicht erschienen waren (mit anderen Worten: Die Verwendungszeit der Stempel lag vor dem Erscheinen der Marken). Es begegnen uns Nummernstempel für Wertbriefe (s. Bild), Rautenpunktstempel aus der »klassischen« Zeit der ersten Markenjahre mit vierstelligen Ziffern (1876 außer Betrieb genommen), alte Bahnpoststempel (z. B. »PE«: Paris – Erquelines) oder auch Rautenpunktstempel mit einem kleinen Anker (früher Schiffspoststempel).

DER PATENTBRIEF

Gemeint ist keine Patentschrift im Sinne einer Urkunde, sondern wiederum »nur« eine Briefumhüllung, allerdings eine ganz ungewöhnliche. Ihr »genialer« Erfinder verwendete sogar den Begriff Ketten-Umschlag (was beinahe verwerflich ist, denn sogenannte Kettenbriefe sind – weil Betrug – überall verboten, auch wenn sie mitunter als »internationales Studentenspiel« o.ä. bezeichnet werden; nicht ohne Grund hat sie der Weltpostverein vom Postverkehr ausgeschlossen).

Unser Beispiel hingegen wurde als Briefhülle zur Mehrfachverwendung erdacht. Den einzulegenden Briefbogen sollte man so beschreiben, daß die Anschrift in den Umschlagausschnitt links gelangt – ein Prinzip, das von den Fensterbriefumschlägen bekannt ist. Auch für die Absenderangabe auf der Rückseite befand sich ein kleinerer Ausschnitt in der Umhüllung. Als ganz besonderer Clou sollte eine (im Bild etwas herausgeklappte) Lasche in einen Schlitz gesteckt und dieser mit der Marke verschlossen werden. Beim Öffnen der Lasche wurde die Marke natürlich zerstört, und der Poststempel war nach häufigerem Gebrauch kaum mehr zu lesen. Eine tolle Erfindung; sie war sogar als Patent angemeldet worden.

Eine andere, ebenfalls der Papierersparnis verpflichtete Idee nannte sich »Pfiffikus«. Für sie gab's einen Gebrauchsmusterschutz. Ein Blatt Papier, so breit etwa wie ein Briefumschlag, mit Kleberändern oben und unten versehen, wurde auf der Rückseite eines bereits benutzten Umschlages am oberen Rand befestigt, nach vorn geklappt, unten angeklebt, so daß die vorherige Beschriftung überdeckt war.

Beide Geistesblitze konnten allerdings kein Feuer der Begeisterung entfachen, und gäbe es nicht die Sammler, wären sie längst vergessen.

Die rechts herausgebogene Lasche bei diesem Patentbrief soll in den gestrichelten Schlitz geschoben und dann mit einer Marke festgeklebt werden.

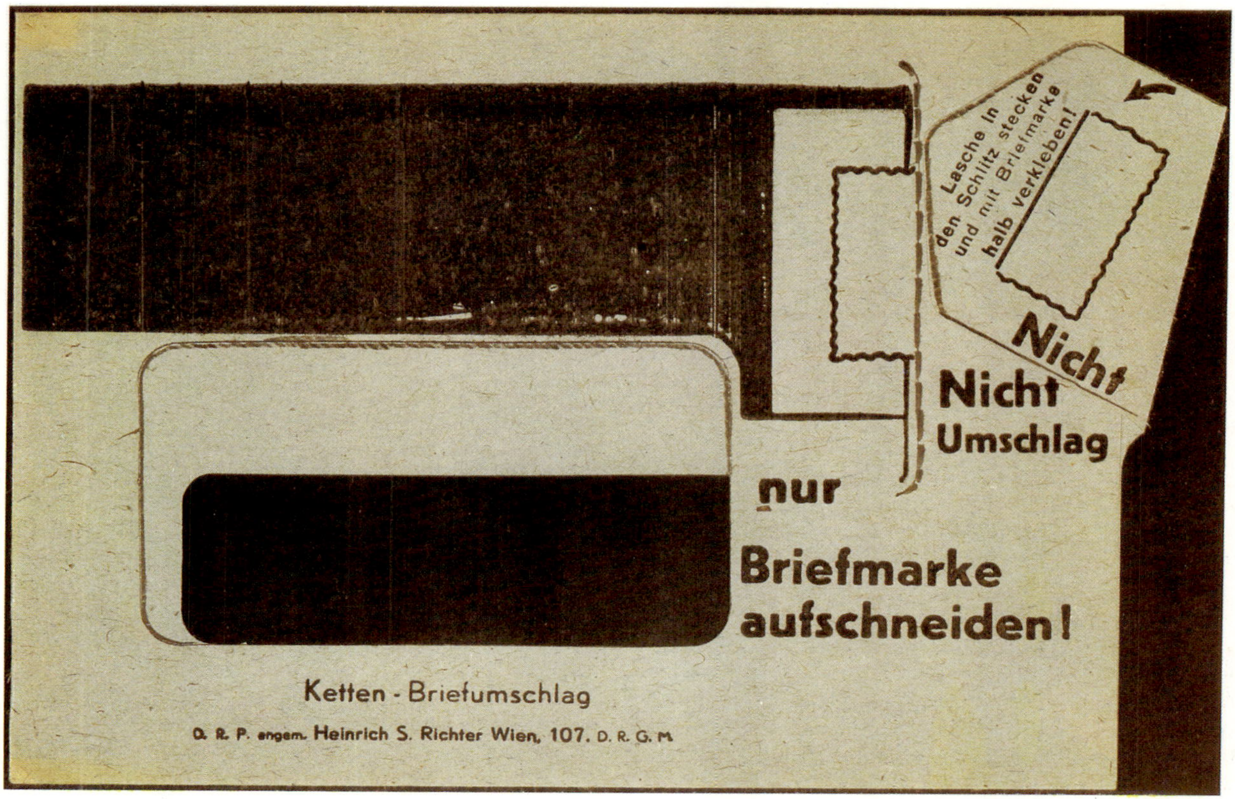

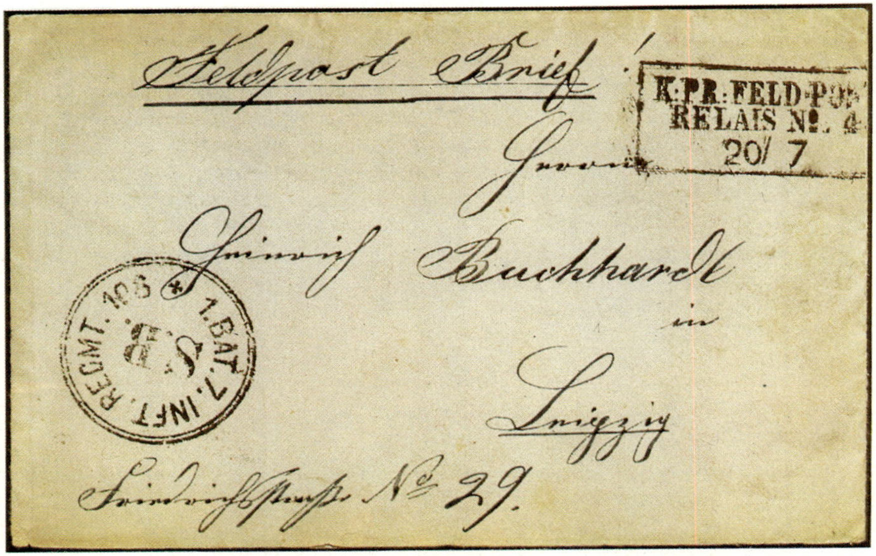

Feldpostbrief aus dem Deutsch-Französischen Krieg (»S.B.«, im Stempel links, bedeutet Soldatenbrief). Oben rechts ein Rechteckstempel des Königlich Preußischen Feldpostrelais (Poststation) Nr. 4 vom 20. 7. (1870), laut Briefinhalt abgesandt in Longwy

Feldpost – ein Zeugnis des Krieges, ein Dienst mit zwei Gesichtern. Feldpost befördert Informationen zwischen militärischen Stäben, ist Kommunikationsbasis für die Führung militärischer Operationen, über deren Inhalt der Charakter der kriegführenden Parteien entscheidet. Feldpost – das sind auch Lebenszeichen der Soldaten, Fäden zwischen Eltern und Sohn, zwischen Frau und Mann, zwischen Freunden. Was gäben die friedliebenden Menschen dafür, wenn Feldpost eine historische, niemals wiederkehrende Kategorie bliebe!

Feldpostsendungen werden gewöhnlich gebührenfrei befördert. Zur Kennzeichnung dienen Truppenstempel oder Feldpostanschriften (Feldpostnummer bzw. früher Truppenteilangaben). Feldpostämter führen entsprechende Datumsstempel, die noch bis 1917 anstelle eines Ortsnamens oft den Truppenteil, das Armeekorps und andere Angaben zusammen mit dem Begriff Feldpost oder Feldpostexpedition (Feldpostamt) enthielten. Dann fielen diese leicht deutbaren Bezeichnungen aus Geheimhaltungsgründen weg, und man benutzte ausschließlich Nummernangaben. Rein organisatorisch gesehen, sind gut funktionierende Feldposten eine Meisterleistung – man bedenke, wie oft und schnell Truppenverbände ihre Aufenthaltsorte wechseln. Außer Briefen und Karten befördert die Feldpost auch Pakete und nimmt den Geldverkehr wahr. Der Transport geschieht mit der Eisenbahn oder mit Kraftfahrzeugen, mit Flugzeugen, auch Helikoptern, oder notfalls mit Schlitten oder Pferdekurieren – je nach dem militärischen oder topographischen Stand der Dinge, je nach Menge und Art der Gegenstände. Feldpostämter arbeiten in festen Häusern oder in Zelten, in primitiven Höhlen oder gar auf freiem Feld. Ihre Beschäftigten sind dabei oft den gleichen körperlichen Strapazen ausgesetzt wie die Soldaten der kämpfenden Truppe.

Ein relativ kleiner Prozentsatz von Feldpostbriefen

wird allerdings auch in Friedenszeiten entstehen, und zwar die Manöverpost und die Feldpost der UN-Truppen, die an verschiedenen Brennpunkten der Erde eingesetzt sind.
Folgende Abkürzungen wurden bislang verwendet:
UNOC (United Nations Force in the Congo – Kongo)
UNFICYP (United Nations Peace-keeping Force in Cyprus – Zypern)
UNTSO (United Nations Truce Supervision Organisation, Suezkanal – Ägypten)
UNEF (United Nations Emergency Force – Sinai)
UNDOF (United Nations Disengagement Observer Force – Syrien)
UNAB (United Nations Austrian Battalion [bei UNFICYP] – Zypern)
UMC (UNFICYP Medial Centre – Zypern)
AUSBATT (Austrian Battalion [bei UNDOF] – Syrien)

Zum Teil gelten UN-Soldaten als besoldete Kräfte (Beamte), sie müssen ihre Postsendungen freimachen; andere genießen Gebührenfreiheit nur für den Postverkehr mit dem Heimatland. Die Bestimmungen sind unterschiedlich.

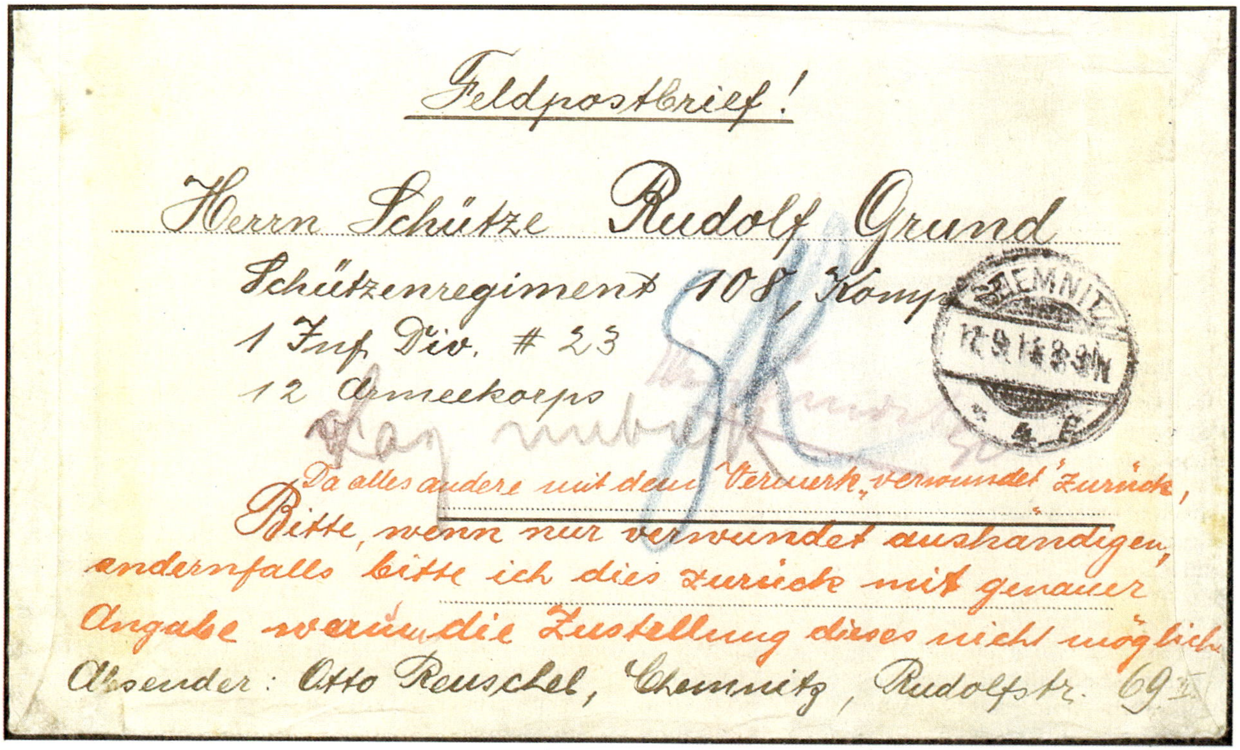

Millionen von Feldpostsendungen sollten ihren Empfänger nicht erreichen.
Mit dem Vermerk »Gefallen« kamen sie an den Absender zurück.
Wie die handschriftlichen Vermerke ausweisen,
konnte auch dieser Feldpostbrief aus dem ersten Weltkrieg
seinem Empfänger nicht mehr zugestellt werden.

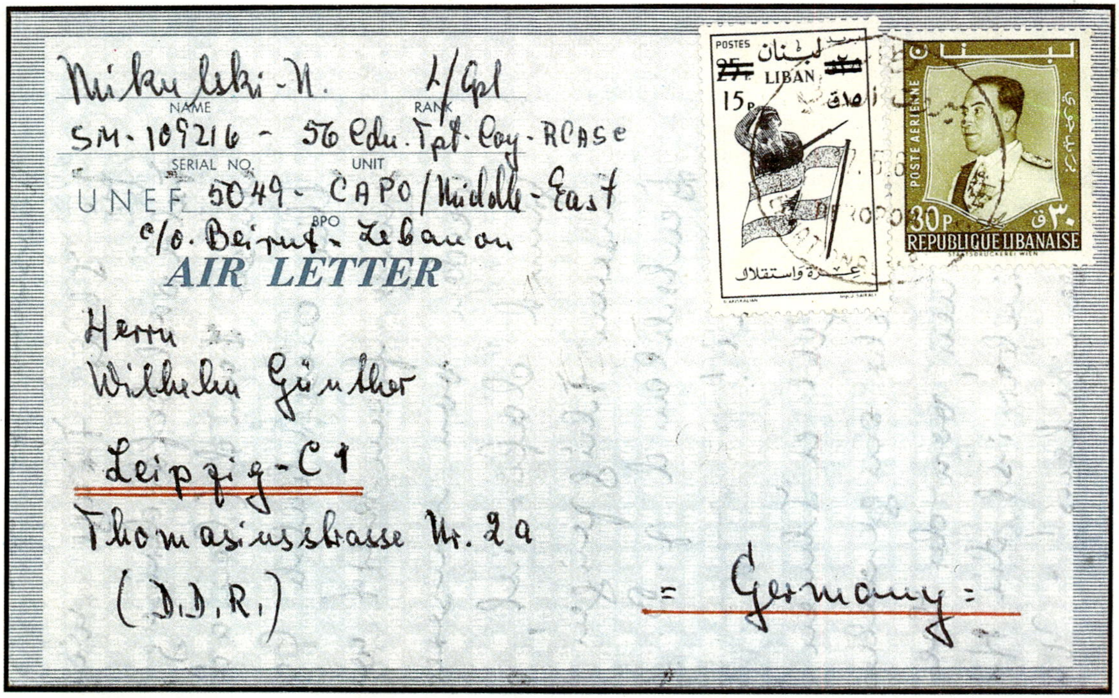

Feldpostbrief aus einem kanadischen UN-Truppenteil im Libanon (Mai 1960). Die Gebührenfreiheit entfiel, da der Brief nicht in die Heimat des Absenders ging.

DER ZENSURBRIEF

Schon Cicero und Plautus berichten, daß die Herrscher des Römischen Reiches durch ihre Polizeiorgane ergründen ließen, was gewisse Leute miteinander zu korrespondieren hatten. Die erste recht konkrete Angabe über das Zensurieren von Postsendungen stammt aus dem Frankreich des 16. Jahrhunderts, wo seit Heinrich IV. (1553–1610) ein »Schwarzes Kabinett« (Cabinet noir) bestand. Später sah sich Napoleon I. (1769–1821) gezwungen, die Korrespondenz seiner »getreuen Generale« und vieler Untertanen heimlich öffnen und nach »Auswertung« des Briefinhalts säuberlich wieder verschließen zu lassen.

Doch der Kenner bemerkt's. Und daher verschmäht es die neuere Briefzensur, so zu tun, als sei nichts gewesen: Zensurierte Post wurde mit Verschlußstreifen und/oder entsprechenden Stempeln gekennzeichnet. Man kann diese Kennzeichnungen in drei Perioden einteilen: alte Zensur (bis zum Ende des 19. Jahrhunderts), spätere Zensur (bis 1913), neuere Zensur (seit 1914). Zu den erstgenannten Belegen gehören z.B. Stempel aus Nordamerika, wie »Examined Sep 1814 Marshall's Office Massachusetts« oder »Königl. Preuss. Armee-Polizei« (in Hamburg 1815 verwendet). Die zweite Etappe wurde von den Briten im sogenannten Burenkrieg (1899–1902) eröffnet. Und die dritte, bei weitem ausgedehnteste Gruppe begann mit den Zensurstempeln des ersten Weltkrieges, die ein neues, eigenständiges Sammelgebiet eröffneten.

Die Zensurstempel begegnen uns in einer ungewöhnlich großen Vielfalt. Durch ihre Formen und andere Merkmale waren findige Philatelisten in der

Lage, die Standorte der im Krieg geheimgehaltenen Zensurstellen zu ermitteln und entsprechende Verzeichnisse (Stempelkataloge) herauszubringen. Anstelle der Stempel wurden auch Klebezettel verwendet, nicht zu verwechseln mit den Zensurklebestreifen, die vor allem zum Verschließen der geöffneten Briefschaften dienten.

Nach dem ersten Weltkrieg wurden in Deutschland Zensurstreifen bei der Devisenkontrolle benutzt. Damit sollte das Herausschmuggeln wertvoller Gelder aus Deutschland verhindert werden. Der Erfolg war gleich Null. Wer wirklich namhafte Beträge verschieben wollte, bedurfte wohl nicht des Briefverkehrs …

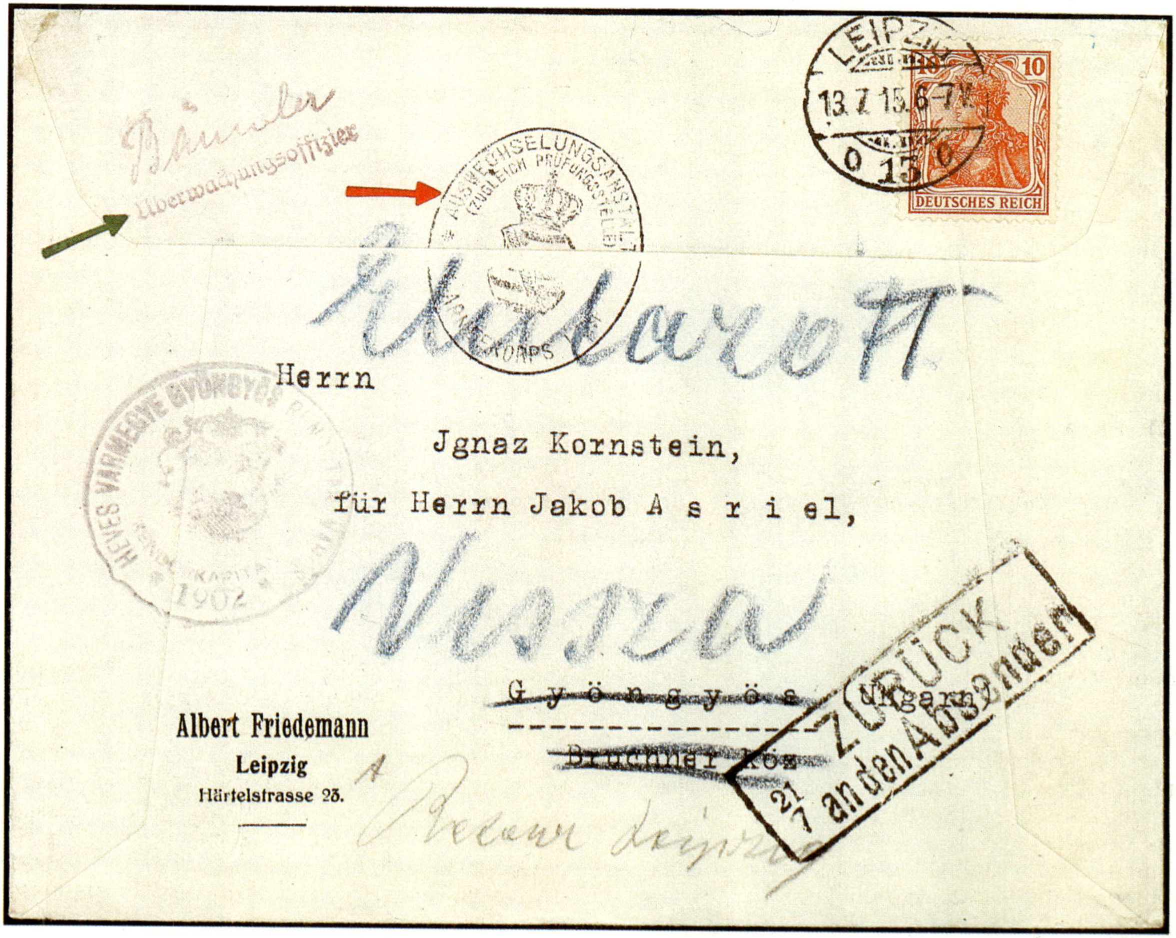

Zensurierter Auslandsbrief mit Stempeln militärischer Prüfstellen

Erster Weltkrieg: Die Materialschlachten in Westeuropa, die weitflächigen Operationen im Osten, die langen Nachschubwege bis zum Balkan hatten das kriegführende Deutschland mit kompliziertesten Problemen konfrontiert, und der Mangel an dringend benötigten Rohstoffen stellte das Funktionieren der Rüstungsindustrie in Frage. So wurden von deutscher Seite Handelsunterseeboote (Tauchboote) nach dem damals noch neutralen Amerika entsandt, um das Erforderliche herbeizuschaffen. Dem Handels-U-Boot

An den Absender zurückgelangter Tauchbootbrief aus dem Jahre 1917, versehen mit dem Hinweisstempel auf die Einstellung des Tauchbootverkehrs, weiteren Stempeln mit dem Kennzeichen »T.B.« (Tauchboot) und »D.O.R.« (Deutsche Ozean-Reederei). Die Rückzahlung der Gebühr von 6,40 Mark (Gewicht 43 g) wurde auf der Vorderseite handschriftlich, auf der Rückseite mit einem Rechteckstempel belegt.

»Deutschland« gelang es, am 10. Juli 1916 in Baltimore vor Anker zu gehen, auch eine zweite Fahrt nach New York kam zustande; die »Bremen« jedoch ward nie wieder gesehen …

Gestützt auf die ersten Erfolge, sollte auch Post auf diesem Wege nach den Vereinigten Staaten und von dort aus weiter in andere neutrale Gebiete, wie Mexiko, Mittel- und Südamerika, sogar nach China oder den Philippinen, befördert werden. Besondere U-Boot-Wertzeichen (Versicherungsmarken) und entsprechende Bestimmungen entstanden: Keine Briefsendung durfte schwerer als 60 g sein, und sie war in einem offenen, mit der Aufschrift »Tauchbootbrief nach Bremen« versehenen Umschlag aufzugeben. Außer dem Auslandsporto auf der eigentlichen Sendung mußte die Tauchbootgebühr, 2,– Mark je 20 g, auf den Außenumschlag geklebt werden.

Als die USA am 3. Februar 1917 die diplomatischen Beziehungen zu Deutschland abbrachen, gingen die für den Tauchbootverkehr bereits eingelieferten Briefsendungen an ihre Absender zurück. Die Gebühr wurde erstattet.

DER ZINKKANISTERBRIEF

»Dispatched by TIN CAN MAIL« (Versandt mit Zinnkanisterpost) lesen wir oben in dem großen runden Stempel auf dem hier abgebildeten Brief von 1935. Sie werden sicher bemerkt haben, daß der englische Begriff »tin« (Zinn) nicht stimmen kann, denn es handelt sich bei den zur Debatte stehenden »Blechdosen« zweifellos um Behälter aus verzinktem Eisenblech; Zinn wäre viel zu teuer und ist auch zu weich.

Schauplatz des Geschehens ist die polynesische Inselgruppe der Tongainseln, auch Freundschaftsinseln genannt. Von Untiefen, Riffen und tobender Brandung umgeben, war die Küste der Insel Niuafo'ou ein Schreckensort der Seeleute. Versorgungsschiffe mußten weit vor der Küste ankern, wenn sie die etwa 1000 Einwohner zählende Insel anliefen. Auch bei der Postbeförderung gab's Probleme. Zuerst wurde mit kleinen Raketen das Postgut in Kapseln an Land geschossen. Weil viele ihr Ziel verfehlten, entstand 1882 das Zinkkanisterverfahren: Wasserdichte Büchsen, mit Holzträgern unsinkbar gemacht, wurden ins Meer geworfen und von gewandten einheimischen Schwimmern an Land gebracht (wegen der allgegenwärtigen Haie, denen 1931 ein schwimmender »Briefträger« zum Opfer fiel, benutzte man ab 1935 Auslegerboote). In umgekehrter Richtung hat anfangs der Schwimmer und später der Bootsmann wasserdichte Postbeutel an Stangen bis zum Schiff gebracht.

Ein geschäftstüchtiger Koprahändler namens Walter George Quensell kam auf die Idee, diese Briefe mit allerlei Stempeln zu versehen und das Interesse der Sammler zu vermarkten. In allen Farben erschienen bis zu 20 (!) Abdrucke mit Bezeichnungen wie »Tin-Can-Canoe-Mail« (Zinkkanister-Bootspost) oder auch »Blechdosenpost« auf einem Brief – der Nonsens war offenkundig.

Das Jahr 1946 unterbrach diese philatelistische Spielerei, weil die Bevölkerung der Insel wegen Vulkanausbrüchen evakuiert wurde. 1962 kamen alte und neue Einwohner auf das Eiland zurück und werden etwa sechsmal im Jahr per Schiff versorgt, wieder in der »traditionellen« Form mit Kanistern, nun aus stoßsicherem Plast. Die Insel erhielt außerdem einen Flugplatz.

Außer dieser Zinkkanisterpost wären noch andere Schwimmpostbeförderungen zu erwähnen (von den bekannten Flaschenposten abgesehen, die keine reguläre Postbeförderung gestatten). Erstens eine ähnliche Kanisterpost von den Saint-Kilda-Inseln: Diese aus sieben Inseln bestehende Gruppe liegt westlich von Großbritannien im Atlantik; ihre größte namens Hirta ist bewohnt. Als in den achtziger Jahren des vorigen Jahrhunderts Flaschenposten und Spielzeugboote vom Golfstrom an Land befördert wurden, bot es sich an, das Meer Kanister mit Postsendungen »befördern« zu lassen, von denen einige auch aufgefischt werden konnten. Auf Kilda erhielt die Post den roten Bestätigungsstempel »ST. KILDA – TIN CAN – MAIL«.

Zweitens die Brandkastenbriefe: Sie sind ein Kind der Niederlande und wurden von der »N.V. tot Exploitatie van Blaaderen's Drijvende Scheepsbrandkasten« 1921 ins Leben gerufen, als noch zahlreiche Treibminen aus dem ersten Weltkrieg die Schiffahrt bedrohten. Versicherte Briefe und Pakete, freigemacht mit sogenannten Brandkastenmarken, wurden in

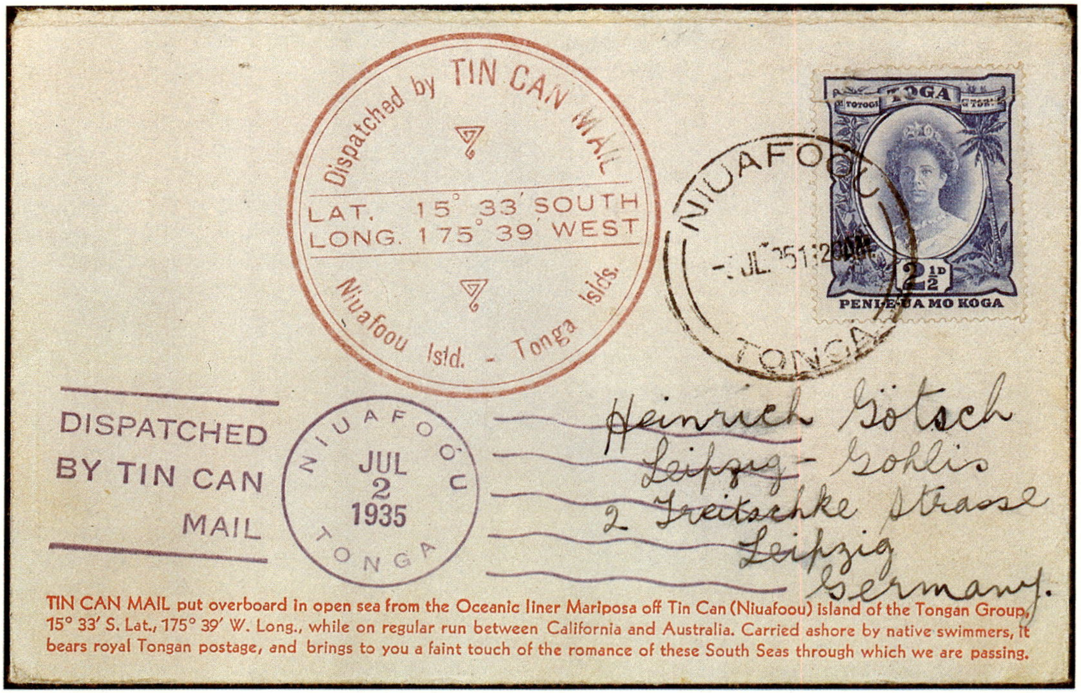

Zinkkanisterbrief aus Niuafo'ou (Tongainseln).
Außer den drei Stempeln auf der Vorderseite trägt er auf der Rückseite noch weitere, darunter einen mit dem Text »Blechdosenpost«.

wasser- und feuerdichten Tresoren, den Brandkästen, auf den Decks der Schiffe eingeschlossen. Technisch war die Sache recht originell gelöst: Ein Kasten konnte bis zu 1700 °C Hitze und einen ziemlich hohen Druck ertragen, er brachte 3000 kg auf die Waage und hatte eine Grundfläche von 4,00 m × 1,80 m. Sobald sich dieser schwimmende »Geldschrank« 10 m unter Wasser befand, löste er sich automatisch aus seiner Halterung von vier gebogenen Metallhebeln und glitt an die Wasseroberfläche. Zu jeder Stunde stieg – insgesamt bis zu zwölfmal – eine Signalrakete auf, und alle drei Minuten wurde ein starkes Leuchtsignal gesendet. Damit nicht genug: Alle acht Minuten heulte ein Horn, eine Minute lang. Mithin konnte man die Kästen leicht auffischen, und die Wertpost war gerettet. Da den Kästen aber die »Feuertaufe« erspart blieb, nahm sie kaum jemand in Anspruch, und die Sache wurde schon 1923 wieder eingestellt.

Ebensowenig Erfolg hatten die Franzosen mit ihrer Zinkkugelpost. Als Paris im Deutsch-Französischen Krieg 1870/71 von preußisch-deutschen Truppen eingeschlossen war, ging die Post von bzw. nach Paris ihre (drei) eigenen Wege: Zu Lande gelang eine Beförderung nur in zwei oder drei Fällen; in der Luft errang die Ballonpost beachtliche Erfolge, aber nur aus Paris heraus. Den Postverkehr in das eingeschlossene Paris besorgten die Taubenposten, die beträchtliche Mengen beförderten. Um einen weiteren Weg nach Paris zu erschließen, erdachten die Herren Robert, Delort und Vonoven die Zinkkugelpost. Anfang 1871 wurden in Moulins, einem Ort im Departement Allier, Briefschaften aus ganz Frankreich gesammelt, in eine wasserdichte Zinkkugel (von den Franzosen »Boules de Moulins« genannt) eingelötet und in die Seine geworfen in der Hoffnung, daß der Fluß sie in die Stadt Paris hineintragen werde. Während der Belagerungszeit indessen erreichte keine einzige Kugel ihr Ziel. Später – so z. B. 1942 bei Melun und 1968 bei Saint-Wandrille – konnte man noch Schwimmkörper im Seineschlamm finden. Die recht gut erhaltenen Briefschaften wurden den Empfängern, soweit diese bzw. deren Nachkommen noch zu ermitteln waren, von der Post zugestellt. Die anderen gelangten in Sammlerhände.

DER RADIOBRIEF

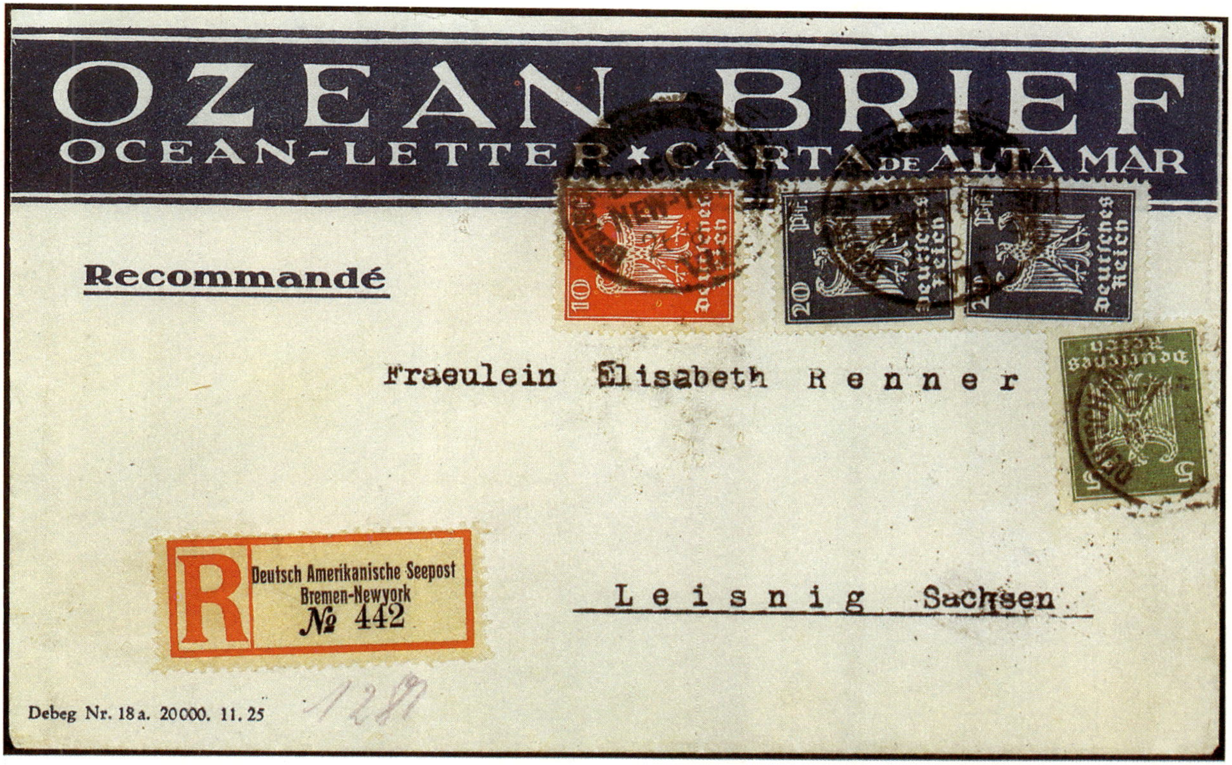

Die Nachricht war am 19. August 1926 auf dem Schiff »München« in der Bordfunkkabine aufgegeben worden. Der Funker hat sie sofort dem Schiff »Berlin« übermittelt, das sich auf dem Weg nach Bremerhaven befand. Dort wurde der aufgenommene Text als Radiobrief der Post übergeben, und zwar laut rückseitigem Stempel am 27. August zwischen 7 und 8 Uhr. Am nächsten Tag, dem 28. August, war der Brief dann laut Ankunftsstempel im Bestimmungsort Leisnig.

Mitte der zwanziger Jahre gab es die Funktelegrafie bereits auch auf Schiffen, und die Passagiere konnten von der Funkkabine aus ein Telegramm aufgeben, was nicht viel teurer war als an Land. Allerdings vermochte der Funker die Botschaft nicht drahtlos sofort in die Heimat zu übermitteln, so wie das heute in ähnlichen Fällen geschieht, denn die damaligen Funkanlagen hatten noch nicht die erforderlichen hohen Reichweiten, um beliebig große Entfernungen zu bewältigen. Die Nachricht gelangte daher als sogenannter Radiobrief oder Ozeanbrief an ihr Ziel, eine Methode, die uns heute den Ideenreichtum einer Zeit bewundern läßt, als man aus der (technischen) Not eine (technologische) Tugend machen mußte.

Der Funker nahm drahtlose Verbindung zu einem Schiff auf, das sich einerseits in seiner Reichweite, andererseits auf dem Weg zu einem Hafen in der Nähe des Heimatlandes befand, und funkte ihm die Nachricht zu. Dieses Schiff übergab sie, im Hafen angelangt, dem dortigen Hafenpostamt. Hier wurden Briefmarken aufgeklebt und das Telegramm als Radiobrief dem Empfänger zugeschickt.

DER SCHLEUDERFLUGBRIEF

Schleuderflug- und Radiobriefe besaßen etwas Gemeinsames: Ihre Beförderung geschah auf einer Teilstrecke recht schnell, auf der anderen aber im üblichen Tempo. Beim Radiobrief verlief die erste Teilbeförderung als Funktelegramm äußerst rasch, die zweite per Schiff und die dritte auf dem Landweg in gewöhnlicher Weise. Der Schleuderflugbrief – zur Verkürzung der Beförderungszeit von Postsendungen

Schleuderflugbrief aus dem Jahre 1931, mit Flugzeug vom Dampfer »Bremen« nach New York befördert

nach Übersee erdacht – wurde zuerst auf dem normalen Postweg (gegebenenfalls als Eilbrief) zu einem Hafen transportiert. Dann folgte (im Idealfall) die Luftbeförderung zu einem Schiff, das gerade den letzten (europäischen) Hafen verlassen wollte. Praktiziert wurde dies ab 1929 über sieben Jahre lang von Köln nach Cherbourg oder Southampton, und zwar bei Postsendungen zwischen Deutschland und den USA. Durch die Zubringerflüge wurden etwa 24 Stunden an Gesamtbeförderungszeit eingespart.

Noch schneller ging alles bei dem später »Deutscher Schleuderflug« genannten Verfahren. Zwei Schiffe, die »Bremen« und die »Europa«, erhielten 1929 Katapulteinrichtungen für Flugzeuge (bereits aus dem Militärwesen und sogar schon aus der Zeit der Gebrüder Wright prinzipiell bekannte Konstruktionen). Mit dieser Anlage konnte das Hauptproblem, die zum Abheben des Flugzeugs erforderliche Startgeschwindigkeit, gelöst werden. Das auf dem Schiff mitgeführte Wasserflugzeug (Schwimmer anstelle der Laufräder) hob ein Kran auf den Startschlitten einer etwa 25 m langen Startrampe. Beschleunigt wurden Startschlitten und Flugzeug von einem pneumatisch getriebenen Seil. So erreichte das Flugzeug auf dieser kurzen Strecke ein Starttempo von 90 bis 100 km/h – ausreichend, um aus eigener Kraft weiterzufliegen. Da die Flugzeuge damals nur eine Reichweite von etwa 1200 km besaßen, wurden sie per Schiff bis auf etwa diese Distanz an den Zielkontinent transportiert, mit maximal 200 kg Post beladen, von Bord katapultiert und flogen dem Schiff voraus zum Ziel. Ein Zeitgewinn von 34 bis 72 Stunden verkürzte die Gesamtbeförderungszeit, die ausschließlich per Schiff sieben bis zehn Tage betrug, auf vier bis sieben Tage, für jene Jahre ein gewaltiger Fortschritt. Im nächstgelegenen Hafen der USA wasserten die Flugzeuge, und Kutter überbrachten die Postbeutel der US-Post. In gleicher Weise vollzog sich der »Deutsche Schleuderflug« von den USA nach Europa.

Frankreich unternahm mit seinem Ozeanriesen »Ile de France« ähnliche Versuche, die jedoch nicht zu einem regelmäßigen Dienst führten. 1928 erschienen hierfür zwei (heute sehr teure) Postwertzeichen. Deutsche oder amerikanische Schleuderflugmarken gibt es dagegen nicht, wohl aber zahlreiche Stempel für die Flugbelege.

1935 übernahmen die Zeppelinluftschiffe jeweils von Mai bis Oktober den Luftposttransport zwischen dem europäischen und dem amerikanischen Kontinent. Als einer der Luftriesen (LZ 129) 1937 in Lakehurst verbrannte, konnten die inzwischen kaum schneller gewordenen Schiffe die entstandene Lücke nur schwer schließen, zumal den Flugzeugen erst einige Nonstopflüge zwischen Europa und Amerika gelungen waren (der weitere Fortschritt auf diesem Gebiet begann nach dem zweiten Weltkrieg).

DER MILITÄRPOSTBRIEF

Gemeint sind weder Feldpost- noch Soldatenbriefe; Militärpost ist in erster Linie eine durch militärische Stellen (oft Besatzungstruppen) betriebene oder verwaltete Post für den zivilen Verkehr des jeweiligen Landes. (Natürlich befördert sie auch Postsendungen von Militärs oder Militärdienststellen, wie auch die Feldpost gelegentlich zivile Sendungen abfertigt.) Die in den westlichen Teilen Deutschlands unmittelbar nach der Besetzung durch amerikanische und britische Truppen 1945 benutzten Marken trugen die Buchstaben »AM« (Alliierte Militärpost: Allied Military Postage). Wenngleich der Postbetrieb weitgehend durch deutsche Postbedienstete wahrgenommen wurde, stand er doch unter militärischer Kontrolle.

In Bosnien-Herzegowina (1879–1918) und in anderen Landesteilen im Osten und Südosten Europas gab es österreichisch-ungarische oder deutsche Militärposten, desgleichen im Elsaß (»M.P.« Strassburg 1915). Aber auch noch ältere Belege, z.B. aus Italien vor 1848, künden von diesem nicht häufig anzutreffenden Unterstellungsverhältnis postalischer Dienste.

Der posthistorisch Interessierte wird gelegentlich auf einen Begriff stoßen, der zwar mit Militärpost zusammenhängt, allerdings keine eigene Briefgattung hervorbrachte, sondern »normale Post« verkörperte: die Militärpostämter, 1748 von Friedrich II. ins Leben gerufen. Der Preußenkönig wollte seine invaliden Offiziere, besonders die unteren Grade bis zum Major, versorgen, indem er sie zu Vorstehern von »mittelmäßigen und nicht an der Grenze belegenen« Postämtern ernannte. Da sie jedoch vom Postdienst

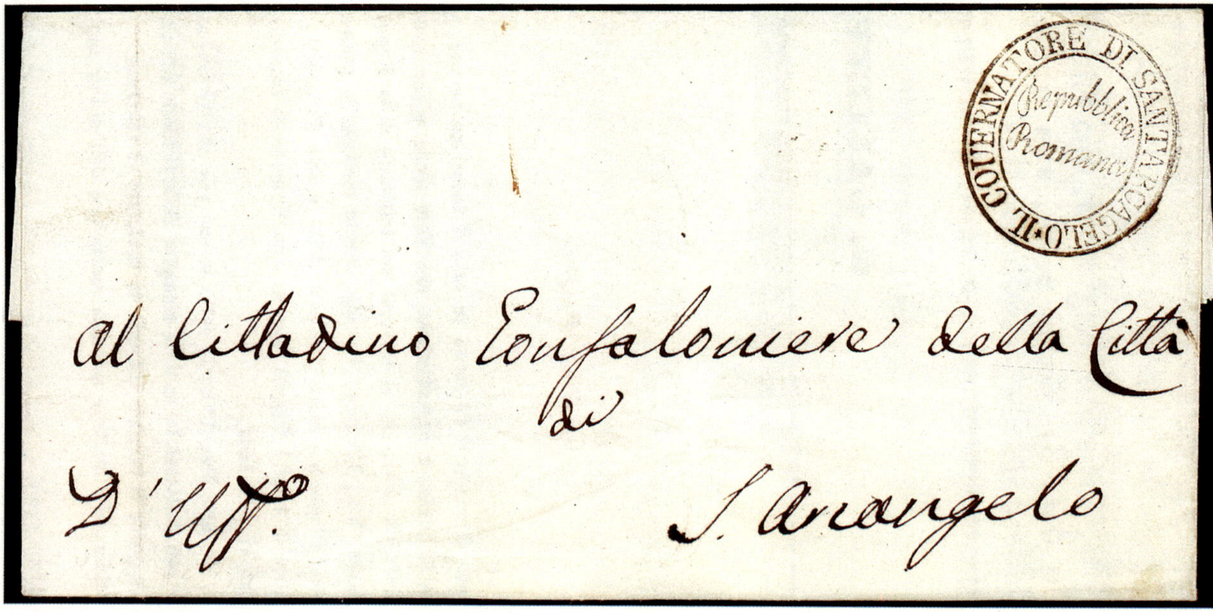

Mit Militärpost beförderter Dienstbrief D'Uffo (D'ufficio) zur Zeit der Römischen Republik. Die Staatsbezeichnung »Republicca Romana« ist im Stempel des Gouverneurs von Santarcagelo enthalten (dieser Staat entstand im Ergebnis der bürgerlichen Revolution 1848/49).

nichts verstanden, war ihnen aufgetragen, kundige Schreiber zu halten und zu bezahlen, die den Postdienst leiteten. Die Anzahl solcher Militärpostämter war ziemlich hoch: 1788 betrug ihr Anteil in Schlesien 20 von 32, im übrigen Preußen 92 von 152, 1824 waren es 132 von 243.

PROVISORIEN

Hierbei handelt es sich um vorübergehend (provisorisch) genutzte Briefumschläge bzw. -marken, wenn deren aufgedruckter Wert etwaigen neuen Gegebenheiten nicht mehr entsprach. Dies konnten Ganzsachen sein; ihr Wertstempel (im wichtigsten Falle der Nennwert) wurde durch einen neuen Aufdruck wesentlich verändert. Mitunter erhielten sie auch einen weiteren Wertstempel hinzugedruckt, der die Differenz zwischen dem alten und dem neuen Portosatz auswies.

Auch zahlreiche Briefmarken sind in gleicher Weise und für den gleichen Zweck überdruckt worden, besonders häufig in Inflationszeiten mit ihren »astronomischen« Portoentwicklungen, wenn die Marken den rasch steigenden Gebühren nicht mehr entsprachen. Weitere provisorische Veränderungen entstanden durch aufgedruckte neue Landes- oder Markengattungsbezeichnungen (z. B. »Dienstmarke«). So mit neuen Wertstufen bzw. anderen Charakteristika versehen, ließen sich die Belege noch restlos verbrauchen bzw. bis zum Erscheinen neuer, mit nunmehr gültigen Werten bedruckter Exemplare verwenden.

Besonders interessante Provisorien: die überkleb-

Ein alter Ganzsachenumschlag aus Sachsen, der einen 1-Neugroschen-Wertstempel eingedruckt trägt. Doch sieht man diesen nur noch gegen das Licht, da er mit einer 1-Groschen-Marke des Norddeutschen Postbezirks überklebt, grau mit einem Muster und der Bezeichnung NORDDEUTSCHER POSTBEZIRK (winzig klein) überdruckt und so den neuen Postverhältnissen angepaßt wurde, bis eigene Umschläge erschienen.

ten Briefumschläge des Norddeutschen Postbezirks. Als in seinem Gründungsjahr 1868 viele deutsche kleinstaatliche Länderposten in diese neue Postorganisation übergingen, nutzten sie ihre bisher verwendeten Ganzsachenumschläge weiter, indem deren Wertstempel mit Freimarken des Norddeutschen Postbezirks einzeln von Hand überklebt wurden.

Die Überklebung erhielt außerdem einen Prägestempel, der einen Schutzüberdruck bedeutete (z.B. auf alten Umschlägen von Braunschweig, Mecklenburg-Strelitz, Oldenburg, Preußen und Sachsen).

DIE ZWEILÄNDERFRANKATUR

Am 20. April 1982 gedachten USA und Niederlande der Aufnahme diplomatischer Beziehungen vor 200 Jahren – Anlaß genug, Sonderpostwertzeichen aufzulegen; zwei zu 50 und zu 65 Cent in den Niederlanden und eins zu 20 Cents in den USA. Nur Währungs- und Staatsbezeichnung waren unterschiedlich, die bildliche Darstellung stimmte überein. Das ist nicht neu. Ungewöhnlich aber war, daß mit diesen Wertzeichen eine amtliche »Spielerei« veranstaltet wurde: Vom 20. bis zum 26. April 1982 durfte man in den Niederlanden an jedem Postschalter Briefe aufliefern, die die beiden Wertzeichen des Landes, den Zusatz »Par

Oben rechts Marken des Norddeutschen Postbezirks, links eine französische Marke – eine typische Zweiländerfrankatur

Avion« (Mit Luftpost) und eine Anschrift trugen, außerdem waren noch weitere 1,50 Gulden zu entrichten. Unter diesen Bedingungen beförderte die niederländische Post den Brief zu einer Sammelstelle, wo die Marken einen anlaßgerechten Sonderstempel erhielten. Danach ging die Reise nach den USA, wo die Post ein Doppelstück der bildgleichen amerikanischen Marke aufklebte und mit einem Ersttags-Maschinenstempel entwertete (alles auch in umgekehrter Richtung und Reihenfolge). So war eine Zweiländerfrankatur geboren, die den Empfänger des Briefes erfreuen sollte – ein solches Stück ist immerhin eine Kuriosität. Doch sie entstand nicht aufgrund einer zwingenden Notwendigkeit. Ist dies überhaupt möglich?

Es gab sie zumindest in älteren Zeiten, da die Postsendungen im zwischenstaatlichen Verkehr nicht selten nur bis zur Landesgrenze freigemacht wurden, insbesondere, wenn keine Postverträge zwischen den betreffenden Staaten bestanden und für den Rest der Beförderungsstrecke der Empfänger die Gebühren bezahlte (das Weiterporto). Dieses wurde durch Taxziffern oder durch postamtlich aufgeklebte Marken des Zweitlandes verrechnet.

Der bekannteste und wohl seriöseste Fall stammt aus der Zeit nach dem Deutsch-Französischen Krieg 1870/71, als der Postverkehr zwischen Frankreich und Preußen-Deutschland bzw. den ehemals französischen Gebieten (Elsaß-Lothringen) wieder begann. In vier postgeschichtlich ebenso interessanten wie gebührenmäßig diffizilen Etappen gilt für diese kurze Zeitspanne bis zur Konsolidierung der Verhältnisse (vom 4. Februar 1871 bis zum 14. Mai 1872) die Regel, daß für jeden Beförderungsanteil die jeweiligen Landesmarken benutzt werden mußten: auf deutscher Seite die Postwertzeichen des Norddeutschen Postbezirks (und zwar die sogenannten Besatzungsmarken für Elsaß-Lothringen), dann die ersten Marken (Brustschilder) des Deutschen Reiches, auf französischer Seite die Ausgaben im Ceres- bzw. Napoleon-Muster oder aufgestempelte Taxziffern. Solche Belege sind aus echtem Bedarf entstandene Zweiländerfrankaturen.

Die meisten anderen Zweiländerfrankaturen dagegen dürften philatelistischer Initiative zu »danken« sein, z.B. viele Luftpostbriefe, die für den Hinflug die Marken des einen, für den Rückflug die Marken des anderen Landes aufgeklebt erhielten, was von der Post meist auch toleriert und durch Stempel sanktioniert wird. Auf diese Weise sind ganze »Weltumsegelungskarten« bzw. »-briefe« entstanden. Auch Belege von der sogenannten Dreiländerecke an der deutsch-russisch-österreichischen Grenze aus der Zeit vor dem ersten Weltkrieg gibt es. Hier haben Souvenirproduzenten je eine Marke dieser drei Länder auf eine Ansichtskarte geklebt und mit dem jeweiligen Stempel des Grenzortes entwerten lassen; philatelistische Spielereien, die keinem postalischen Bedürfnis entsprachen, nichtsdestoweniger aber in zahlreichen Exemplaren produziert wurden.

Wirkliche Bedarfs-Zweiländerfrankaturen stellen durchaus Seltenheiten dar. Sie können allenfalls noch auftreten, wenn ein Land nicht dem Weltpostverein angehört und dessen Auslandspost daher von einem Nachbarland betreut werden muß. Somit wären die Marken des Abgangslandes nur bis zur Grenze gültig, und dann müßten Marken des Mitgliedslandes im Weltpostverein benutzt werden, das die Weiterbeförderung übernimmt. Die bei nachgebührenpflichtigen Briefen in manchen Ländern aufgeklebten Portomarken ergeben dagegen keine Zweiländerfrankatur im hier behandelten Sinne, obwohl im Auslandsverkehr diese Marken vom zweiten Land stammen.

Postwertzeichen

In K. gab ein Mann dem Postbeamten am Schalter für ein Paket, das 34 Cent kostete, einen Dollar. Der Beamte bat ihn um vier Cent, er habe keine kleinen Münzen. Der andere hatte auch keine; doch bot er ihm eine 4-Cent-Briefmarke an. »Tut mir leid«, sagte der Mann am Schalter, »Briefmarken nimmt die Post nicht.«

5

DIE TRAGISCHEN

Zu Ehren des am 28. Februar 1965 verstorbenen österreichischen Bundespräsidenten wurde ein Ersttagsbrief (vom 20. April 1965) herausgegeben.

Ein Mensch ist verstorben. Die Hinterbliebenen werden diese Tatsache den Freunden und Bekannten in einem Trauerbrief mitteilen. Der Umschlag trägt mitunter einen schwarzen Rand, was vor allem früher üblich war, oder, meist unten links, ein Trauersymbol bzw. dekorative Linien. Bei alten Trauerbriefen sind die Siegel, sofern sie aus irgendwelchen Gründen erforderlich waren, oft aus schwarzgefärbtem Wachs. Auch für Kondolenzbriefe werden ähnliche Umschläge mit schwarzen Schmuckelementen bzw. Rändern verwendet. Der feinfühlige Absender vermeidet es, hier bunte Marken oder solche mit »fröhlichen Motiven« aufzukleben. Leider ist noch keine Postverwaltung daraufgekommen, Trauermarken für individuelle Anlässe herauszubringen.

Und dennoch erscheinen »Trauermarken«, jedoch nicht für den täglich möglichen Trauerfall, sondern wenn ein Staatsoberhaupt verstirbt. Dann werden entweder in schwarzer Farbe gehaltene Porträtmarken emittiert oder die noch vorhandenen Postwertzeichen mit dem Bildnis des Staatsoberhauptes mit einem schwarzen Rand überdruckt. Das geschah z. B. nach dem Attentat auf König Alexander von Jugoslawien. Er verstarb am 9. Oktober 1934 in Marseille, und am 17. Oktober waren die mit schwarzem Rand überdruckten Marken der Dauerserie an den Postschaltern. Als Wladimir Iljitsch Lenin am 21. Januar 1924 verstarb, erschienen bereits am 28. desselben Monats besonders emittierte Trauermarken.

Mitunter werden zu Ehren des Verstorbenen auch Ersttagsbriefe herausgegeben, wie unser Bildbeispiel zeigt.

DER KATASTROPHENBRIEF

Er erinnert an schreckliche Begebenheiten: Schiffsuntergang, Postwagenbrand, Flugzeugabsturz ... Der größte Teil der mitgeführten Post wird bei solch katastrophalen Ereignissen zumeist vernichtet; gerettete Briefschaften tragen unauslöschliche Spuren. Zerlaufene Schriftzeichen, abgeweichte Marken, angesengtes Papier, braune Flecke, bis zur Unleserlichkeit verstümmelte Teile gaben dieser Art von Briefumschlägen ihren Namen. Der Philatelist wird sie der Nachwelt zu bewahren suchen und besonders sorgsam behandeln (bröckeln z. B. angesengte Papierstücke ab, kann Seidenpapier, mit säurefreier

Brief mit Brandspuren von einer Flugzeugkatastrophe: Am 13. März 1954 stürzte eine Maschine des Typs Constellation der australischen Luftfahrtgesellschaft QUANTAS EMPIRE AIRWAYS auf einem Flug von Sydney nach London bei der Landung auf dem Flughafen Kallang (Singapore) ab. 33 Menschen wurden getötet; das Flugzeug geriet in Brand; ein Teil der Post wurde gerettet.

Fotoklebepaste auf die Rückseite geklebt, das Dokument vor dem völligen Zerfall schützen). Zur Katastrophenpost zählt der Philatelist auch Belege, die bei einem Postraub oder durch ein Unwetter beschädigt wurden. Der schlimmen Möglichkeiten gibt's leider genug.

Die geretteten Stücke versucht die Post ihren Empfängern zuzustellen, falls Anschrift bzw. Absender noch lesbar sind. Stark zerstörte Belege werden in einen anderen Umschlag aus Papier oder Plast eingelegt. Katastrophenpost erhält einen entsprechenden postalischen Hinweis, entweder Stempel (oft rasch aus einem Kinderdruckkasten gefertigt) oder Aufkleber, sofern eine örtliche Druckerei solche Zettel schnell herstellen kann. Die Engländer nennen diese tragikumwitterten Belege übrigens »crash covers« (crash: engl., Krach, Zusammenstoß, Absturz; cover: engl., Briefumschlag).

DER SEUCHENBRIEF

Seuchenbrief aus dem Jahre 1851, als in Italien die Cholera grassierte.
Der Brief wurde in Forli desinfiziert und erhielt einen Reinigungsstempel.

Konfrontiert mit einem sogenannten Seuchenbrief, auch als Cholera- oder Pestbrief bezeichnet, überfällt den Betrachter ein recht ungutes Gefühl, und er tritt unwillkürlich einen Schritt zurück. Noch heute wissen die Menschen um jene furchtbaren Massenseuchen des Mittelalters, die bis ins 19. Jahrhundert hinein in kurzen Zeiträumen Tausende und aber Tausende von Menschen qualvoll hinwegrafften und die mehrmals in Wellen über Europa und Asien hinwegzogen.

In früheren Zeiten, hauptsächlich vor dem Wirken Robert Kochs (1843–1910) und seinen Entdeckungen der Krankheitserreger, wurde befürchtet, daß auch Briefe unter Umständen die Krankheiten weitertragen könnten. Die Behörden erließen daher sogenannte Contumaz-Ordnungen (Contumaz: Reinigung), wonach Sendungen aus Seuchengebieten zu desinfizieren waren – z.T. sinnvolle, in der Hauptsache jedoch völlig nutzlose Maßnahmen. Die sehr unterschiedlichen Verfahren sollten die Krankheitserreger mit allerlei scharfen Essenzen oder stickigem Qualm unschädlich machen: Die Briefe wurden in Essig getaucht und anschließend mit Schwefeldämpfen oder über brennenden Wacholderzweigen »geräuchert«; auch Pakete setzte man dieser Räucherprozedur aus – man kann sich vorstellen, wie danach der Inhalt »duftete«. Doch damit nicht genug! Um den Dämpfen einen Weg in das Briefinnere zu bahnen, wurde zuvor oft alles noch »gerastelt«, durchlöchert. Die Rastel, einer Schere vergleichbar, trug anstelle der Schneiden zwei Platten, eine mit spitzen Nägeln, ihr Gegenüber mit Löchern versehen. Nach sorgfältiger Absolvierung aller Vorschriften erhielten die Briefe (die Pakete auf dem Paketbegleitbrief) im »Contumaz-« oder »Rastel-Amt« ihren Reinigungs- oder Cordonstempel, dessen Texte örtlich verschieden waren, z.B.

- Gereinigt in ...
- SAN St (Sanitätsstelle oder -stempel)
- Geräuchert vom Contumaz-Amt zu ...
- Quarantäne-Siegel ... (in Cuxhaven mit dem Namen des leitenden Arztes ergänzt)
- Rein von innen und außen
- Gereinigt außen und innen (ital., Netto di fuori e di dentro, oder auch kurz, Netto fuori e dentro)
- Desinfettata
- Gezuivert (niederl., gesäubert)
- Purifié à ... (franz., gereinigt in ...).

Solche Desinfektionen gab es in Deutschland noch 1884, bis der bekannte Hygieniker Max von Pettenkofer (1818–1901) in einem Gutachten bescheinigte, »daß der Cholerakeim zu seiner epidemischen Entwicklung örtlicher und zeitlicher Bedingungen bedarf, ohne welche er, auch vielfach eingeschleppt, nicht gedeihen kann ... Im Jahre 1854 hatte München seine heftigste Choleraepidemie ... Es verlor damals 2,5 Prozent seiner Bevölkerung. Gerade in diesem Jahr war der Verkehr Sachsens mit München ein sehr gesteigerter wegen der internationalen ›Industrieausstellung‹ in München, und es forderte damals die Cholera in Sachsen nur vier Todesopfer, die sich die Cholera in München selbst geholt hatten. Dabei war der Postverkehr in Sachsen frei von allen Desinfektionsmaßnahmen ... Kein Pilzforscher wird von diesen ... dämpfen eine Desinfektion erwarten ... Eine wirkliche Desinfektion wäre nur dann zu erreichen, wenn auf die Gegenstände eine über 100 Grad heiße trockene Luft durch längere Zeit einwirken würde, ... was aber bei Postsendungen nicht anwendbar ist. Bei diesem Sachverhalt kann daher«, so schloß Pettenkofer sein Gutachten, »nicht empfohlen werden, sich einer kostspieligen, den Verkehr erschwerenden verlorenen Liebesmühe beim Postverkehr zu unterziehen«.

DER STREIKBRIEF

Wenn ein Philatelist einen Brief mit überlanger Laufzeit in die Hände bekommt, wird er – besonders bei Auslandsverkehr – unter Umständen recht intensiv recherchieren müssen, um die Ursache für die Verzögerung zu finden. Das aufmerksame Verfolgen der Nachrichten in den verschiedenen Medien kann ihm bisweilen Hinweise auf Streiks bei der Post oder auf den diversen Beförderungswegen geben. Gelangt der Brief in seine Sammlung, so wird der Philatelist die entsprechenden Umstände in einem Begleittext erläutern.

Gleichwohl Beleg eines alltäglichen Briefwechsels, macht solch ein Umschlag auch gesellschaftliches Geschehen sichtbar und verweist auf die mannigfaltigen Beziehungen im Leben der Menschen.

Erwähnt sei noch, daß auch »Antistreikbriefe« zu entdecken sind, und zwar Aussperrungsbescheide oder Belege von der Anfang 1919 »aus Nöten der Umsturz- und Streikbewegung« gegründeten Technischen Nothilfe. Außer ihren Einsätzen bei Hochwasser, Feuersnot und anderen Naturkatastrophen wurde die TN auch als Streikbrecher benutzt. Sie war seit dem 28. November 1919 dem Reichsministerium des Innern unterstellt. Ihr gern gebrauchtes Attribut, sie sei eine »... unparteiische Arbeitsgemeinschaft« gewesen, ist also anfechtbar.

Erstflugbrief Paris–New York mit Aufgabestempel vom 31. August 1965. Starttag sollte der 1. September sein. Der rückseitige Ankunftsstempel vom KENNEDY INTERNATIONAL AIRPORT nennt den 3. September. Die Erklärung für diese lange Laufzeit gibt der Zeilenstempel ganz unten links: »LIAISON REPORTEE AU 3 SEPTEMBRE« (Flugverbindung auf den 3. September verschoben). Aus der Presse erfuhr man: Das Flug- und Bodenpersonal in Paris streikte.

DER KRIEGSGEFANGENENBRIEF

Postsendungen von und an Kriegsgefangene werden gebührenfrei befördert. Dies beschloß der Weltpostkongreß von Rom, nachdem 1899 die Haager Friedenskonferenz Gleiches festgelegt hatte. An dieser grundlegenden Vereinbarung wurde bis heute nichts geändert. Die Regelungen beziehen auch Postsendungen von Internierten ein.

Kriegsgefangene müssen ihre Post offen aufliefern, damit die Zensurierung erleichtert wird. Außerdem bleibt ihre Post meist etwa zehn Tage liegen, damit – es könnte Absicht sein – keine aktuellen Meldungen zur Kriegslage abgegeben werden können. Im Heimatland des Kriegsgefangenen wird die eingehende Post nochmals zensuriert. Als Kennzeichen

Sce des Prisonniers de Guerre | Kriegsgefangenen-Sendung

Absender — Name Schmidt
Vorname Paul
N° 1977
N.B. Die Nummer nicht vergessen.

Dépôt de Prisonniers de Guerre de LA MURE (Isère)

Obige Adresse gilt für Briefe, Postanweisungen und Pakete.

Für den Stempel bestimmter Raum.

BUREAU DES INTERPRÈTES

Geprüft Überwachungsstelle

Viâ PONTARLIER

An Frau
Ernestine
O Schmidt
in Gliechow
bei Zinnitz
(Allemagne) Krs. Calau N. L.

Formularbrief aus einem französischen Kriegsgefangenenlager des ersten Weltkrieges nach Deutschland. Der Brief wurde zensuriert (s. Zweizeilenstempel).

dieser Maßnahmen erhalten die Sendungen entsprechende Stempel, die für Philatelisten zu einem eigenen Sammelgebiet (Zensurpost; Kriegsgefangenenpost) wurden. Während der beiden Weltkriege waren die verschiedensten Lager über alle Weltteile verstreut. Nicht selten wurden die Gefangenen auch in andere Landesteile gebracht, was wiederum zu zahllosen Post-Fehlleitungen oder gar zur Unzustellbarkeit führte. Daher unterhielt z.B. Deutschland im ersten Weltkrieg eine Kriegsgefangenenbriefstelle beim Postamt Berlin 24. Sie registrierte alle unzulänglichen Anschriften in einer Kartei, die aus 1835 Kästen zu je 1500 Karteikarten bestand und eine wertvolle Hilfe darstellte.

Ebenso wie die Kriegsgefangenensendungen sind auch alle jene Postsendungen gebührenfrei, die im Interesse der Kriegsgefangenen ausgetauscht werden, z.B. von Auskunftsstellen staatlicher Behörden oder des Internationalen Roten Kreuzes bzw. des Roten Halbmondes.

Unter einer Internierung versteht man die Freiheitsbeschränkung von Ausländern, die sich bei Kriegsausbruch auf dem Territorium des feindlichen Staates befinden (Zivilinternierte). Mitunter muß auch ein neutraler Staat Internierungen vornehmen, wenn Soldaten eines kriegführenden Landes sein Territorium betreten (Kriegs- oder militärische Internierte). Internierte werden zumeist in Sammellagern festgehalten.

Ihre Postsendungen werden, wie die der Kriegsgefangenen, gemäß Weltpostvertrag gebührenfrei befördert, da die Internierten während der Zeit ihrer Freiheitsbeschränkung meist keine Einkommen beziehen. Frankreich gab z.B. für die spanischen Internierten nach dem Spanienkrieg (1936–1939) eine gewöhnliche Freimarke mit dem Aufdruck »F« (Fugitives: Flüchtlinge) heraus. In der Schweiz hatte es 1871 Marken für internierte französische Soldaten gegeben. Interniertenmarken erschienen im ersten Weltkrieg auch in den Niederlanden, und zwar für internierte belgische Soldaten mit der Aufschrift »Interneeringskampen« (Internierungslager).

Brief eines in der Schweiz internierten deutschen Soldaten

Von einer Suchdienststelle ausgehender gebührenfrei beförderter Brief

Während des zweiten Weltkrieges sind in fast allen europäischen Ländern zahllose Familien auseinandergerissen worden. Nach Beendigung des Krieges nahm das bereits vom einzelnen betriebene Suchen nach vermißten Angehörigen organisierte Formen an; es bildete sich spontan eine größere Anzahl von Suchdiensten. Die an sie gerichteten schriftlichen Anfragen bzw. ihre Antwortschreiben bezeichnet der Philatelist als Suchdienstbriefe. In den amerikanischen, britischen und französischen Besatzungszonen Deutschlands wirkten außer den Behörden vor allem karitative Verbände. Hier einige Beispiele für die große Anzahl beteiligter Stellen im Norden der heutigen Bundesrepublik Deutschland:

- Amtliche Flüchtlingssuchstelle, Zonenzentrale Hamburg
- Rotes Kreuz und Hilfswerk der Evangelischen Kirche – Suchdienst, Hamburg
- Deutsches Rotes Kreuz – Suchdienst, Bremen; Lübeck; Kiel
- Innere Mission – Suchdienst, Bremen
- Flüchtlingssuchaktion Lübeck
- Suchstelle der Stadt Kiel

(insgesamt weit über 100 Stellen).

Auf dem Territorium der damaligen Sowjetischen Besatzungszone Deutschlands gab es zwar auch eine Reihe privater Initiativen, doch war das Suchdienstsystem insgesamt straffer gegliedert und geleitet. Der im September 1946 gegründete »Suchdienst für vermißte Deutsche«, Berlin W 8, Kanonierstraße 35 (einheitliche Vordruckkarten), und der am 15. Juni 1946 gegründete »Anschriftensuchdienst der Deutschen Post« beim Postamt Leipzig C 1 konnten – mitunter sehr rasch – die erhofften Auskünfte erteilen. So ermittelte der postalische Suchdienst (über sein Wirken liegen exakte Zahlen vor) z. B. bis September 1947 monatlich 600 bis 700 und im März 1948 1184 Vermißte.

Danach stellte er seine Tätigkeit ein und übergab alle Unterlagen dem schon erwähnten »Suchdienst für vermißte Deutsche«, dessen Arbeit von Hunderttausenden voll Hoffen und Bangen beobachtet wurde. Die Postsendungen des »Suchdienstes …« wurden gebührenfrei befördert; sein Absenderfreistempel trug den Text »Das Haus der Hoffnung hilft auch Dir!«

Zu den Suchdienstbriefen gehören auch die Anfragen an die Rundfunkstationen in allen Besatzungszonen Deutschlands; denn auch der Rundfunk brachte damals regelmäßig Suchaufrufe.

Im übrigen haben die verschiedensten Suchdienststellen zusammengearbeitet und Informationen ausgetauscht, wie aus dem Bild ersichtlich ist.

6
DIE PHILATELISTISCHEN

Fünf Werte umfaßt dieser Markensatz aus Luxemburg, alle kleben auf einem Umschlag: ein typischer Satzbrief.

Von einem Satzbrief spricht man, wenn ein ganzer Markensatz auf *einem* Brief klebt, gleichgültig, ob auf einem Ersttagsumschlag oder einem gewöhnlichen. Dabei wird nur in den seltensten Fällen der Frankaturwert der Marken mit dem für den betreffenden Brief geforderten Portosatz übereinstimmen; meist dürfte es sich um eine (oft sogar hohe) Überfrankatur handeln. Ist der Brief an einen Sammler gerichtet, der die Marken nach Erhalt ohnehin ablöst, um sie seinem Vordruckalbum einzuverleiben, dann gibt es gegen einen solchen Satzbrief nichts einzuwenden; die Post freut sich sogar, daß sie für eine viel niedriger eingestufte Leistung so hoch bezahlt wird. Möchte der Sammler hingegen den ganzen Umschlag in ein philatelistisches Objekt einreihen, wird ein überfrankierter Satzbrief beim Bewerten der Sammlung durch eine Jury nicht gern gesehen: Sie legt vielmehr Wert auf portorichtige Postsendungen. Ein philateliebewußter Postkunde wird daher die Marken eines Satzes – wenn nötig – auf mehrere, dann aber portogerecht freigemachte Briefe verteilen oder den Satzbrief nach bester Möglichkeit so ausgestalten, daß alles »stimmt«. Dies läßt sich durch postalische Zusatzleistungen (Einschreiben, Eilboten, eigenhändige Aushändigung, Luftpost) meist erreichen. Man sieht es einem leeren Briefumschlag später auch nicht mehr an, ob sein Inhalt eine Beförderung etwa in der zweiten oder gar in der dritten Gewichtsstufe erforderte. Auch diese Portosätze kann man also mit einkalkulieren, wenn man den Brief sammelfähig machen will.

Leider sind die meisten Satzbriefe ohne solche Überlegungen entstanden, was auch für fast sämtliche mit Blocks freigemachte Sendungen zutrifft. Spielmätze haben sogar schon alle Werte einer langen Dauerserie (15 und mehr!) zusammen auf einen Umschlag geklebt und so stempeln lassen.

DER ERSTTAGSBRIEF

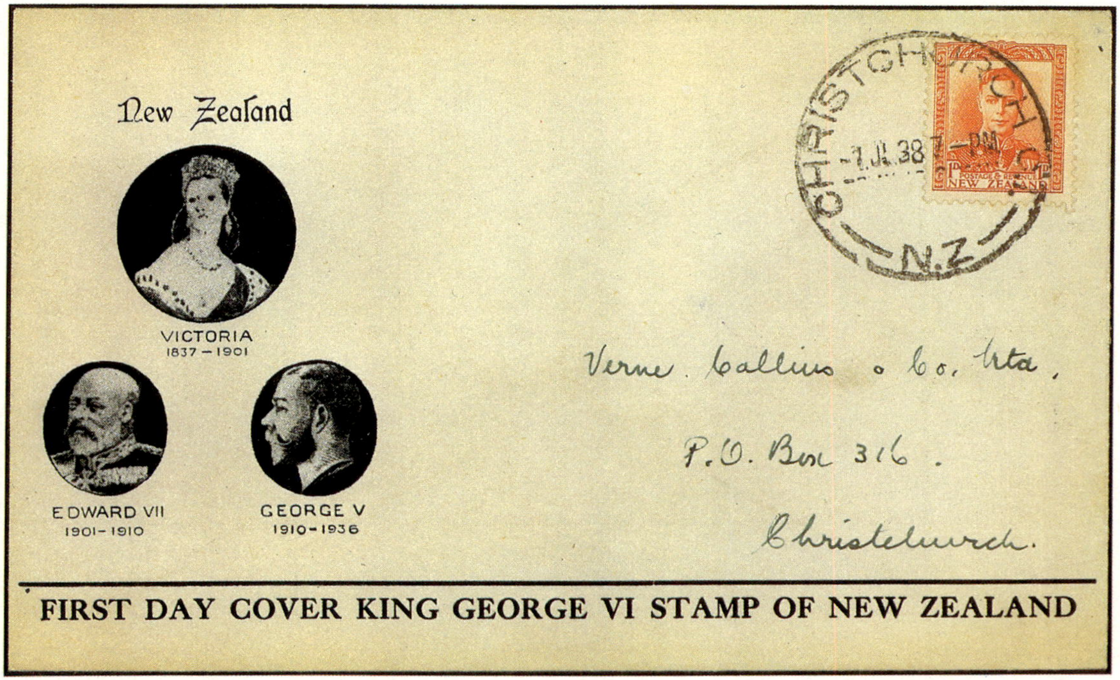

Früher Ersttagsbrief (1938) aus Neuseeland, dem Erscheinen einer neuen Dauerserie mit dem Porträt des damaligen englischen Königs Georg VI. gewidmet. (Im Zudruck weitere Porträts britischer Staatsoberhäupter, ganz oben die Königin Viktoria, deren Profilbild auf der ersten englischen Briefmarke, der ersten Marke der Welt, wiedergegeben ist.)

Weihnachtspost, aufgegeben im österreichischen Christkindl. Außer dem Ersttags-Bilderstempel trägt dieser FDC noch einen allgemeinen Ersttagsstempel (oben Mitte), der für alle FDC verwendet werden kann. Der Brief ist postalisch befördert worden.

Jener 6. Mai 1840, an dem in England die ersten beiden Briefmarken der Welt an die Postschalter kamen, fiel nicht auf den Wochenbeginn, sondern auf einen Mittwoch. Wer nun an diesem Tag eine oder auch beide Marken auf einen Brief klebte, der dann den Poststempel von ebendiesem 6. Mai erhielt, hatte dem Empfänger im wahrsten Sinne des Wortes einen Brief vom ersten Verwendungstag neuer Marken – einen Ersttagsbrief – geschickt. Solch ein Stück aus England stellt heute übrigens eine Kostbarkeit dar. In der Gegenwart versteht man unter einem Ersttagsbrief allerdings etwas noch Spezielleres.

Will man's englisch sagen, nennt man solch besonderes Briefprodukt »First day cover« (FDC); auf französischen Belegen steht »Premier jour d'emission« (erster Tag der Ausgabe). Ersttagsbriefe (ETB) sind im Prinzip mehr oder weniger künstlerisch gestaltete postalische »Geburtsurkunden«, die vom Eintritt neuer Marken in den Postbetrieb berichten und mithin Souvenircharakter besitzen. Natürlich kann man sie auch verschicken, wobei es im übrigen von briefmarkensammelnden Mitmenschen besonders geschätzt wird, wenn sie einen solchen FDC erhalten.

Moderne Ersttagsbriefe sind meist recht attraktiv

Postgeschichtlich interessante Darstellungen auf Marke und Zudruck: Kastenleerung um 1900 in Paris, wobei die originelle Form des Straßenbriefkastens auffällt. Marke und Brief erschienen zum »Tag der Briefmarke« 1978. Der abgebildete Brief ist nicht postalisch befördert worden.

aufgemacht. Entweder stammen sie von der Postverwaltung (amtliche Ersttagsbriefe) oder von privaten Agenturen. Ein Text weist auf den Ausgabeanlaß hin, eine bildliche Zugabe ergänzt seine Aussage. Bei den Zugaben sind mannigfaltige Möglichkeiten erdacht worden: Fotobriefe, die ein fotografiertes Motiv schmückt, oder graphisch gestaltete FDC, verziert mit gezeichneten Symbolen, Figuren oder sachbezogenen Sujets, aufgeklebte farbige Folien oder Stoffstücke (Nylon, Dederon u. a.), die ein gedrucktes Bild zeigen. Die Herausgeber solcher Erinnerungsstücke sind jedenfalls um Ideen nie verlegen gewesen.

Die meisten FDC tragen keine Anschriften, sind also nicht postalisch auf die Reise geschickt worden, sondern wanderten in die Sammelalben oder -kästen. Meist werden alle Werte, die zum neuen Satz gehören (Satzbrief), verwendet, mitunter werden sie bei umfangreicheren Ausgaben auch auf zwei oder gar drei FDC verteilt. Portogerechte Frankaturen treten dabei aber nur gelegentlich auf, was den tieferschürfenden Philatelisten oft grämt, den Anfänger aber völlig unberührt läßt.

Zum Ersttagsbrief gehört natürlich ein Ersttagsstempel. Dies kann der Tagesstempel sein, wie er von den gewöhnlichen Postsendungen her bekannt ist – mit dem Datum des Ersttags, versteht sich. Oder es ist ein speziell für diesen »welthistorischen Tag« der Geburt einer neuen Briefmarke angefertigter Ersttagsstempel. Er darf nur an diesem einen Tag eingesetzt werden; alle anderen Daten sind Mache. Und dann gibt es noch zum Ausgabeanlaß der Marke passende Sonderstempel, die längere Zeit für die Poststempelung eingesetzt werden, deren Abschläge aber eben nur am ersten Tag der betreffenden Markenausgabe als Ersttagsabstempelung gelten können.

An der Gestaltung von Ersttagsbriefen hat sich auch der »Weltverband der Gesellschaften für die Vereinten Nationen« (WFUNA) beteiligt. Er läßt in Verbindung mit jeder Briefmarkenausgabe der UN besondere Ersttagsbriefe von international bekannten Persönlichkeiten entwerfen: Hier wirkten bereits Marc Chagall, Ex-Boxweltmeister Muhamed Ali (Cassius Clay), die Fürstin Gracia Patricia von Monaco (Grace Kelly), der österreichische Grafiker Friedensreich Hundertwasser (Stowasser), und auch die berühmte Filmschauspielerin Sophia Loren reihte sich ein.

DER SAMMLERBRIEF

Ein typischer Sammlerbrief, mit sechs verschiedenen Marken frankiert, doch wirkt er (noch) nicht überladen.

Dem Sammlerbrief in einem Abschnitt über die eigens für Sammler gedachten Stücke ein separates Plätzchen einzuräumen hat seine Berechtigung:

Zum ersten, daß das aufgeklebte Porto dem geforderten Wert entspricht und keine Überfrankatur darstellt (die die Sammler übrigens bis zu etwa 5 % tolerieren, zumal dann, wenn im Markensatz keine passende Wertstufe vorhanden ist, die eine stimmende Frankatur ermöglicht hätte.)

Zweitens sollte der Sammlerbrief ein Bedarfsbrief sein, somit eine echte Anschrift und nicht nur den Vermerk »postlagernd« bzw. »poste restante« tragen. (Solche Vermerke bringt man mangels eines bekannten Adressaten in einem fremden Land an und bekommt die Sendung dann – wie gewünscht – einige Zeit später zurück, da sie nicht abgefordert wurde.)

Zum dritten ist die Frankatur ganz offensichtlich von einem Philatelisten angebracht worden, der weniger gebräuchliche Wertstufen koppelt, sauber nebeneinander klebt und sie auf dem Postamt am Schalter ebenso sauber abstempeln läßt. Auch wer einen Brief mit einem unzertrennten Blatt aus einem Markenheftchen freimacht, wobei das Porto stimmen muß und notfalls zu ergänzen ist, wer einen Brief mit Viererblocks portogerecht beklebt, wer Zusammendrucke verwendet, wer die Ränder an den Marken beläßt, falls diese Besonderheiten zeigen (Farbrandstreifen, Hausauftragsnummern, Druckereikennzeichen, Namen des Druckers, Kontrollziffern, Druckartmerkmale [Streifen oder Ziffern bei Bogen- oder Rollendruck]), ohne daß ein Machwerk entsteht, der schafft einen Sammlerbrief, wie er im Buche steht.

DER HÄNDLERBRIEF

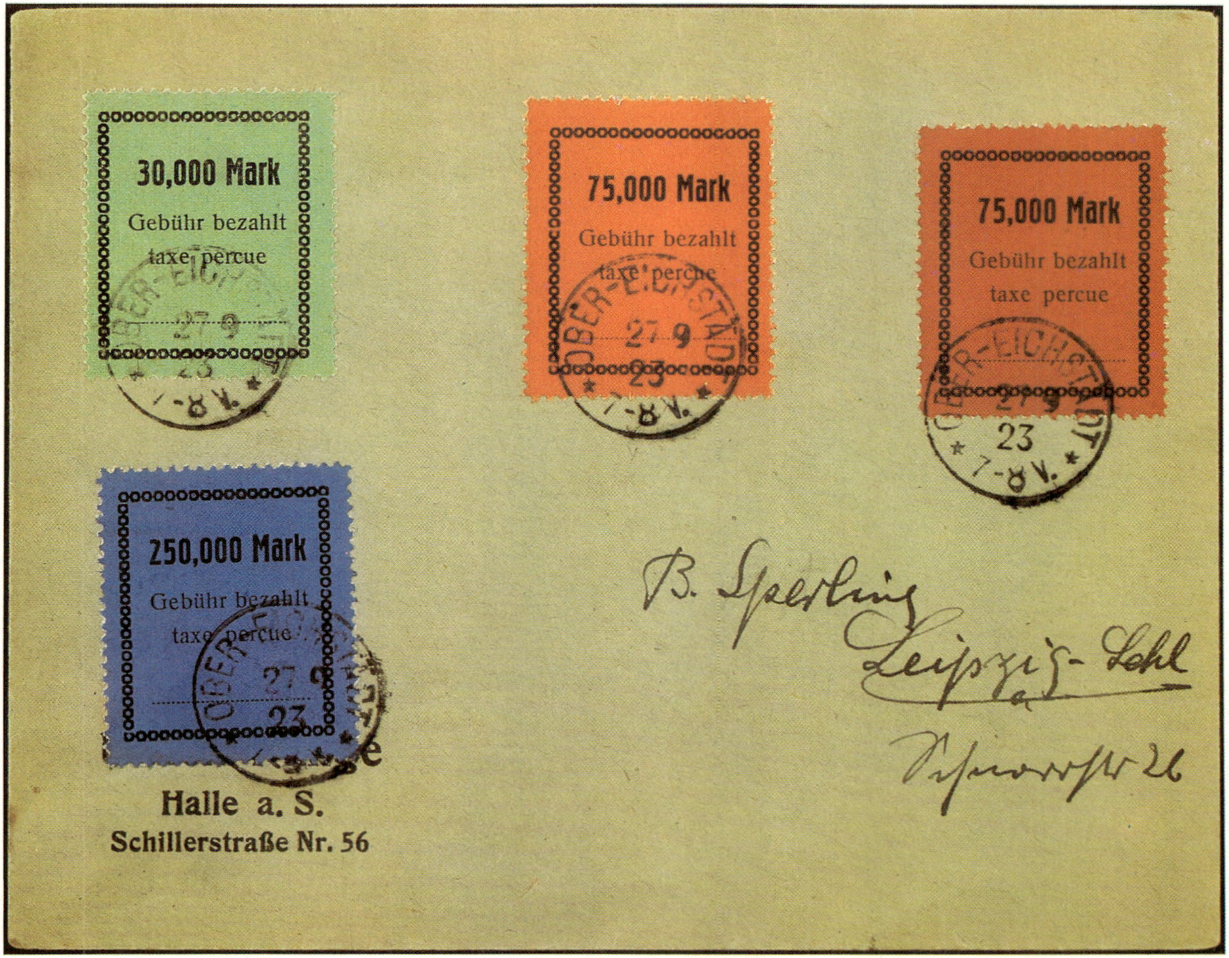

Ein »unredlicher« Händlerbrief.
Hier hatte ein Hallenser Händler (sein Name steht unter der blauen Marke) während der deutschen Inflation Gebührenzettel in eigener Regie herstellen lassen. Er fand auch eine Postdienststelle, die seine Produkte stempelte und einige sogar – z. T. als Einschreiben – beförderte. Eindeutig gilt: Selbst wenn solche Stücke postalisch befördert wurden, bleiben sie Machwerke, diskriminieren die Philatelie und schaden dem Sammler.

Linke Seite:
Typischer Händlerbrief mit Eindruck des Anlasses (Luftpost über ...), des Luftpostklebe»zettels«, der Anschrift und des Absenders

Schon kurze Zeit nach der Einführung der Briefmarken erkannten gewitzte Leute, daß diese kleinen bunten Gebührenschnipsel gesammelt werden und daß sich mit dieser neuen Leidenschaft möglicherweise ein gewinnbringender Handel aufziehen lassen könnte. Bekanntlich kamen die ersten Marken am 6. Mai 1840 in England heraus, und so nimmt es nicht wunder, daß auch die Engländer um 1850 die ersten waren, die mit Marken zu handeln begannen. Des weiteren kennt die Fachwelt der Philatelie Namen wie Moens (Belgien), Maury (Frankreich) oder Zschiesche & Köder (Deutschland, Leipzig), die den mittlerweile weltweit gewordenen Briefmarkenhandelsmarkt begründeten. Zum Ankauf und Verkauf von losen Marken gesellten sich die vollständig erhaltenen Briefe, und als dann ideenreiche Leute anfingen, für die Sammler besonders interessante Stücke herzustellen, war die Beschaffung dieser Belege dem einzelnen nur noch schwer möglich. Hier sprangen die Händler in die Bresche und besorgten durch ihre besseren organisatorischen Möglichkeiten solch Sammelgut gleich in zahlreichen Exemplaren. Sie selbst wurden so zu Großkunden bei Postverwaltungen, Ausstellungsleitungen oder Luftfahrtgesellschaften usw. Man kannte sie bald und rechnete mit ihren Bestellungen. Dem einzelnen Sammler wären z. B. neuerschienene Marken fremder Länder, ein Erst- oder Sonderflug, die Jungfernfahrt eines neuen Schiffes, eine Ausstellung oft entgangen – die Händler achten besonders auf die entsprechenden Informationen und geben die Briefbelege in Auftrag. So haben seither zahlreiche seriöse Handelsleute zur Freude der Sammler manche schönen und interessanten Sammelstücke beschafft, die heute mitunter einen hohen Handels- und Tauschwert verkörpern.

Da viele Händler die Angewohnheit hatten, ihre Firma als Absender anzugeben und die Anschriften einheitlich zu gestalten, läßt sich noch Jahrzehnte nach seinem Entstehen ein solcher Brief eindeutig als »Händlerbrief« identifizieren. Natürlich ist in einer zum Ausstellen bestimmten Sammlung ein Bedarfsbrief dem Händlerbrief vorzuziehen, doch haftet diesem kaum etwas Negatives an; er ist – trotz blassen kommerziellen Anstrichs – genauso echt wie der andere.

Gleiches gilt für Sendungen, die von philatelistischen Organisationen in Auftrag gegeben wurden und deren Anschriften als Absender und/oder Empfänger erscheinen: Ohne die Organisation wäre für manchen Sammler mancher Beleg unerreichbar geblieben, zumal individuell versandte Post, z. B. bei einem Erstflug, die gewünschten Sonderstempel heute oft nicht mehr erhält.

DER ERSTFLUGBRIEF

Wenn ein neuer Flugzeugtyp im Luftverkehr eingesetzt wird, wenn eine neue Luftlinie zum ersten Mal beflogen wird und entsprechende postalische Belege diesen Ereignissen gewidmet werden, treten die Luftpostsammler auf den Plan und liefern Erstflugbriefe und -karten auf.

Die ausreichend freigemachten Sendungen sind unter Umschlag an das zuständige Luftpostleitamt zu schicken, versehen mit der Angabe des gewünschten Fluges (dieser Vermerk gehört auch auf den Luftpostbrief). Während des Fluges oder am Zielort erhalten die Sendungen einen bzw. mehrere Stempel, die auf Luftpostbeförderung hinweisen, wie Erstflug-, Flugbestätigungs-, unter Umständen auch Verzögerungs- oder gar Ausfallstempel, wenn sich ein Flug verspätet oder ausfällt, sowie den Ankunftsstempel.

Auf diese Weise entstehen überaus bunte und bildwirksame Belege, wobei »Buntheit« nicht immer ein Gütesiegel für »Echtheit« einer Sendung darstellt; leicht kann auch der Eindruck eines philatelistischen Machwerkes entstehen. Mitunter schadet ein Zuviel des Guten, da bisweilen noch Stempel von Organisationen mangels amtlicher Stempel angebracht werden. Luftpostbriefe können als individuell angefertigte Sammlerbriefe auf die Reise geschickt werden, jedoch häufiger sind heute die von Organisationen oder Händlern aufgelieferten Händlerbriefe.

Für interessierte Philatelisten noch eine kleine Zusammenfassung von Luftfahrt-Ereignissen, die durch besondere Stempel, mitunter sogar Klebezettel, gewürdigt werden:

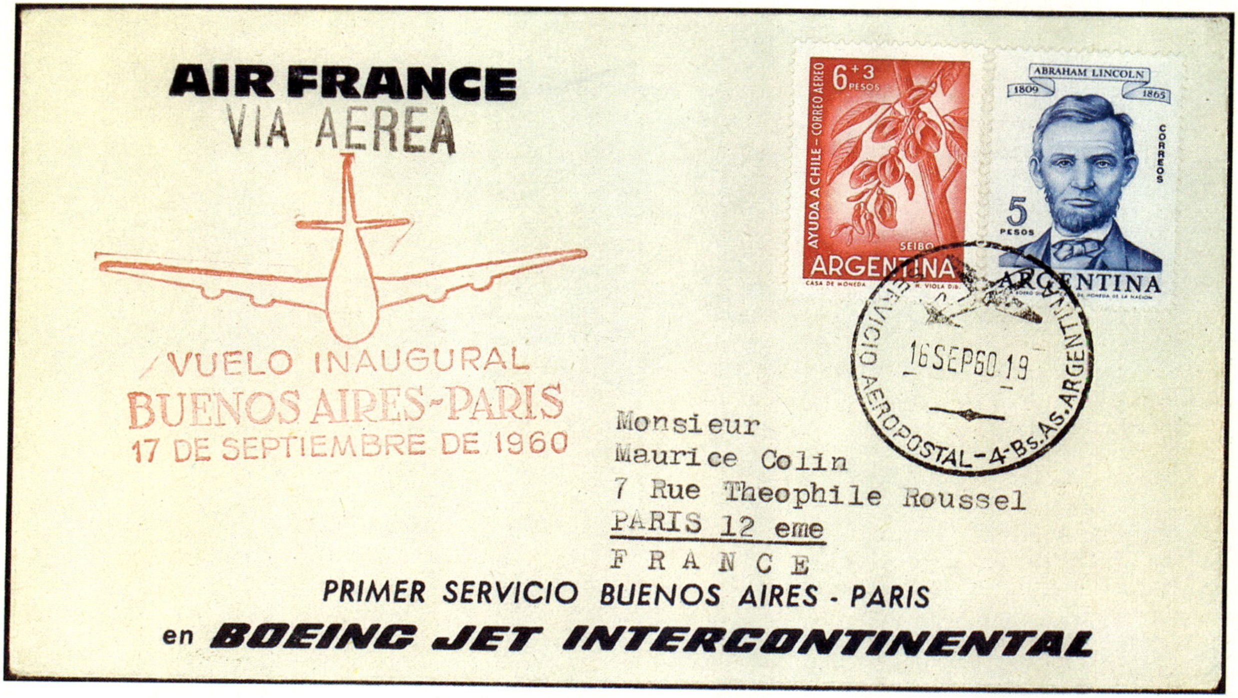

Erstflugbrief Argentinien–Frankreich
zur Eröffnung der Fluglinie Buenos Aires–Paris am 17. September 1960

- Eröffnung einer neuen Luftpostverbindung (im Inland, zwischen verschiedenen Staaten oder Kontinenten)
- Erweiterung (Verlängerung) einer schon bestehenden Linie
- Einsatz eines neuen oder wesentlich veränderten Flugzeugtyps auf einer bereits bestehenden Luftpostrelation (allerdings nur dann, wenn die Linie nicht schon seit jeher von mehreren Typen beflogen wurde)
- Zu nur kurzzeitig bestehenden Luftpostverbindungen aus besonderen Anlässen (z.B. zur Weimarer Nationalversammlung 1919 auf der Strecke Weimar–Berlin; zur Leipziger Frühjahrs- bzw. Herbstmesse)
- Erinnerungs- oder Gedenkflugveranstaltungen (z.B. aus Anlaß des 10jährigen Bestehens einer Linie oder des 100. Geburtstages eines Flugpioniers, eines Konstrukteurs oder der soundsovielten Ozeanüberquerung).

DER SCHMUCKUMSCHLAG

Eng verwandt mit dem Bildumschlag, trägt auch er einen bildlichen Zudruck. Während der Bildumschlag »amtlichen« Charakter besitzt, da von der Post in eigener Regie herausgegeben, wird der Druck von Schmuckumschlägen privat, d.h. nicht in postamtlichem Auftrag, veranlaßt. Wenn mitunter eine Firma ihre Geschäftsumschläge mit werbenden Zudrucken versieht, ist freilich die Bezeichnung »Schmuckum-

Ein wirkliches Schmuckstück für den Sammler:
Außer Sondermarke mit Sonderstempel zeigt der Schmuckumschlag ganz unten noch den Nebenstempel einer Sonderpostbeförderung.

schlag« nur selten gerechtfertigt. Dagegen können die von Interessen- bzw. Sammlergruppen besorgten bildlichen Darstellungen schon eher unserem Begriff entsprechen. Meist aus einem aktuellen Anlaß entstanden, findet man berühmte Gebäude, Signets, die für eine bestimmte Veranstaltung werben, charakteristische Motive für diverse Ausstellungen und was der Beispiele mehr sein mögen. Auch der Trauerbrief kann als Schmuckumschlag gestaltet sein. Gleichfalls dem Dekorativen verpflichtet war der Zierbrief des 19. Jahrhunderts, dessen Schmuck zumeist in Linien- bzw. Rankenumrandung bestand.

Die Grenzen sind fließend, wie man sieht, und es kann mehrere Ordnungsmöglichkeiten geben.

Kuriose Anschrift:
An die Königl. berittene Frau Grenzaufseherin S. in M.

Bei der Behandlung des Botenbriefes hatten wir festgehalten, daß es sich dabei um Briefe handelt, die ein privater Bote zum Empfänger bringt. Boten*post*briefe hingegen werden von einem Angestellten der staatlichen Post von einer – meist nur für kurze Zeit bestehenden – Poststelle zum zuständigen Postamt gebracht, das die weitere Beförderung in üblicher Weise besorgt.

So reduzierte sich in modernerer Zeit der Begriff »Botenpost« auf den für philatelistische Zwecke eingerichteten Botendienst. Zum Beispiel anläßlich einer philatelistischen Tagung wurde ein Sonderpostamt mit Botenpost ins Leben gerufen. Die von ihr beförderten Sendungen erhalten (wie könnte es unter Sammlern anders sein) einen Zusatz- oder Nebenstempel. Besonders attraktionsbewußte Veranstalter richten – je nach Jahreszeit – eine Reitpost, eine Fahrpost (mit alter Postkutsche) oder gar eine Schlittenpost ein. Sind es auch Spielereien, so kommt doch in ihnen die alte Botenpost wieder in Erinnerung, und außerdem entsteht ein hübsches Souvenir.

Aus philatelistischem Anlaß entstandene Botenpostbeförderung.
Auch der Einschreibnummernzettel zeigt die Inschrift »Wartburg«.

Für die Besucher einer Briefmarkenausstellung veranstaltete Botenpost

Kuriose Anschrift:
An den Bauer Gesellen Niklas in Nieder-G. bei L. Ich bitte die Herrn Postämter diesen Brief im schleunigen Fortgang nicht aufzuhalten

DAS AUTOGRAPH

Dieses Fremdwort aus dem Griechischen bedeutet soviel wie »Selbstgeschriebenes«. Im Prinzip würde also jeder handgeschriebene Brief(umschlag) dazu zählen. Man würdigt jedoch nur dann ein Schriftstück als Autograph, wenn es von der Hand einer bekannten Persönlichkeit stammt. Gelangt der Samm-

Brief des Urwaldarztes, Friedensnobelpreisträgers (1952) und hervorragenden Organisten Prof. Dr. Albert Schweitzer (1875–1965) aus Lambarene (Gabun), seiner Hauptwirkungsstätte, an den Verlag Breitkopf & Härtel in Leipzig

ler in den Besitz einer solchen Epistel, schlägt sein Herz höher, steht doch hinter einem berühmten Namen stets ein Stück Geschichte.

Für den Umschlag-Sammler wird – seinem Hobby getreu – wieder nur die Briefhülle das Wichtigste sein (wobei er den Briefinhalt selbstverständlich nicht verschmähen wird). Im Idealfall ist der Absender auf der Umschlagvorderseite vermerkt; befindet sich die Angabe auf der Rückseite, wird man den Brief nach Möglichkeit aufgeklappt zeigen oder fertigt ein Foto an, um die Autorschaft demonstrieren zu können; denn in auszustellenden Sammlungen darf man von einem Brief (oder einer Postkarte) nur den »philatelieträchtigen« Teil – meist also die Anschriftseite – zeigen. Dabei ist mitunter die Rückseite, z.B. durch die autographische Absenderangabe, viel bemerkenswerter, während die Vorderseite eine ganz gewöhnliche, massenhaft in Sammlerbesitz befindliche Briefmarke trägt. Als weiteren »Echtheitsbeweis« kann man auch ein Stück des Briefbogens (evtl. mit der Unterschrift) zeigen, obwohl er »nichtphilatelistisches Beiwerk« darstellt, das an sich in auszustellenden Objekten verpönt ist. Bleibt eine solche Regelübertretung in bescheidenen Grenzen, wird sie eine weitsichtige Jury sicher tolerieren, doch man sollte sich nicht darauf verlassen!

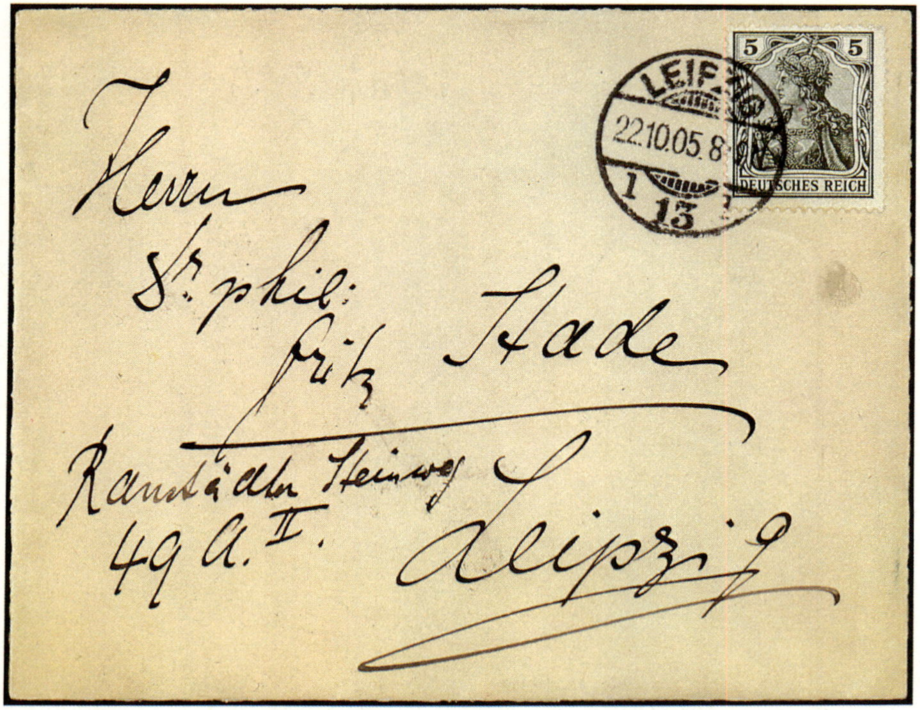

Brief des weltberühmten Dirigenten und Gewandhauskapellmeisters Arthur Nikisch (1855–1920) an einen Musikwissenschaftler in Leipzig aus dem Jahre 1905

DER NUMISPHILABRIEF

Eine nicht besonders geglückte Wortschöpfung, die die Abkürzungssucht unserer Zeit da hervorbrachte (»Numis«: Numismatik, Münzsammelkunde; »Phila«: Amputation von Philatelie). Der Numisphilabrief, auch kurz Numisbrief genannt, von recht geschäftstüchtigen Leuten ersonnen, soll den philatelistisch interessanten Ersttagsbrief mit der thematisch passenden neuen Münze verbinden. Ein Zudruck (Bild und Text) gibt Erläuterungen und weitere Informationen. So entstand ein Produkt, das alle Merkmale eines Sammelstückes besitzt, aber keinem echten Bedarf entsprang. Wollte man solch einen Umschlag tatsächlich zum Nachrichtenaustausch nutzen, wäre sein Schicksal doch recht fragwürdig. Wie überstünde die Münze den Postalltag? Und wer bürgt für die Sicherheit? Zumal mitunter ganz beträchtliche Münznennwerte – vom Sammelwert noch abgesehen – benutzt werden (müssen).

Jedoch: Die Geister scheiden sich. Manche meinen, die in den siebziger Jahren aufgekommenen Numisphilabriefe seien eine Geldschneiderei, andere bezeichnen sie als schöne Souvenirs und außerdem wertbeständige Anlagen. Beide Ansichten enthalten richtige Details; zum Massenprodukt und -ziel sammlerischen Strebens werden sie sich aber mit Sicherheit nicht entwickeln. Möge die Numismatik behalten, was der Numismatik ist; und allzu viele Philatelisten werden sich mit diesen Briefen auch nicht anfreunden können, schon deshalb, weil sie ihren ohnehin strapazierten Geldbeutel noch weiter belasten. Auch sind die derzeit verwendeten Markenalben für diese Stücke nicht geeignet, da sie wegen der in Plast eingeschweißten Münze zu sehr ausgeweitet würden. Bei Ausstellungen passen sie nicht in die glasabgedeckten Rahmen einer Briefmarkenexposition und würden das Glas zerdrücken. Es bleiben also nur Vitrinen. Mag sie also sammeln, wer will, niemand hindert ihn daran. Und wenn eine kräftige Numisphila-Brieftaube einmal solch ein Stück bringt – aufheben kann man's ja …

Dieser Numisphilabrief enthält eine Medaille, die ebenso wie die Marke dem berühmten Komponisten Robert Stolz (1880–1975) gewidmet ist.

DER SAALPOSTBRIEF

In manchen Tanzlokalen gibt oder gab es früher Tischtelefone, die als »Kontaktmittel« gern und häufig genutzt wurden.

Der gleiche Effekt läßt sich auch mit einem Saalpostbrief erreichen – wenn dies vom Veranstalter arrangiert wurde (und im übrigen nicht auf Nachtlokale beschränkt ist). Umschläge und Briefpapier liegen dann auf jedem Tisch bereit. Man schreibt ein nettes Briefchen, legt es in den Saalpost-Briefumschlag ein, vermerkt Tischnummer nebst näheren Kennzeichen des Empfängers und winkt die Saal-Briefträgerin heran, sofern es nicht einen Saalpost-Briefkasten gibt, der alle Viertelstunden geleert wird.

Gewitzte Veranstalter verbinden ihre Saalpost mit dem Verkauf eigens hergestellter Saalpost-Briefmarken und führen im Saalpost-Postamt eigene Stempel. Der Erlös kommt dann zumeist einer wohltätigen Sache zugute.

An »Tisch No. 3« gerichteter Saalpostbrief.
Als Briefmarke diente ein ungültiges altes (und sehr billiges) Postwertzeichen,
das mit einem besonderen Saalpoststempel bedruckt wurde.

DER KURIOSE BRIEF

... auch ein Brief kann kurios sein. Der abgebildete Beleg dürfte durch den ellenlangen Namen des Bestimmungsortes dieses Prädikat beanspruchen. Übrigens: Der Ort mit dem längsten Namen Europas liegt in Wales (Großbritannien): Llanfairpwllgwyngyllgogerychwyrndrobwll-Llantysiliogogogoch. Man sollte jedoch Briefschaften mit derlei Kuriositäten nicht überbewerten und wunder was für eine Rarität in ihnen vermuten. Der Briefmarkenfreund aber wird seinen Spaß haben, z. B. an Poststempeldaten wie 11.11.11 11–12 Uhr, Postamt 11, oder 1.2.34 5–6 Uhr, Postamt 7. Originell ist auch ein Sonderstempel, der nicht weniger als 13mal eine Sieben zeigt: 7.7.77 7–8 Uhr, Postamt Hoyerswerda mit der Postleitzahl 77, dazu im Stempelbild eine Skatkarte mit viermal der Sieben in den Ecken sowie dem Text »Briefmarkenwerbeschau 77«. Oder: Der Ort Wendisch-Rietz trägt die Postleitzahl 1234; ein Brief mit dem Stempeldatum 5.6.78 9–10 Uhr ergänzt diese Zahlenreihe und ist unbestritten auffallend. Ähnliche Zahlenspielereien lassen sich noch von so manch anderem Ort mit Hilfe entsprechender Daten gewinnen. Und tiefbewegt nehmen wir zur Kenntnis, daß eine aus solchem Anlaß aufgelegte Ansichtskarte verkündet: »Willst Du

Der Brief kam – wie beabsichtigt – an den Absender zurück, denn der fingierte Empfänger war in dem Ort mit dem längsten Namen auf der Erde, in »Taumatow ...«, selbstverständlich unbekannt.

dieses Spiel noch würzen, dann trag den Brief zum Postamt 14!«

Weitere Merkmale sind die »Stempelirrtümer«, z. B. mit Daten wie 30. 2. oder 38. 13. Ein Maschinenstempel, dessen Stempelkopf ja den Datumsteil mehrfach wiederholt, kann einmal den 1.3. und auf dem anderen Teil den 2.3. zeigen – alles auf einem Brief. Absonderlich wirken stets kopfstehende Ziffern – auch in Absender- und Postfreistempeln. Raritäten sind das freilich nicht, es sind Kuriositäten!

Hierzu gehören auch Stempel mit originellen Ortsnamen: Floh oder Hundeluft, Schmalzgrube oder Schmatzfeld u.v.a. – mit geringer Mühe aus einem Orts- oder Postleitzahlenverzeichnis herauszusuchen. Der Phantasie des Sammlers sind keine Grenzen gesetzt ...

Ernsthaftere Züge tragen Belege, die im Stempel usw. einen Familiennamen nennen. So gibt es bei Minden in Westfalen einen Ort, der den gleichen Namen wie der Verfasser trägt. Jener Name taucht demzufolge im Poststempel und auch auf Einschreibnummernzetteln auf. Die Formwandlungen »seines« Stempels im Laufe der Jahrzehnte zu verfolgen ist für den Träger dieses Namens nicht ohne Reiz.

7

DIE MODERNEN

Französisches Aerogramm mit eingedrucktem Wertstempel »Concorde«. Der Rechteckstempel verweist auf das 50jährige Jubiläum der Flugverbindung England–Frankreich–Australien.

Die Gebühr für Luftpostsendungen wird nach Gewicht (und Entfernung) berechnet. Um diesen »Gewichtsproblemen« zu begegnen, wurde schon früher ziemlich dünnes tintenfestes Papier für Briefbogen und Luftpostumschläge produziert. Das Aerogramm oder der Luftpostleichtbrief besteht aus einem Blatt dieses dünnen Papiers und ist als Faltbrief an drei Seiten mit Klebeleisten versehen.

Im internationalen Sprachgebrauch kam in den vierziger Jahren der Begriff Aerogramm auf. Zunächst in der Größe einer Postkarte (Weltpostvertrag von Brüssel 1952), dann in der eines Briefes (Weltpostvertrag von Tokio 1969) zugelassen, darf das Aerogramm wegen der Gewichtsbeschränkung auf 5 g keinerlei Beilagen enthalten. Nur dann sind die ermäßigten Gebühren gerechtfertigt. Nicht alle Länder erkennen Aerogramme an; hier unterliegen sie den regulären Gebühren für Luftpostsendungen ihres Gewichts und ihrer Entfernung (Bestimmungsland).

Zur Freimachung können Briefmarken und auch Freistempel (Postfreistempel, Absenderfreistempel) verwendet werden. Für den Philatelisten sind Aerogramme nur als Ganzsachen sammelwürdig, wenn sie also den Wertstempel und das Wort »Aerogramm« auf dem leichten Papier eingedruckt tragen.

Die sechziger Jahre brachten in verschiedenen fortgeschrittenen Industrieländern verstärkt Bemühungen um die Automatisierung des Briefverteildienstes. Die Fachpresse berichtete wiederholt über neuartige Briefverteilmaschinen, und der Begriff »Codierung« tauchte auf.

Manche Länder versahen ihre Postwertzeichen mit fluoreszierenden Überzügen oder kaum sichtbaren streifenförmigen Aufdrucken (Naphthadagstreifen z.B. in England). Mitunter bedurfte es seitens der Philatelisten sogar technischer Hilfsmittel in Form von Lampen mit Spezialfiltern, um z.B. Fluoreszenzüberdrucke (»Lumogen«) erkennen zu können, was aber unbedingt erforderlich war, da viele Markenausgaben in beiden Varianten (mit und ohne Schicht) erschienen und daher in den Katalogen auch verschiedene Nummern bekamen. Über den technischen Zweck dieser Überzüge und Aufdrucke wissen freilich nur wenige Philatelisten und kaum die zahllosen sonstigen Postkunden Bescheid. Einiges wird im »Vorführbrief« behandelt, hier zunächst die Codierung.

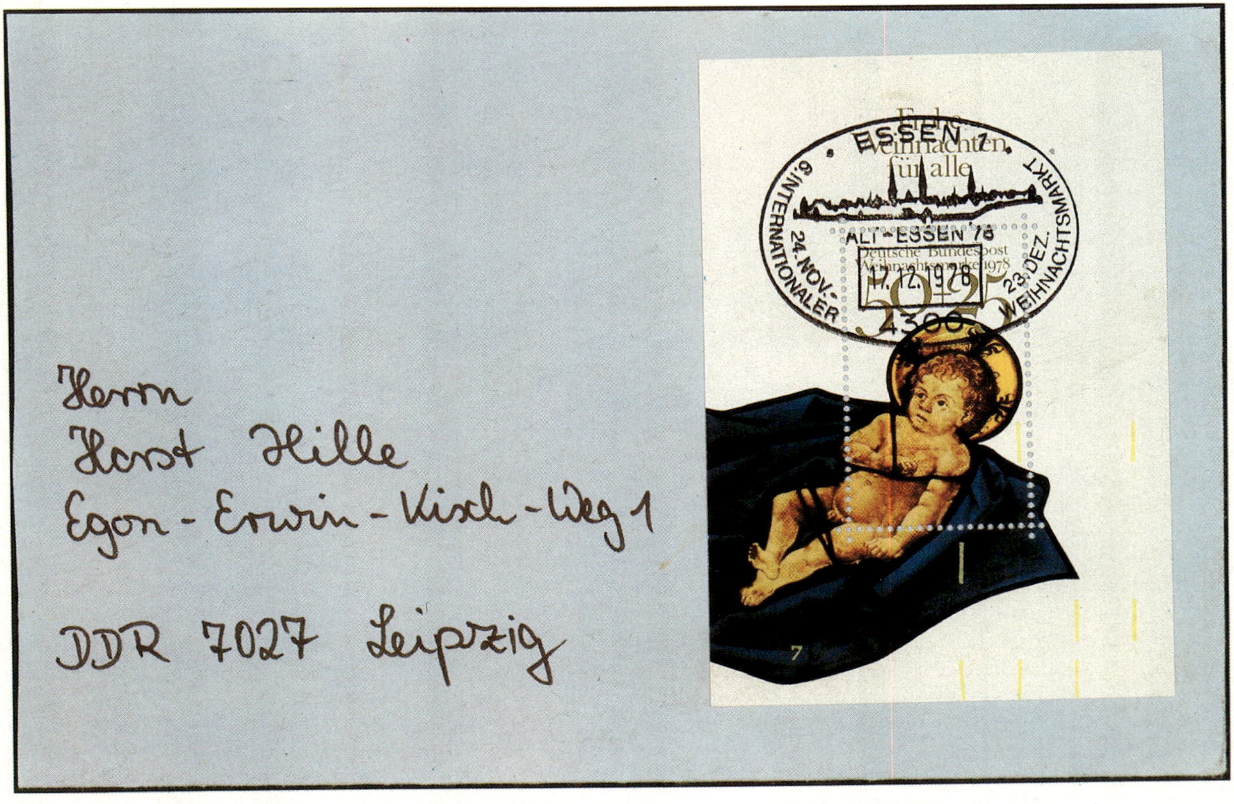

Die Codemarkierungen sind auf dem grauen Papier des Umschlages nicht zu erkennen, doch die dunklen Partien des aufgeklebten Blockes lassen einen der Codestriche und die Platzkennzahl 7 deutlich hervortreten. Kein Fehldruck des Blockes also, sondern Codezeichen, die zufällig dahin gerieten

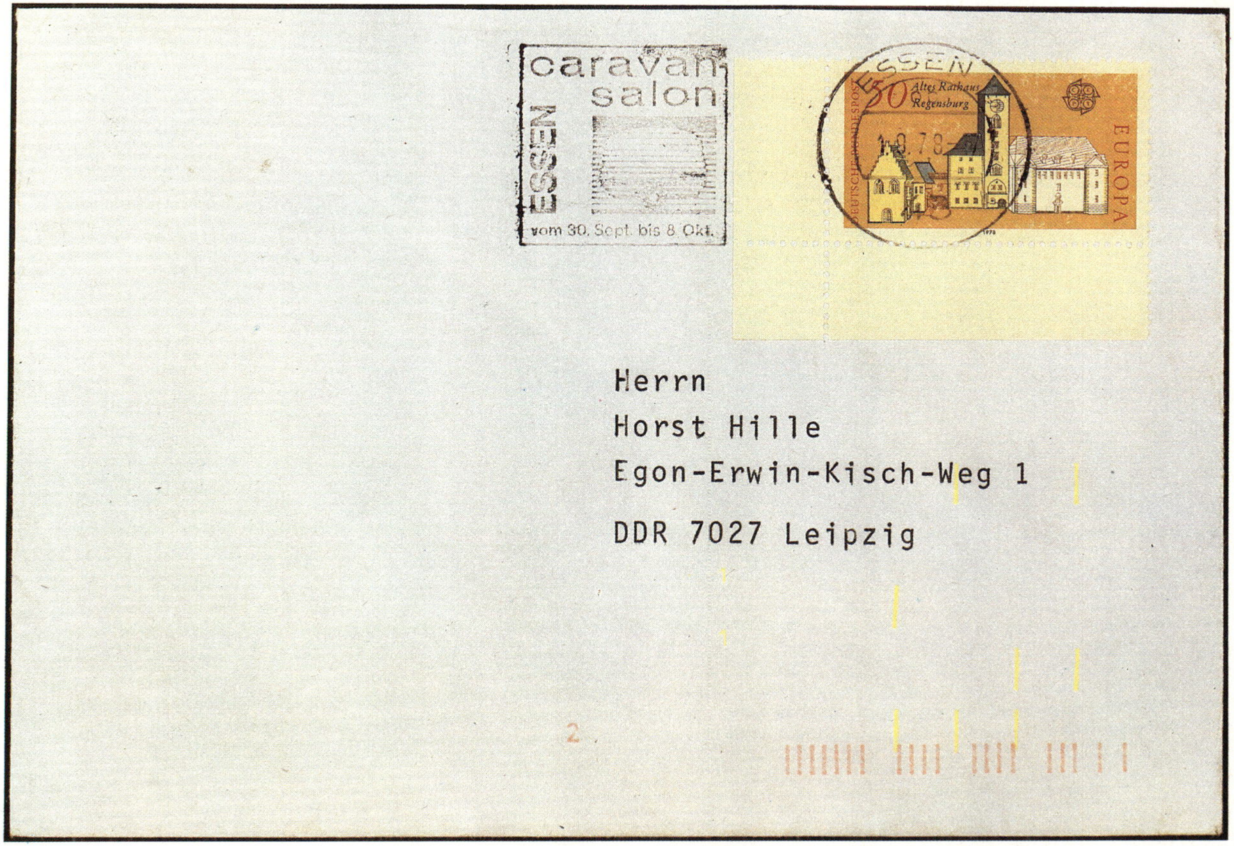

Am unteren Rand kann man den Linearcode deutlich erkennen. Drei Zentimeter links davon steht das Platzkennzeichen 2 des Codierplatzes. Der Brief wurde automatisch verteilt.

Bislang wurden bei der Post die Briefe von Hand auf die verschiedenen Kurse verteilt (in entsprechend gekennzeichnete Fächer eingelegt, dann zu Bunden zusammengefaßt). Um der rasch wachsenden Mengen Herr zu werden, hat es nicht an Versuchen gefehlt, diese Arbeit von Verteilwerken und halbautomatischen Verteilmaschinen ausführen zu lassen: Auf einem Förderband gleiten die lesegerecht aufgestellten und bereits gestempelten Briefe an einer Verteilerin vorbei, die sehr rasch die Bestimmungspostanstalt liest und alsdann eine von etwa 100 Tasten drückt. Danach gelangt der Brief mechanisch in »sein« Fach. Dabei sind 3500 Sendungen je Stunde das Maximum, weil kein Mensch eine noch höhere Anzahl von Postleitzahlen während dieser Zeit geistig erfassen kann.

Doch inzwischen wurden Maschinen konstruiert, die 50000 und mehr Briefe je Stunde verteilen können. Allerdings müßten auch die Eingabezeichen, die Tastendrucke, in dieser enormen Geschwindigkeit erfolgen, was ein »Handschriftenlesen« durch die Elektronik voraussetzt. Bislang wurden zahlreiche Versuche unternommen.

Um nun heute schon die Leistungskapazität einer

hochentwickelten Verteilmaschine zu nutzen, wurden Codierplätze eingerichtet, wo, wie bei der halbautomatischen Briefverteilmaschine, der Bestimmungsort per Tastendruck markiert wird. Dabei erhalten die Briefe eine aufgedruckte Codierung, werden aber noch nicht verteilt. Von mehreren Codierplätzen – jeder mit einer Stundenleistung von etwa 3500 Sendungen – gelangen die gekennzeichneten Briefe zu der Verteilmaschine, die nun die vorbereiteten Sendungen in Windeseile verteilt.

Meist sind die Striche oder Punkte der Codierung leicht zu erkennen; bei einigen Systemen allerdings werden sie erst im Ultraviolettlicht sichtbar, und zwar durch eine für diesen Bereich dotierte Fotozelle. Für das Codierungssystem kennt man die verschiedensten Varianten, z.B. den 2-aus-5-Code, bei dem mit je zwei Strichen in fünf verschiedenen Stellungen jede Ziffer zwischen 0 und 9 definiert werden kann. Beim sogenannten Linearcode befinden sich die Striche in bestimmter Anordnung nebeneinander, und ihre Abstände liefern die notwendigen Informationen. Im inneren Postbetrieb lassen sich mit solchen Codes z. B. die Maschinen der Abgangs- und Eingangssortierung steuern.

DIE MASSENDRUCKSACHE

Massendrucksache der Bundesrepublik Deutschland:
Der Stempeleinsatz enthält den Vermerk »Gebühr bezahlt« (quergestellt),
was die Sendung als Massendrucksache erkennbar macht,
und einen werbenden Texteinsatz, mit dem für allerlei Sondermarken geworben wird,
die 1981 anläßlich der Hochzeit (»Wedding«) des britischen Thronfolgers erschienen sind.

Seit vielen Jahrzehnten haben die »Großkunden« der Post – Firmen, Behörden usw. – günstigere Posttarife gefordert, da die vielen gleichartigen Sendungen der Post die Arbeit erleichtern. Das Problem ist nicht neu: Schon in Sachsen gab es Mitte des 19. Jahrhunderts sogenannte Partiebriefe, Sendungen, die dieselbe

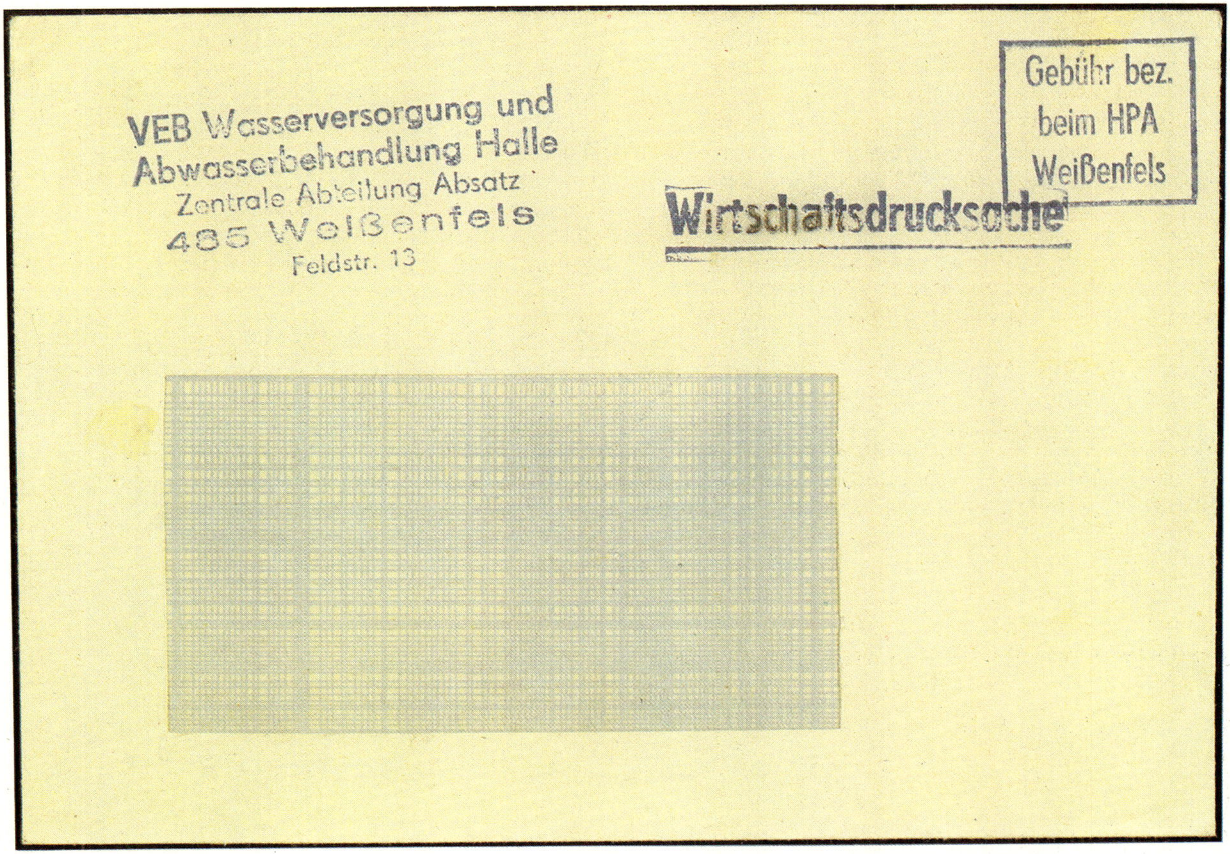

Der aufgestempelte Vermerk »Gebühr bezahlt beim HPA« (Hauptpostamt), der nicht mit dem Tagesstempel entwertet wird, läßt auf eine Sendung von mindestens 100 Stück in dieser Gebührenstufe schließen.

Handschrift und dieselben Siegel aufwiesen. Bei mehr als zwölf derartigen »Einheitssendungen« waren nur noch zwei Drittel, ab 25 Briefen die Hälfte und ab 50 gar nur ein Drittel der Gebühr zu zahlen. Zur Kennzeichnung erhielten diese Sendungen den Stempel »$^1/_2$«, unabhängig davon, welchen Ermäßigungsgrad sie in Anspruch nahmen. Etwas Ähnliches gab es in der Schweiz, wo Mitte des 19. Jahrhunderts bei Auflieferung von wenigstens 20 gleichartigen Briefen die Gebühr von 15 Rappen auf $12^1/_2$ Rappen sank, was man moderierte (ermäßigte) Frankatur nannte.

Der Kampf der Geschäftswelt um günstigere Tarife für Drucksachen hielt bis in die heutige Zeit an. Die in einigen Ländern eingeführten Formen der Drucksachenkarten, Voll- und Teildrucksachen, Warenproben und Massendrucksachen mit besonders günstigen Portosätzen sind Zeugnisse des Erfolges.

Eine auch für Philatelisten bedeutsame Veränderung entstand im Frühjahr 1979 unter dem Einfluß der Werbefachleute, die den bislang versandten Werbedrucksachen mit ihrem mehr oder weniger nüchternen Absenderfreistempel keinen sonderlich stimulierenden Eindruck zusprachen. Vor allem der Absenderfreistempel mit den drei Nullen (pauschal bezahlte Gebühren für eine größere Anzahl aufgelieferter Sendungen, die auf dem einzelnen Stück mit 000 gekennzeichnet wurden) ließe den Empfänger das Ganze wertlos erscheinen. Da ohnehin die Gebührenerhöhung auf der Tagesordnung stand, wurde gleich ein neues Wertzeichen zu 25 Pfennig für diese Massendrucksachen herausgegeben. Allerdings muß der Absender eine Reihe von Bedingungen einhalten, die wir – ebenso wie diverse Gebührenänderungen – hier nicht erörtern wollen.

Noch eine Besonderheit: Der Absender darf diese 25-Pfennig-Marken auf seinen Massendrucksachen vor der Auflieferung selbst entwerten. Für diese Vorausentwertung entstanden besondere Stempelmaschinen, die als Reklamegag auch von einer ganzen Reihe von Firmen gekauft und genutzt wurden – voran einige besonders werbebeflissene Briefmarkenhändler, die somit einem alten, kaum mehr gepflegten Sammelgebiet neues und durchaus nicht uninteressantes Sammelgut zuführten. Zusammen mit attraktiv gestalteten Umschlägen (Zudrucken) ergeben die schwarzen Absenderstempel ein gutes Bild.

Die Absicht der Werbefachleute hat sich erfüllt, zumal noch gestattet wurde, daß auch Warenproben eingelegt und die Umschläge zugeklebt werden dürfen (ein Zugeständnis, das der Prüfmöglichkeit des Drucksacheninhalts durch die Post zuwiderläuft). Im übrigen müssen von den Massendrucksachen mindestens 1000 Stück (bei anderen Massenauflieferungen, die z. B. Postfreistempel erhalten sollen [Pauschalfreimachung], nur 100 Stück) gleichzeitig aufgeliefert werden, von denen mindestens je 10 Stück den gleichen Leitbereich (Postleitzahlen – erste 3 Ziffern) betreffen oder mindestens 100 Stück die gleiche ganze Postleitzahl zeigen. Auch ist es Vorschrift, daß es sich um Standard-Massendrucksachen handelt (Briefe bis zu 20 g Gewicht, Länge zwischen 14 und 23,5 cm, Breite zwischen 9 und 12 cm; Postkarten bis zu 16,2 cm Länge und 11,4 cm Breite).

DER TELEBRIEF

Versehen mit dem Klebezettel »telebrief«, wurde die Nachricht dem Empfänger als Postsache zugestellt. Unten links die laufende Nummer im Telegramm- und Eilzustellbuch

Seit Juni 1980 gibt es bei der Bundespost den Telebrief. Rund 600 Postämter waren ausersehen, Briefe, Dokumente, Verträge, Urkunden, Zeichnungen, Pläne oder andere Vorlagen als Schwarz-Weiß-Darstellungen vorlagengetreu durch Fernkopierer über eine Drahtverbindung zu übermitteln; eine Übertragung dauert nur wenige Minuten. Die Vorlage muß sich rollen lassen, denn sie wird im Fernkopierer auf eine Walze gespannt. Am Empfangsort wird die Kopie in einen Umschlag eingelegt und als Eilbrief zugestellt. Der Einlieferer bekommt seine Vorlage nach der Übermittlung zurück, einige Minuten muß er auf dem Postamt warten, oder die Bundespost stellt ihm die Vorlage brieflich wieder zu. Wie unsere Abbildung zeigt, wird der Brief mit dem Klebezettel »telebrief« gekennzeichnet. Falls der Empfänger des Telebriefes selbst einen Fernkopierer betreibt, kann ihm die Nachricht direkt übermittelt werden.

Vielleicht gehört dem Telebrief die Zukunft: Die originalgetreue Übertragung der Schriftzüge, das gewissermaßen menschlich Verbindende, geschieht sehr rasch und kommt somit dem Gebot unserer Zeit entgegen. Auch in einer wachsenden Anzahl anderer Staaten, z.B. in den USA, in Österreich, der Schweiz oder in Liechtenstein (dort »Bureaufax« genannt), wird ein solcher Dienst betrieben.

Freilich bilden die hohen Gebühren – mehr als das Zwölffache eines normalen Briefes – noch eine starke Barriere gegen die universelle Nutzung. Doch sie verringern sich um ein Drittel, wenn man den Telebrief beim Postamt selbst abholt oder mit der normalen Briefzustellung aushändigen läßt.

DER AUTOMATENMARKENBRIEF

Manche sprechen kurz und knapp von ATM-Briefen. Genaugenommen sind die ATM schlichte Gebührenzettel, von entsprechenden Geräten nach Münzeinwurf oder auf Tastendruck »ausgespuckt«. Inzwischen werden ATM in zahlreichen Ländern benutzt, z. B. in Belgien, Brasilien, der Bundesrepublik Deutschland, Finnland, Japan, Norwegen, Österreich.

Zuerst hat die PTT-Verwaltung der Schweiz (PTT: Post, Telegraf, Telefon) 1976 derartige Automaten aufgestellt, die für Münzen zu 5, 10, 20 und 50 Rappen sowie zu 1, 2 und 5 Franken eingerichtet sind. Eine Elektronik addiert blitzschnell die eingeworfenen Werte und gibt dafür einen mit dem Gesamtbetrag bedruckten Gebührenzettel – die ATM – aus. Damit sind praktisch die unterschiedlichsten (und auch unmöglichsten) Wertangaben zu erzielen.

Eine nur auf 14 Werte festeingestellte, sonst aber recht ähnliche Apparatur brachte die Bundespost am 2. Januar 1981 in ihrem Bereich zum Einsatz. Infolge Portoerhöhungen wurden ab 1. Juli 1982 sieben Wertstufen verändert. Und am 27. September desselben Jahres kam eine Apparatur in Gebrauch, die – von 5 zu 5 Pfennig springend – alle Gebührenstufen bis 99,95 Deutsche Mark auf die ATM zu drucken vermag. Das sind insgesamt fast 2000 verschiedene Wertstufen. Seither gibt es unter den Philatelisten Streit, ob man dies alles sammeln müsse. Man kann, doch tendiert die Meinung dahin, daß eine Beispiel-Wertstufe im Album genüge, zumal die Anzahl der Typen ständig zunimmt.

Mit den Apparaten für die festen Werte wurde allerhand Mißbrauch getrieben. Manche benutzten sie als Wechselautomaten, da man z. B. ein 5-Mark-Stück einwerfen konnte, aber nur eine 10-Pfennig-ATM einzustellen brauchte.

Eine zweite Besonderheit: Jede fünfte ATM der Markenrolle ist auf der Rückseite mit einer Kontrollzahl bedruckt. Solche Stücke finden natürlich das besondere Interesse der Sammler, wie überhaupt die neuen Automaten zuerst vor allem von Philatelisten benutzt wurden, zumal es auch schon bald verschiedene »Fehldrucke« gab: Buchstaben und Zahlenteile, Sterne, Wertziffern u.a. fehlten, was strenggenommen Makulatur ist, aber dennoch begierig aufgenommen wird – es könnte »wertvoll« sein. Nachdem sich die Philatelisten mit den neuen ATM eingedeckt hatten und als eine Mammutserie mit fast 2000 Werten möglich wurde, hat die anfängliche Begeisterung einen mächtigen Dämpfer bekommen.

Inzwischen haben sich auch Nicht-Philatelisten an die neuen Automaten gewöhnt, ersparen sie doch Zeit am Schalter. In einigen Ämtern werden sie gleichfalls genutzt, und zwar als Bestandteile eines sogenannten Schalterterminals, das mit Hilfe elektronisch gesteuerter Geräte den Annahmedienst rationalisieren und beschleunigen soll.

Die Automatenmarken wurden ab 2. Januar 1981 von der Bundespost zugelassen. Der erste öffentliche Automat ging indessen erst am 5. Januar in Betrieb. Mithin können die auf diesem Brief klebenden ATM nur von der Versandstelle für Sammlermarken im voraus beschafft worden sein.

Die ATM müssen wie Briefmarken von der Post noch gestempelt werden. In dieser Hinsicht unterscheiden sie sich also *nicht* von Briefmarken, sehr wohl aber von anderen Gebührenzetteln – auch Nicht-Briefmarken –, die unter Namen wie »metered mail« (Meterpost) aus den USA bekannt wurden. Auch Kanada, Frankreich und andere Länder verwenden solche aufklebbaren, mit dem Gebührenbetrag bedruckten Streifen, die gleichfalls aus Automaten stammen. Auf der Sendung werden sie indessen nicht gestempelt, weil sie neben dem Wert- auch einen Tagesstempeleindruck, alles meist in Rot, enthalten und nur am Tag der Ausgabe verwendbar sind.

ATM können auch mit gewöhnlichen Briefmarken als Ergänzungsfrankatur auf derselben Sendung benutzt werden, wenn die Briefmarken nicht die gewünschte Wertstufe besitzen.

Absender- und Postfreistempel konnten die Briefmarken nicht verdrängen. Ebenso unwahrscheinlich ist es, daß etwa ATM oder andere Gebührenzettel dies vermögen. Keine Zweifel dürften bestehen, daß all diese Freimachungsmöglichkeiten – je nach Betrachtungsweise – ihre Vorzüge und Nachteile besitzen. Die jeweils optimale Methode wird sich behaupten.

Brief mit Aufkleber,
der im internen Verrechnungsbetrieb der Firma mit Hilfe einer EDVA hergestellt ist
Solche Aufkleber bezeichnet man auch als Label.

Die elektronische Datenverarbeitung hat in ihren Siegeszug auch die Freimachung von Postsendungen einbezogen, wobei sich drei Varianten entwickelt haben. Gemeinsam ist allen, daß keine Briefmarken, keine Freimachungsstempel oder Automatenmarken (ATM) verwendet werden. Bei zwei der drei Methoden erscheinen Portosatz und Datum als Computerdruck oben rechts auf dem Brief anstelle der Marke, und zwar entweder als Aufkleber (als sogenanntes Freimachungslabel [label, engl.: Klebezettel, -etikett] aus einer Postgebühren-Ermittlungsanlage) oder unmittelbar auf dem Umschlag. Bei der dritten Möglichkeit erhält der Umschlag – ein Fensterbrief – einen Aufdruck, z.B. mit dem Text »Freimachung (EDV) im Fenster«. Der Portobetrag ist auf dem Briefbogen vermerkt.

In allen diesen Fällen erhält die Post die von der internen EDV-Anlage des Absenders ausgerechneten und gespeicherten Gebühren pauschal bezahlt. Dazu muß der Absender natürlich von der Postverwaltung des jeweiligen Landes zugelassen sein. In großem Umfang wird dieses sehr rationelle Verfahren von der GEZ (Gebühreneinzugszentrale in der Bundesrepublik) angewandt, die z.B. die Rundfunk- und Fernsehgebühren von den Teilnehmern erhebt, sowie von Versandhäusern oder anderen »großen« Postkunden. Der Absender kann – wie bei der Freimachung mit Marken oder Freistempeln – den Portobetrag sowohl selbst zahlen als auch dem Kunden mit der übersandten Rechnung anlasten. Die Post braucht derartige Freimachungsvermerke nicht zu stempeln, da das Datum ohnehin mit erscheint.

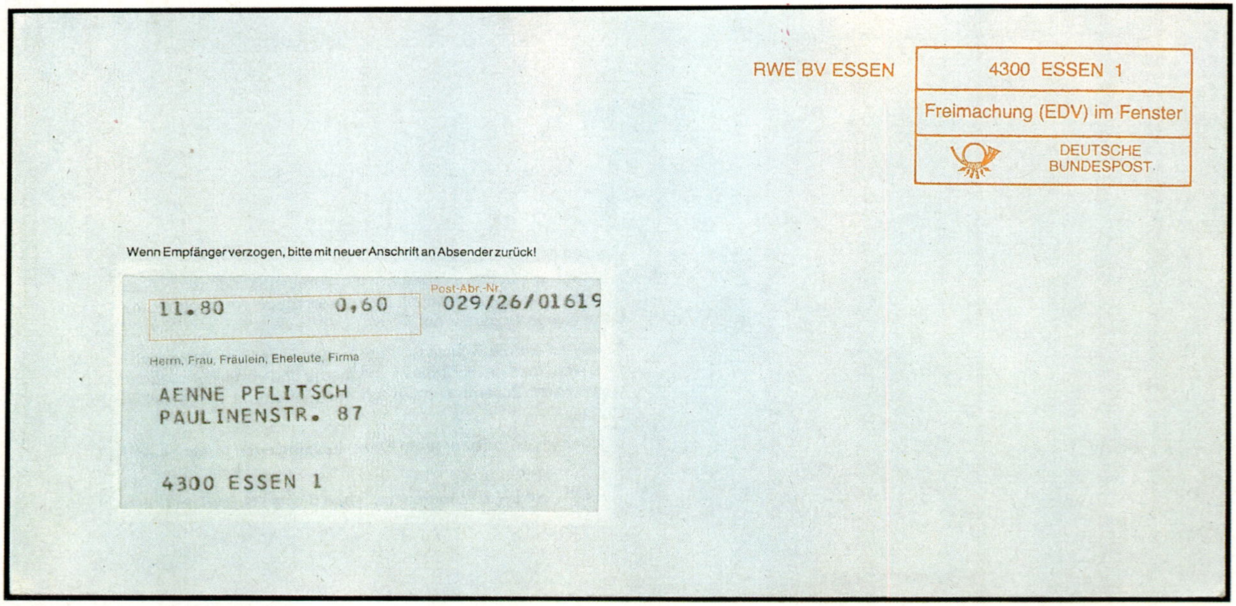

*Der Portobetrag steht im Fenster oben in der Mitte.
Nimmt man die Rechnung heraus, kann man durch das Fenster folgenden Text lesen:
»Es könnte sein, daß Sie von uns am selben Tage mehrere Briefpostsendungen erhalten.
Bitte haben Sie dafür Verständnis, denn die elektronische Datenverarbeitung
und die maschinelle Verpackung – Voraussetzung für eine schnelle,
kostengünstige Verarbeitung – lassen nur diesen Arbeitsablauf zu.
Ein Aussortieren und Verpacken von Hand ist teurer als das zusätzliche Porto.«*

Mit ihm wird etwas vorgeführt – er ist ein papierenes Mannequin. Auf unserem Umschlag mit fingierter Adresse erkennen wir rechts unten ein paar schwarze Striche, oben ein dunkles Feld anstelle einer Marke, mit einem Stempel überrollt. Der Fachmann erklärt uns, daß mit diesem Kennzeichen erstens eine Briefaufstellanlage und zweitens eine Briefverteilmaschine gesteuert werden – elektronisch, versteht sich. Über die Striche, die Codierung, haben wir uns schon unterhalten; der braune Fleck nun steuert eine Briefaufstellanlage.

Wenn Briefe elektronisch verteilt werden sollen, müssen sie in der Maschine »richtig« liegen. Auch das Stempeln erfordert eine genaue Lage: Nur wenn sich das Postwertzeichen oben rechts befindet, kann der Stempelkopf der Maschine die Marke treffen. Die Elektronik der Briefverteilmaschine kann die schwarzen Codierstriche nur dann abtasten, wenn diese

Wie eine Briefaufstell- und Briefverteilanlage funktioniert, wurde mit diesem Vorführbrief demonstriert (fluoreszierende Briefmarke und 2-aus-5-Code).

Vorführbrief einer Firma, die Absenderfreistempler produziert (s. Text im runden Datumsstempel)

rechts unten liegen. Folglich muß der Brief entsprechend »aufgestellt« werden. Zunächst zu Hunderten in die Briefaufstellanlage geschüttet, wird jeder einzelne Brief von Greifern und Drehvorrichtungen so lange bewegt, bis die richtige Lage erreicht ist – der »braune Fleck« oder eine Briefmarke mit besonderer (Fluoreszenz-)Schicht dienen dabei als Steuerung. Nun kann gestempelt und verteilt werden. Unser Vorführbrief diente auf einer Ausstellung als Demonstrationsobjekt.

Kuriose Anschrift:
An den Schneidergesellen Eduard Bömmes in Cöln am Rhein,
aber nicht der mit die rothen Haare, das ist sein Bruder,
der heisst Gottlieb und ist Sattler

Der Beiklebeumschlag aus einer Illustrierten, ungenutzt einer philatelistischen Sammlung einverleibt

Er ist ein Novum, und es gibt bislang nur ein einziges Beispiel; man könnte ihn daher auch unter die »Kurzlebigen« einreihen. Ein wenig Ökonomie zum Verständnis ist unumgänglich. Er wurde 1980 in der Bundesrepublik Deutschland eingesetzt, als andere Kommunikationsmittel (Fernsprecher, Fernschreiber, Telefax) den Briefverkehr »entlasteten«, was die Selbstkosten des Postbetriebes aus den verschiedensten Gründen immer weiter steigen ließ. So sah sich die Bundespost veranlaßt, unter der Losung »Schreib mal wieder« eine Werbekampagne zu starten. Sie gab Aufkleber mit diesem Slogan in leuchtendem Gelb-Schwarz heraus und präsentierte überdies in sieben großen Illustrierten mehrere Millionen Umschläge, unsere Beiklebeumschläge, um wieder Appetit aufs Briefeschreiben zu machen. Die Umschläge waren, postalisch und philatelistisch gesehen, Ganzsachen und trugen einen Wertstempeleindruck zu 60 Pfennig als damals gültigem Freimachungssatz für einen Inlandsbrief. Außerdem prangte auf dem Brief der genannte Werbespruch. Die Bundespost hatte damit die Möglichkeit geboten, einmal einen Brief kostenlos zu versenden.

Was geschah? Die »lieben« Sammler begannen die Jagd nach diesen für einen ganz anderen Zweck gedachten Umschlägen, was allerdings nie ganz ohne Spuren abging: Alle Belege »ziert« hinten eine mehr oder weniger deutliche Beschädigung, die nur dann ganz geringfügig blieb, wenn die Klebestelle zuvor mit Wasser (z.B. durch Auflegen von nassem Löschpapier) erweicht wurde. Die Post hatte die Rechnung ohne die Philatelisten gemacht. Die Zielpersonen der Aktion, die potentiellen Briefschreiber, erreichten diese Briefe kaum.

DER RAKETENBRIEF

Raketenpost besitzt das Flair des Ungewöhnlichen – was den Philatelisten freilich nicht hindern sollte, Hintergrund und Echtheit der Belege genau zu prüfen. Einerseits vom ernsthaften Bemühen getragen, der Postbeförderung neue Wege zu erschließen, haftet andererseits manchen Stücken der Geruch des Unredlichen an, wenn lediglich rasch »Geld gemacht« werden sollte.

Als seriös können jene Versuche gelten, die ab 1928 der österreichische Ingenieur Friedrich Schmiedl in der Steiermark, im Schöcklgebiet, anstellte. Auf einer Schienenrollbahn brachte er seine Raketen zum Start, belud, nach sechs Probeflügen, die Rakete »V 7« mit Briefpost und schoß sie am 2. Februar 1931 in Richtung der Gemeinden Kunberg, Radegund und Semriach ab. Sie soll etwa 4000 m Höhe erreicht haben, bis sie sich an einem Fallschirm langsam wieder der Erde näherte. Die mitgeführte Post (frankiert mit einer Privatmarke und amtlichen Marken) gelangte dann auf dem üblichen Postweg zu ihren Empfängern. Schmiedl startete 1935 weitere Raketen (24 insgesamt), die 6000 Briefe beförderten. Da er keinerlei staatliche Unterstützung für seine weiteren Pläne eines ständigen Raketenpostdienstes erhielt, zerstörte er selbst alle seine Einrichtungen und Unterlagen, damit sie nicht für Kriegszwecke mißbraucht werden könnten.

Um die gleiche Zeit wagten auch andere Erfinder derartige Versuche, in Deutschland z.B. der Ingenieur Tilling, der bei der Explosion einer Postrakete den Tod fand, in Frankreich Roberti, in Indien Stephen R. Smith, ebenso in den USA, Australien, Kuba, den Niederlanden, in Belgien und Jugoslawien. Alle Unternehmungen waren mit der Herausgabe von privaten Flugvignetten für die mitgenommenen Briefschaften verbunden und sollten die Versuche finanzieren helfen. Einer der »Raketenpioniere«, der Ingenieur Gerhard Zucker, trieb dieses Spiel allerdings zu weit: Er verkaufte von ihm angefertigte Briefmarken als »echt geflogen«, obwohl diese Stücke nie eine Rakete gesehen hatten und seine Starts zumeist von Mißerfolgen begleitet waren. Diese Angelegenheit war dann 1936 etwas für den Staatsanwalt ...

In den letzten Jahren erhielt die Raketenpostbeförderung durch den wissenschaftlichen Weltraumflug neue Dimensionen. Zwar wurden dabei keine speziellen Postraketenversuche unternommen, wohl aber ist inzwischen Post per Rakete oder Raumtransporter zu den bemannten Raumschiffen befördert worden. »Kosmische Post« erhielten »oben« arbeitende Kosmonauten erstmalig 1969 bei der Kopplung der sowjetischen Raumflugkörper Sojus 4 und Sojus 5, ebenso am 11. Januar 1978 bei der Kopplung von Sojus 27 an das Raumschiff Salut 6, an dem bereits Sojus 26 hing. Als Apollo 11 am 16. Juli 1969 auf dem Mond landete, befand sich im Gepäck der US-Astronauten auch ein Brief, der während ihres Aufenthaltes auf dem Erdtrabanten gestempelt und wieder zur Erde zurückgebracht wurde.

Nachdem die USA 1983 eine »amtliche Weltraumpost« mit einer Marke zu 9,35 Dollar sowie 266000 Sonderumschläge herausbrachten, kann man von Weltraum-Bedarfspost (das ist die sowjetische) und von philatelistisch inspirierter Weltraumpost sprechen; denn wegen der wenigen Tage, die der Space-Shuttle-Flug dauerte, bedurfte es keiner unmittelbaren Postverbindung.

Wie wird es um die Zukunft des Raketenpostverkehrs bestellt sein? Auf der Erde dürfte diese Beförderungsform schon wegen der hohen Kosten wenig Chancen haben, zumal es inzwischen andere Möglichkeiten gibt, Nachrichten weitaus schneller zu übermitteln.

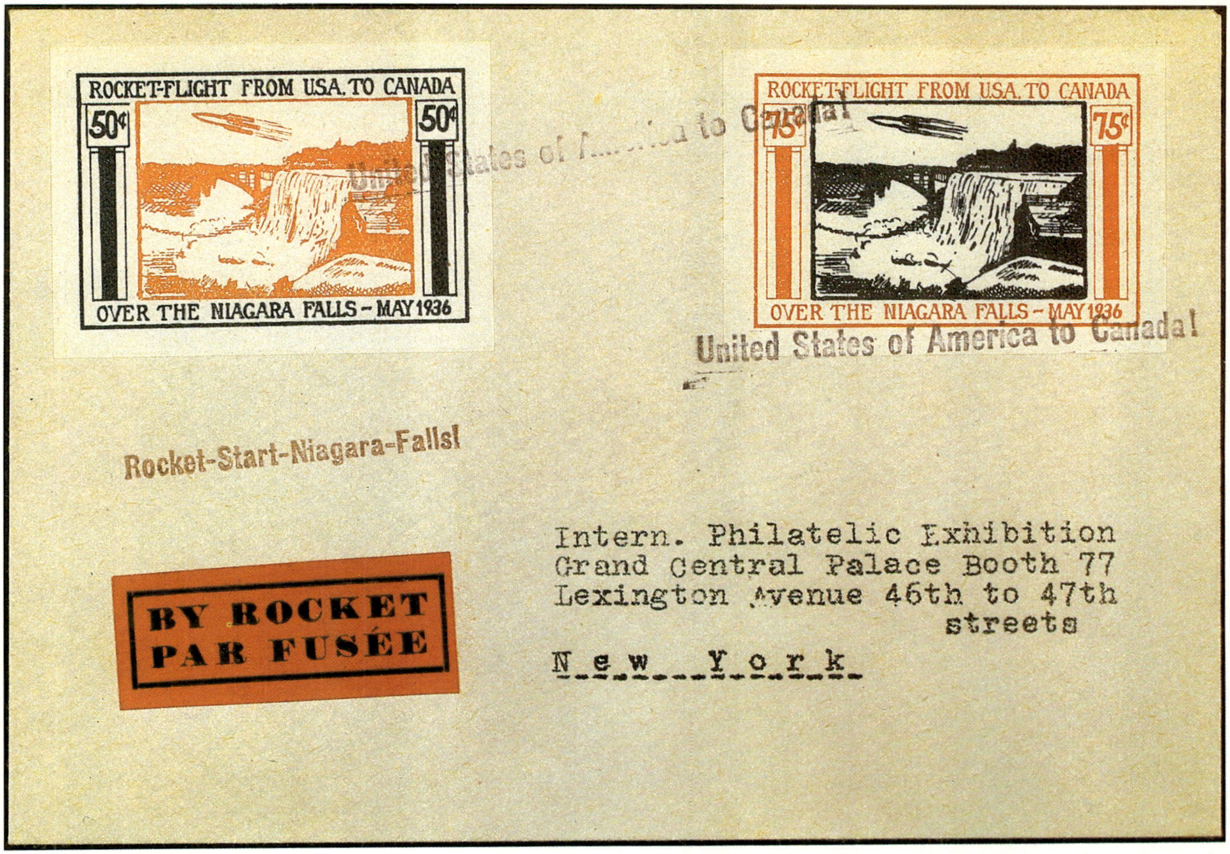

Mit einer kleinen privaten Rakete »von den Vereinigten Staaten bis nach Canada« beförderter Brief. Zu diesem Ereignis erschienen zwei Vignetten (zu 50 und zu 75 Cents).

Die Postraketenflüge, die nach 1960 z.B. in Frankreich, Österreich und in der Schweiz bei philatelistischen Ausstellungen stattfanden, wollten nur eine besondere Attraktion bieten und »echte« Flugbelege produzieren, die ihren finanziellen Gewinn brachten. Sollte die Post irgendeines Landes eigene Raketenflüge für die Postbeförderung planen, wird sie individueller Versuche und privater Initiativen zweifellos nicht bedürfen.

Zwischen den Menschen im Kosmos und auf der Erde wird sich vielleicht ein kleiner Postverkehr entwickeln, obwohl Nachrichten jederzeit per Funk gewechselt werden können. Denn hier scheint etwas zu wirken, das gleichsam als Motto unser ganzes Buch bestimmen könnte: Die Individualität einer handgeschriebenen Nachricht, ihr persönliches Fluidum, ist durch kein anderes Kommunikationsmittel zu ersetzen.

BILDNACHWEIS

Die abgebildeten Briefe stammen zum größten Teil aus dem Besitz des Verfassers. Einige Stücke sind Leihgaben aus den Sammlungen Friebe (Freiberg), Grallert (Leipzig), Peter (Leipzig) und Schollmeyer (Leipzig).
Der Karikaturbrief (comic letter) auf S. 51 wurde entnommen aus: Illustriertes Briefmarken-Journal, Leipzig, Nr. 6/1889.

Die Abbildungen auf den Vorsatzpapieren sowie dem Frontispiz wurden entnommen aus: Louis Paulian, Poste aux Lettres, Paris 1887.
Vorsatz vorn: Bureau ambulant (Bahnpostwagen),
Frontispiz: La dernière levée (Die letzte Leerung),
Vorsatz hinten: Transport des dépêches du bateau au chemin de fer (Ladungsaustausch vom Schiff zur Eisenbahn)

REGISTER

Begriffe sowie Seitenzahlen in kursiver Schrift verweisen auf das jeweilige Kapitel über die einzelne Briefart.